U0644427

中国大麦青稞产业经济2024

ZHONGGUO DAMAI QINGKE
CHANYE JINGJI 2024

李先德　孙致陆 等　著

中国农业出版社
北　京

图书在版编目（CIP）数据

中国大麦青稞产业经济．2024 / 李先德等著．北京 ：中国农业出版社，2024．11．-- ISBN 978-7-109-32932-4

Ⅰ．F326.11

中国国家版本馆 CIP 数据核字第 2024PW5172 号

中国农业出版社出版

地址：北京市朝阳区麦子店街 18 号楼

邮编：100125

责任编辑：郑　君　　文字编辑：李瑞婷

版式设计：小荷博睿　　责任校对：吴丽婷

印刷：北京通州皇家印刷厂

版次：2024 年 11 月第 1 版

印次：2024 年 11 月北京第 1 次印刷

发行：新华书店北京发行所

开本：700mm×1000mm　1/16

印张：20

字数：320 千字

定价：98.00 元

本书得到国家现代农业产业技术体系建设专项经费（CARS－05－06A－01）和中国农业科学院科技创新工程项目（10－IAED－04－2024）的资助，特此致谢！

本书顾问：郭刚刚

特别鸣谢：国家大麦青稞产业技术体系首席科学家
国家大麦青稞产业技术体系产业技术研发中心
国家大麦青稞产业技术体系遗传改良研究室
国家大麦青稞产业技术体系栽培与土肥研究室
国家大麦青稞产业技术体系病虫草害防控研究室
国家大麦青稞产业技术体系机械化研究室
国家大麦青稞产业技术体系加工研究室
国家大麦青稞产业技术体系各岗位科学家和综合试验站站长（北京、内蒙古、黑龙江、江苏、浙江、上海、安徽、河南、湖北、四川、云南、西藏、甘肃、青海和新疆）
各省份大麦青稞产区受访的农户、合作社、农场、企业、科研单位和政府部门等

内 容 提 要

本书汇编了国家大麦青稞产业技术体系产业经济岗位课题组在2020—2023年的部分阶段性研究成果，从多个维度深入研究了国内国际大麦青稞产业发展现状和前景，剖析了中国大麦青稞产业发展面临的挑战，并提出了相应对策建议。

从内容上看，本书涵盖了国内国际大麦青稞产业发展的诸多方面，总体上分为以下四部分：

一是大麦青稞生产与流通。首先，从新品种、新机具、新技术、新模式等方面分析了科技对中国大麦青稞增产的促进作用。其次，根据调研数据，采用产出主导型Malmquist全要素生产率（TFP）指数分析方法测算了中国大麦青稞产业全要素生产率，进一步采用单位规模新增纯收益等指标测算了国家大麦青稞产业技术体系大麦青稞育种及推广的经济效益。再次，利用调研数据，运用处理效应模型分析了大麦种植户产业组织模式选择的影响因素，探讨了产业组织模式选择对大麦种植户生产投入与收入的影响。最后，在玉米、大麦替代关系日益紧密的背景下，采用平滑转移自回归模型研究了中国玉米价格和大麦价格之间的非线性关系，并剖析了其原因。

二是大麦青稞贸易。首先，分析了中国大麦进口特征及影响因素，剖析了未来中国大麦进口面临的供需两侧驱动因素，研判了未来中国大麦进口形势，在全面评价大麦进口依赖性风险的基础上，探究了优化大麦进口格局的可能选择。其次，采用生产者价格等指标测算了中国大麦产业国际竞争力，并与澳大利亚等10个大麦主要出口国进行了比较。再次，利用线性近似理想需求（LA-AIDS）模型实证分析了中国对澳大利亚进口大麦实施“双反”措施对第三方市场大麦贸易的经济效应，评估了“双反”措施对中国大麦产业发展和大麦进口格局的影响。最后，分析了2018年和2022年中国大麦进口形势，并展望了市场前景。

三是大麦青稞产业发展形势与展望。首先，在对中国大麦青稞主要产区省份进行实地调研的基础上，对近年来中国大麦青稞产业发展情况进行了调查分析。其次，从劳动生产率、土地产出率和投入产出率三个视角，对中国与美国、澳大利亚等大麦主产国进行了比较，分析了中国大麦产业的薄弱环节和短板问题，明确了今后的科技发力点和支撑点。最后，深入分析了 2019—2023 年世界与中国大麦青稞产业发展形势，并对产业发展前景进行了展望。

四是大麦青稞产业政策。首先，系统梳理了国家大麦青稞产业技术体系在农业科技服务县域经济发展方面的工作进展与成效及运行机制。其次，深入剖析了中国大麦产业在保障国家粮食安全、促进西部地区农牧民增收方面的重要作用，以及国外低价大麦持续大量进口对国内产业安全的影响，提出了完善国内大麦产业支持政策的对策建议。

contents / 目 录

01 第一篇

大麦青稞生产与流通

第一章

科技对中国大麦青稞增产作用分析①

提高科技创新水平和生产应用效率，是实现农业产业可持续发展的根本保证。中华人民共和国成立以来，中国大麦青稞科研人员队伍建设几经波折。国家大麦青稞产业技术体系是农业部在 2008 年 12 月启动建设的 40 个现代农业产业技术体系之一。“十一五”以来，通过现代农业产业技术体系建设的实施，建立了国家大麦青稞产业技术体系，形成了一支专门从事大麦青稞产业技术研发和试验示范的科研队伍，有力地支撑了中国大麦青稞产业的可持续发展，在保障国家粮食安全、食物多样性和营养健康方面发挥了重要作用（国家大麦青稞产业技术体系，2016）。

一、培育了一批新品种，显著提升了单产水平

（一）2003—2020 年中国大麦青稞品种选育阶段性特征

近年来，针对不同生态条件、耕作制度和用途需求，围绕推动增产增效，开展了大麦青稞重要育种目标性状遗传规律解析、分子基因挖掘和育种技术创新等前瞻性研究，进行优质、高产、抗病、抗逆的啤用、饲用、食用和加工用等专用大麦青稞新品种选育，取得一系列重大品种创新成果，促进了大麦青稞品种不断更新换代。2003—2020 年，中国已育成 184 个啤酒、饲料和食用大麦青稞新品种，大麦青稞新品种绿色栽培和机械化生产

① 本章内容中的数据资料均来自国家大麦青稞产业技术体系。

技术累计推广应用2.4亿亩[①]，单产累计提高23.8%，年均增长1.5%，生产技术止损10.4%，每亩节省农资和人力投入80元，累计增收约211亿元。

1. 2003—2010年

中国大麦青稞品种选育在该阶段侧重啤酒大麦新品种培育；大麦代表性品种有甘啤3号、甘啤4号、鄂大麦9号、苏啤3号、扬农啤5号、垦啤麦2号、垦啤麦3号、鄂大麦9号、华大麦3号、矮思500、V43等，青稞代表性品种有北青6号、北青8号、藏青320、喜玛拉19等；实现了西北、苏北、东北等主要产区啤酒大麦自育品种对原来农家品种和国外引进品种的替换，完成了啤酒大麦生产品种的更新换代，平均单产由240千克/亩提高到263千克/亩，累计增产9.6%，年均增产1.2%。

2. 2011—2015年

中国大麦青稞品种选育在该阶段侧重增产提质，兼顾粮草双高；大麦代表性品种有甘啤6号、苏啤6号、垦啤麦6号、垦啤麦7号、垦啤麦9号、蒙啤麦3号、云啤2号、华大麦9号等，青稞代表性品种有柴青1号、藏青2000、云青2号等；通过新品种与新技术的配套使用，促进单产快速提高到297千克/亩，累计增产12.9%，年均增产3.2%。

3. 2016—2020年

中国大麦青稞品种选育在该阶段侧重提质增效和多元个性化育种，提高抗病性、抗逆性和稳产性；大麦代表性品种有甘啤7号、甘垦啤7号、扬农啤7号、华大麦15、鄂大麦32122、垦啤麦14、垦啤麦15、云饲麦3号等，青稞代表性品种有昆仑15、喜玛拉22等；随着生产进一步向高原高纬高寒地区转移，大麦青稞面临的自然灾害增多，育成品种在保持高产优质的基础上，抗病性和抗逆性得到加强，加上减肥、减药和节水灌溉等资源高效绿色栽培技术的运用，平均单产水平没有下降，仍保持在290千克/亩左右的较高水平。

（二）主要推广品种及其推广情况

国家大麦青稞产业技术体系成立以来，支撑培育了大量优质高产的大麦青稞新品种，并在各个产区进行了大面积示范推广种植。2016—2020

① 亩为非法定计量单位，1亩≈666.7米^2。

年，中国推广面积位居前列的主要代表性大麦青稞品种及其推广区域和推广面积如下。

1. 甘啤 6 号

甘啤 6 号为啤酒大麦品种，平均单产为 500～600 千克/亩，具有成穗率高、耐水肥、高抗倒伏、抗大麦条纹病、适应性广、酿造品质优等特点。该品种推广区域主要是甘肃省、新疆维吾尔自治区和内蒙古自治区，2016—2020 年平均每年的推广面积约为 90 万亩。

2. 甘垦啤 7 号

甘垦啤 7 号为啤酒大麦品种，平均单产约为 460 千克/亩，具有直穗、抗倒伏性强、抗条纹病、高产等特点。该品种的推广区域主要是甘肃省，2016—2020 年平均每年的推广面积约为 70 万亩。

3. 藏青 2000

藏青 2000 为青稞品种，平均单产约为 428 千克/亩，具有较抗倒伏、粮草双高等特点。该品种的推广区域主要是西藏自治区，2016—2020 年平均每年的推广面积为 57 万～65 万亩。

4. 扬农啤 7 号

扬农啤 7 号为啤酒大麦品种，平均单产约为 450 千克/亩，具有矮秆抗倒、高抗大麦黄花叶病、耐盐性好、啤用品质优等特点。该品种的推广区域主要是江苏省，2016—2020 年平均每年的推广面积约为 44 万亩。

5. 昆仑 15

昆仑 15 为青稞品种，平均单产为 350～500 千克/亩，具有较抗倒伏、抗条纹病等特点。该品种的推广区域主要是青海省，2016—2020 年平均每年的推广面积为 40 万～45 万亩。

6. 云饲麦 3 号

云饲麦 3 号为饲料大麦品种，平均单产为 350～450 千克/亩，具有抗条纹病、中感白粉病、抗旱性强、抗倒性强等特点。该品种的推广区域主要是云南省，2016—2020 年平均每年的推广面积约为 40 万亩。

二、研制了一批新机具，显著提升了生产效率

近年来，国家大麦青稞产业技术体系研制了一系列种植、耕作及管

理、收获与加工等方面的新机具，显著提升了本产业的机械化水平。

（一）种植机具

近年来研发创制的重大标志性种植机具成果包括高湿地稻茬麦播种施肥开沟联合作业机等（表1-1）。

表1-1 近年来种植代表性农业装备

名称	主要用途	主要性能
高湿地稻茬麦播种施肥开沟联合作业机	适用于稻麦两熟地区高湿作业条件（土壤含水率不大于30%），轻黏土、壤土作业条件下大麦、小麦的旋耕、播种施肥，同时完成田间开沟作业；替代了传统人工撒播＋手扶旋耕机浅旋盖籽，可以满足大农场、种植大户等大面积作业需要	能一次完成土壤的耕整、碎土、根茬覆盖、播种施肥、开沟等作业，作业效率高，播种质量能满足农艺要求，保证了高湿地稻茬麦能高效、高质播种，弥补国内高湿地稻茬麦机械化播种机具的不足

（二）耕作及管理机具

近年来研发创制的重大标志性耕作及管理机具成果包括节能型反转埋茬旋耕机、履带自走式耕整管理机、双轴式精整地作业机等（表1-2）。

表1-2 近年来耕作及管理代表性农业装备

名称	主要用途	主要性能
节能型反转埋茬旋耕机	适用于稻麦两熟地区旱地稻麦秸秆覆盖还田、土壤耕整作业，也能用于玉米秸秆整株切碎还田和土壤耕整作业	替代了传统的犁耕翻埋秸秆＋土壤浅旋耕整作业，机具一次能完成稻麦秸秆全量覆盖还田、土壤耕整等作业，为后续作物的种植机械化作业技术创造良好土壤条件
履带自走式耕整管理机	适用于丘陵山区、高寒藏区的坡耕地、梯田、小块地，以及科研育种地、果园茶园等设施农业土壤旋耕、开沟、起垄等作业；可以替代传统微耕机、乘坐式履带耕整机、“大棚王”小型拖拉机组作业	操控方便，效率较高，适应性强，提升中国丘陵山区、高寒藏区等坡耕地、梯田机械化耕整作业，以及科研育种、林果业等机械化耕作技术水平
双轴式精整地作业机	可以满足河南、安徽等特殊土壤在干旱少雨条件下，土壤耕翻后容易板结成块，土垡坚硬的土壤高效耕整作业要求	提高区域耕整作业生产率，促进大田作业机械化水平的提升

（三）收获与加工机具

近年来研发创制的重大标志性收获与加工机具成果包括自走式割晒打捆机、全电动大麦青苗割晒机等（表 1－3）。

表 1－3　近年来收获与加工代表性农业装备

名称	主要用途	主要性能
自走式割晒打捆机	适用于中国丘陵山区、高寒藏区的坡耕地、梯田、小块地大麦、青稞、小麦的收割打捆作业，也能用于科研育种收割	可以弥补中国丘陵山区、高寒藏区收获机械的不足，提升了机械化水平
全电动大麦青苗割晒机	收割大麦青稞产业大麦苗粉、大麦绿色素等特种种植加工所需大麦青苗	满足大麦青苗无污染、低污染收割需要，避免大麦青苗收割时，配套的柴油机、汽油机等燃油动力的排气污染，以利于保证加工原料品质，满足产品的绿色环保要求，减少人工收割成本，提高作业效率

三、创新了一批新技术，显著提升了增产潜力

近年来，国家大麦青稞产业技术体系创新了一系列育种、提质降本、粮草双高、品质提升、病虫草害防治等方面的新技术，显著提升了本产业的增产潜力。

（一）大麦青稞现代育种技术快速发展

利用现代分子生物学技术，研究了大麦青稞重要品质、抗病、抗逆和产量性状的基因调控机理和快速鉴定筛选技术，许多育种目标性状的调控基因被精细定位和克隆，运用分子育种技术结合细胞工程快速育种技术改良常规杂交育种效率，实现了多种重要农艺性状的多基因高效聚合。例如，精细定位了大麦青稞籽粒颜色、白颖壳、穗型等基因，发现早熟、条纹和赤霉病抗性、麦芽浸出率、糖化力、蛋白质、淀粉等主效数量性状基因座（QTL）；采用杂交技术中效率较好的阶梯杂交、诱变技术中有益变异较高的空间诱变、细胞工程技术中本产业具有技术优势的小孢子培养加

倍单倍体育种，有效扩大了变异群体和变异频率，显著提高了大麦青稞育种效率。

（二）大麦青稞提质降本生产技术作用显著

针对目前大麦青稞生产经济效益相对较低但适应性广、抗逆性强、生育期短、用途多样等特点，开展了大麦青稞种植方式革新与养分调施精准化、病虫草害防控一体化、栽培方法轻简化、农艺操作机械化等生产栽培技术研发与集成；近年来，制订“冬青稞栽培技术规程”等 7 项大麦青稞生产技术规程，“冬青稞复种饲草技术规程”等 13 项地方标准。例如，大麦青稞“冬放牧、春青刈、夏收粮”生产与牛、羊等草食牧畜生态养殖相结合的新型耕作栽培模式和农牧一体化生产技术，即大麦青饲（贮）种养结合生产技术，平均每亩青饲料产值 1 350 元，较单纯粮食生产增收 500 元；大麦青稞生物质经家畜过腹还田，减少了粪便堆积和秸秆焚烧造成的环境污染。该技术于 2017 年被农业部遴选为 100 项农业主推技术之一。

（三）青稞粮草双高增产技术快速发展

针对青稞生产上普遍存在经济（籽粒）产量和生物学产量不协调、高产易倒伏以及籽粒高产与秸秆营养品质矛盾等问题，以青稞粮草双高为目标，在青藏高原不同生态产区，开展了青稞种子包衣、深耕保墒灭草、机械精量播种、测土配方施肥、节水灌溉、强秆防倒和机械收获等单项关键技术研究以及系统集成。“十二五”期间，建成青稞粮草双高生产试验示范基地 97 个，建立百亩高产示范方 103 个、千亩示范片 34 个、万亩示范区 5 个，累计示范 88.6 万亩，辐射周边 400 万亩以上；据统计，试验示范点平均每亩增产粮食 42.7 千克，增产饲草 63.2 千克，分别增产 13.2%和 14.3%。

（四）啤酒大麦品质提升关键生产技术不断应用

针对各产区的不同生态特点和生产需求，开展了育成品种的生产技术规程研制，进行啤酒大麦轮作套种、直播免耕、种子包衣、精量播种、配方平衡施肥、节水灌溉、化控防倒、病虫草害防治等单项技术研究，探讨各项技术对啤用品种的影响，在此基础上进行了技术集成与示范。“十二五”期间，累计建成生产示范基地 208 个，百亩高产示范方 309 个、千亩示范片 108 个、万亩示范区 44 个，累计示范 267.6 万亩，辐射周边 1 100 万亩；据统计，以上示范点每亩增产 6.7～139.3 千克，增产幅度为 3.6%～27.1%。

(五) 病虫草害防治技术快速发展

针对大麦青稞主要病虫草害的发生和危害情况存在较大差异的现实，深入开展了大麦青稞病害发生规律以及大麦青稞蚜虫发生规律研究，系统地揭示了条纹病、散黑穗病、坚黑穗病、云纹病、穗腐病、斑点型网斑病、条锈病、叶锈病、白粉病等病害以及大麦青稞蚜虫的分布及其危害。研究提出了大麦青稞病害防控以及大麦青稞蚜虫农业防治、化学防治和生物防治的技术要点。开展了大麦青稞抗病基因鉴定与利用研究。例如，将来自法国品种 Thibaut 的抗条纹病基因 *Rdg2a* 转育到青稞主栽品种柴青 1 号和品系 0006，构建条纹病中间抗源，推动了 *Rdg2a* 在中国大麦青稞育种体系中的应用；还开展了大麦青稞蚜虫的耐药性检测与风险评估。

四、集成了一批新模式，显著提升了生产效益

近年来，国家大麦青稞产业技术体系集成了一系列种养结合、粮草双高、高产免耕、套种、青贮等方面的种植栽培新模式，显著提升了本产业的生产效益。

(一) 大麦青稞生产与牛、羊等养殖相结合的种养模式

中国有数亿亩的内陆盐碱地、水涝地、旱坡地、果园林下地、冬闲田和沿海滩涂有待开发，同时中国农区在草食畜牧业发展中，规模化养殖存在冬春季青饲料短缺与家畜粪便处理困难两大问题。为此，在黄淮和南方地区研究创制出了大麦青稞“冬放牧、春青刈、夏收粮”生产与牛、羊等草食牧畜生态养殖相结合的新型耕作栽培模式和农牧一体化生产技术，平均每亩青饲料产值 1 350 元，较单纯粮食生产增收 500 元；与养羊结合，

冬季放牧每头节约养殖成本约 100 元。

（二）青稞豌豆混种粮草双高栽培模式

该栽培模式集豌豆青稞最佳配比、机械化混种混收、杂草防控和粮豆脱粒分离、秸秆打捆等关键技术于一体，建立了耕地用养结合的种植模式，克服了高原地区作物种类单一、连作严重，以及化肥投入逐年增多，导致耕地质量下降和病虫害加剧的实际生产问题，也为建立高产、优质、高效的农牧结合生产系统创造了新型的种植模式。该栽培模式在青海省塘格木农场示范推广 2 000 亩，每亩生产青稞 150 千克、豌豆 250 千克、秸秆饲草 600 千克，产值 1 880 元，较粮豆单作增收 647 元。

（三）稻板免耕栽培模式

针对南方稻麦复种地区近年来推广籼粳杂交稻及超级稻品种生育期长、影响大麦及时播种、秸秆还田生物量大影响大麦出苗，播种期雨水多、土壤湿烂而机械作业质量差，免耕栽培杂草多、大麦生育后期易脱肥早衰等问题，开展了稻田免耕大麦保齐苗、促早发、控杂草、防早衰的研究，制订了稻板大麦高产栽培技术规程，并进行相关技术培训，有力地推动了这项轻简栽培技术的应用。例如西南地区集成的高原粳稻生态区“稻茬免耕大麦优质高产栽培技术”，仅 2017 年就应用 12.25 万亩，每亩节约用工成本 260 元，节本增效十分显著。

（四）大麦、棉花（玉米）套种模式

针对长江流域地区冬前光温资源丰富且冬闲田多的现状，利用育成的大麦品种具有抗逆性强、适应性广和早熟、矮秆抗倒、播期弹性大等特点，以早熟、矮秆、优质、高产、多抗专用大麦新品种为核心，进行冬闲田大麦与棉花、玉米预留行的开发利用，形成了冬闲田棉花、玉米预留行种植大麦的新模式及配套规范化栽培技术体系，开辟出了一条充分利用冬季光温和土地资源发展大麦生产和提高作物生产经济效益的新途径。实践证明，这一种植新模式有明显的增产增收潜力，开发利用一亩棉花、玉米预留行可增收约 200 千克大麦，已在湖北、安徽等省份大面积推广应用。

（五）大麦青稞春播青饲（贮）生产模式

在山东商河县现代牧业公司奶牛养殖场示范应用，平均亩产 1.85 吨，较冬小麦每亩增产鲜草 300 千克，增加效益 138 元；种植面积 2017 年已扩大至 13 000 多亩，使山东省中断 20 多年的大麦青稞生产重新恢复种植。另外，国家大麦青稞产业技术体系还研发并推广了“青贮大麦、青贮玉米一年三收栽培技术模式”“大麦青稞复种燕麦优质饲草和秋菜技术模式”“青藏高原青稞蚕豆轮作模式”以及“大麦—秋菜（大白菜、萝卜等）一年两季种植模式”等，在各地推广应用，取得显著的增产增收效果。

五、设立了科技支持政策和项目，有力支撑了丰产增收

近年来，国家设立了国家大麦青稞产业技术体系等支持政策和项目，在推动大麦青稞产业技术研发能力提升、促进大麦青稞丰产增收等方面发挥非常重要的作用。

（一）出台了相关政策措施，为强化科技支撑大麦青稞生产提供了政策保障

近年来，国家对大麦青稞产业作出的重大部署主要是 2008 年起实施国家大麦青稞产业技术体系。体系紧跟大麦青稞产业日益变化的生产消费需求，大力开展协同攻关，培育多元加工专用品种，革新传统种植制度，研发籽粒和植株新产品及加工工艺，创新粮草双高农牧结合生产技术和产业化生产模式，逐步突破品种、栽培、农机、加工等关键技术瓶颈，补齐优质加工专用品种缺乏、栽培技术不配套、机械化程度低、专用加工品质差、综合利用途径少等一系列制约产业发展的技术短板，还密切跟踪国内外大麦青稞生产、流通、贸易、加工和消费变化，分析要素投入、生产结构、成本收益、技术需求等，向中央和地方政府主管部门提出政策咨询建议，改变了几千年来大麦青稞单纯作为粮食作物和以籽粒为主的生产消费传统，维护了青藏高原地区主粮安全，缓解了畜牧业发展春季青饲草料短缺问题，为大麦青稞单产提高和生产节本增效、农牧民增收脱贫等作出了积极贡献。

（二）构建了产学研一体化机制与平台，协同解决大麦青稞生产和产业发展关键技术难题

20 世纪中后期，由于国家和地方大幅度减少大麦青稞科研投入，绝大部分地市农科所和部分中央及省级农科院与大学，撤销了原有大麦青稞研究室或课题组，大量科研人员纷纷转行，只有中央和个别省级农科院有人坚持搞大麦青稞遗传育种，生产栽培和病虫害防治研究基本放弃，更无人从事加工开发和产业经济研究。为增强农业科技自主创新能力，国家自 2008 年开始联合组织实施以农产品为单元，以产业为主线，从产地到餐桌、从生产到消费、从研发到市场的现代农业产业技术体系建设，国家大麦青稞产业技术体系是其中之一。正是得益于国家大麦青稞产业技术体系建设，逐步组织恢复并打造出了一支全新的由中央和主产省（区）、地市各级农业科研单位和大学优秀科技人员组成的国家级大麦青稞产业技术研发队伍，涉及种质资源、遗传育种、土壤肥料、耕作栽培、植保、农业生态、农业机械、农产品加工和产业经济等学科的大麦青稞产业化生产的全链条、全过程，有力解决了大麦青稞生产和产业发展面临的一系列关键技术难题。

六、科技促进中国大麦青稞增产的政策建议

（一）加大育种经费支持力度并开展多元个性化育种

加大科研经费支持力度，建议设立大麦青稞育种重大专项，鼓励并支持分子定向育种技术等现代前沿育种技术在大麦青稞育种中的应用，提高育种技术水平，育成更多高产优质新品种；同时，还应根据各产区生态禀赋、生产特点与企业多元产品加工和原料专业生产定制需求，深入开展啤用、食用（青稞）、饲用（饲料和饲草）、健康食品加工等各类特色专用的“粮草双高、优质卫生、资源高效”大麦青稞新品种选育。

（二）加强提质降本生产技术研发与集成

以减少化肥和农药用量、节约灌溉用水等降本减污提质增效为目标，优化集成啤用、食用（青稞）和饲用（饲料和饲草）大麦青稞“卫生安

全、资源高效、环境友好”的优质高效生产技术，创新秋播大麦青稞“冬放牧、春青刈、夏收粮”种养结合生产方式和春播与豆类及豆科牧草混种等种植模式。

（三）加强产业化模式创建与示范推广

加大对大麦青稞优势产区的政策支持力度，以创制的新品种、新技术和新产品为支撑，联合区域内外的啤酒、麦芽、食品、饲料和饲草加工及畜牧、水产养殖等龙头企业，帮助组建农民生产合作社，结合技术示范建设专用加工原料生产基地，通过订单生产销售，进行专业化生产和规模化经营，创建“市场牵龙头→龙头带基地→基地连农户”的产业化模式，促进新品种、新技术在生产实践中的推广应用，有效提高种植环节的良种化率和种植管理技术水平，进一步促进大麦青稞增产。

第二章

中国大麦青稞产业全要素生产率测算分析

2023年，国家大麦青稞产业技术体系产业经济岗位课题组（以下简称课题组）采取实地调查和电子问卷方式在中国各个大麦青稞主产区进行调研和数据资料收集，获得了大麦青稞投入产出相关数据，在此基础上采用产出主导型 Malmquist 全要素生产率（TFP）指数分析方法，对2015—2023年中国大麦青稞产业全要素生产率变化情况进行了测算和分析。

一、测算方法

第 i 个决策单元（DMU）从时期 s 到时期 t 的产出主导型 Malmquist TFP 指数定义为 $m_i^s(y_i^s, x_i^s, y_i^t, x_i^t)$ 和 $m_i^t(y_i^s, x_i^s, y_i^t, x_i^t)$ 的几何平均值，公式如下：

$$m_i(y_i^s, x_i^s, y_i^t, x_i^t)=[m_i^s(y_i^s, x_i^s, y_i^t, x_i^t)\times m_i^t(y_i^s, x_i^s, y_i^t, x_i^t)]^{1/2}$$
$$=\left[\frac{d_i^s(y_i^t, x_i^t|C)}{d_i^s(y_i^s, x_i^s|C)}\times\frac{d_i^t(y_i^t, x_i^t|C)}{d_i^t(y_i^s, x_i^s|C)}\right]^{1/2} \qquad (2-1)$$

式中，$m_i^s(y_i^s, x_i^s, y_i^t, x_i^t)$ 表示规模报酬不变时，以时期 s 的技术作为参照的第 i 个 DMU 从时期 s 到时期 t 的产出主导型 Malmquist TFP 指数；$d_i^s(y_i^t, x_i^t|C)$ 和 $d_i^s(y_i^s, x_i^s|C)$ 分别表示规模报酬不变时，以时期 s 的技术作为参照的第 i 个 DMU 在时期 t 及时期 s 的产出距离函数；$m_i^t(y_i^s, x_i^s, y_i^t, x_i^t)$ 表示规模报酬不变时，以时期 t 的技术作为参照的第 i 个 DMU 从时期 s 到时期 t 的产出主导型 Malmquist TFP 指数；$d_i^t(y_i^t, x_i^t|C)$

和 $d_i^t(y_i^s, x_i^s|C)$ 则分别表示规模报酬不变时，以时期 t 的技术作为参照的第 i 个 DMU 在时期 t 及时期 s 的产出距离函数。当 $m_i(y_i^s, x_i^s, y_i^t, x_i^t)$ 的取值大于 1 时，表明 TFP 从时期 s 到时期 t 出现了增长；而当 $m_i(y_i^s, x_i^s, y_i^t, x_i^t)$ 的取值小于 1 时，表明 TFP 从时期 s 到时期 t 出现了下降。经过进一步转换，公式（2-1）可改写为以下公式：

$$
\begin{aligned}
m_i(y_i^s, x_i^s, y_i^t, x_i^t) &= \left[\frac{d_i^s(y_i^t, x_i^t|C)}{d_i^s(y_i^s, x_i^s|C)} \times \frac{d_i^t(y_i^t, x_i^t|C)}{d_i^t(y_i^s, x_i^s|C)}\right]^{1/2} \\
&= \frac{d_i^t(y_i^t, x_i^t|C)}{d_i^s(y_i^s, x_i^s|C)} \times \left[\frac{d_i^s(y_i^t, x_i^t|C)}{d_i^t(y_i^t, x_i^t|C)} \times \frac{d_i^s(y_i^s, x_i^s|C)}{d_i^t(y_i^s, x_i^s|C)}\right]^{1/2} \\
&= Effch_i^t \times Techch_i^t \qquad (2-2)
\end{aligned}
$$

式中，$Effch_i^t$ 表示从时期 s 到时期 t 的技术效率变化，它等于时期 t 的技术效率与时期 s 的技术效率之比；$Techch_i^t$ 表示从时期 s 到时期 t 的技术进步变化。第 i 个 DMU 的 $Effch_i^t$ 可以进一步分解为纯技术效率变化（Pech）和规模效率变化（Sech），公式如下：

$$
\begin{aligned}
Effch_i^t &= \frac{d_i^t(y_i^t, x_i^t|C)}{d_i^s(y_i^s, x_i^s|C)} \\
&= \frac{d_i^t(y_i^t, x_i^t|V)}{d_i^s(y_i^s, x_i^s|V)} \times \frac{[d_i^t(y_i^t, x_i^t|C)/d_i^t(y_i^t, x_i^t|V)]}{[d_i^s(y_i^s, x_i^s|C)/d_i^s(y_i^s, x_i^s|V)]} \\
&= \frac{d_i^t(y_i^t, x_i^t|V)}{d_i^s(y_i^s, x_i^s|V)} \times \frac{Se_i^t(y_i^t, x_i^t)}{Se_i^s(y_i^s, x_i^s)} \\
&= Pech_i^t \times Sech_i^t \qquad (2-3)
\end{aligned}
$$

式中，$d_i^t(y_i^t, x_i^t|V)$ 表示规模报酬可变时，以时期 t 的技术作为参照的第 i 个 DMU 在时期 t 的产出距离函数；$d_i^s(y_i^s, x_i^s|V)$ 表示规模报酬可变时，以时期 s 的技术作为参照的第 i 个 DMU 在时期 s 的产出距离函数。所以，第 i 个 DMU 的 Malmquist TFP 指数可以分解为以下公式：

$$
m_i(y_i^s, x_i^s, y_i^t, x_i^t) = Effch_i^t \times Techch_i^t = Pech_i^t \times Sech_i^t \times Techch_i^t \qquad (2-4)
$$

综上所述，Malmquist TFP 指数可表示为纯技术效率指数、规模效率指数和技术进步指数的乘积；其中，纯技术效率可以反映对现有技术和品种的适应性改良、扩散、推广等的变化情况，规模效率可以反映生产的规模化水平、经营组织管理等的变化情况，技术进步可以反映新技术和新品种的研发、引进等的变化情况，TFP 则综合反映了这些方面的总体变化情况。当 Malmquist TFP 指数等于 1 时，表示 TFP 没有发生变化，大于（或小于）1 时，表示 TFP 发生改善（或退化）；对 TFP 指数的分解指数可作同样的解释。

二、数据说明

根据设计的大麦青稞生产与市场数据统计表和农户调查问卷，课题组每年都会在中国大麦青稞主产省份的主要产区开展调研。2023 年继续主要采取实地调查和电子问卷方式。在统计表和调查问卷中，有专门关于大麦青稞生产投入产出情况的调研内容。在此基础上，根据测算方法的要求以及中国大麦青稞生产特点，课题组确定了如下测算中国大麦青稞产业全要素生产率变化情况的产出指标和投入指标：①产出指标为单位面积的大麦青稞产量（千克/亩）；②投入指标为单位面积的种子费用（元/亩）、化肥费用（元/亩）、农药费用（元/亩）、机械作业费用（包括机耕、机播、机收等方面费用，元/亩）和人工成本（包括家庭用工折价和雇工费用，元/亩）。

由于上述投入产出指标均为单位面积下的相关指标，即都是相同经营规模下的指标，因此投入指标中未再包括耕地投入。上述指标各年的取值，均为同一指标在同一年份各地调研数据的算术平均值。为了消除物价波动因素对以金额为单位的投入指标的影响，课题组采用经过调整的以 2015 年作为基期的全国消费者价格指数对所有以金额为单位的指标进行了消胀处理。数据测算的时间范围为 2015—2023 年。

三、测算结果分析

课题组利用 DEAP 2.1 软件，采用产出主导型 Malmquist 全要素生产率（TFP）指数分析方法，对 2015—2023 年中国大麦青稞产业全要素生产率变化情况进行了测算，得到表 2-1 所示的测算结果。根据表 2-1 可知，2015—2023 年中国大麦青稞产业全要素生产率（TFP）指数均大于 1，这表明，中国大麦青稞产业近年来虽然面临着种植面积和产量均出现明显下降的严峻形势，但其全要素生产率总体上得到了持续改善和提升，其中

2023 年全要素生产率指数值为 1.019，即全要素生产率增长了 1.9%。

表 2-1 中国大麦青稞产业全要素生产率指数测算结果

年份	2015	2016	2017	2018	2019	2020	2021	2022	2023
TFP 指数	1.020	1.019	1.025	1.022	1.028	1.021	1.020	1.018	1.019

在前期工作的基础上，“十四五”以来，围绕中国实现农业农村现代化的总体部署和深入实施乡村振兴等重大战略，国家大麦青稞产业技术体系进一步聚焦制约产业可持续发展的瓶颈和短板，充分发挥产业技术体系的战略科技支撑作用，围绕产业链和创新链，从育种、栽培、植保、机械化、加工、产业经济 6 个环节，布局青稞、饲料大麦、啤酒大麦、加工特用大麦 4 条主线，开展了大麦青稞高产优质绿色多元化新品种选育、大麦青稞提质增效生产关键技术集成与模式构建、大麦青稞安全健康食饮品加工关键技术创新及产品研制等产业重大关键问题技术攻关，形成了“四横六纵”的全产业链研发体系。同时，逐步引入体系和产业对接、评价机制，推动形成“产业体系-协会-企业”创新联合体，支撑和引导大麦青稞产业健康发展。

总体来看，近年来中国大麦青稞优质新品种的培育选育以及播种、施肥、病虫害防治、机械化等科学种植管理技术的研发工作都得到了持续明显加强。与此同时，在全国各个大麦青稞产区，国家大麦青稞产业技术体系的各个岗位和综合试验站主动对接、支撑和服务当地大麦青稞产业发展，使得大麦青稞良种、良法、良技的示范推广以及对农户、合作社等各类大麦青稞种植主体的技术培训和指导在持续推进，有力促进了大麦青稞新品种、新技术、新农机在生产实践中的不断应用，以及各类大麦青稞种植主体的生产技术水平和科学管理能力的持续改善。上述这些方面工作的有序开展和持续进行，有力促进了中国大麦青稞生产过程中各种投入要素利用效率的提高以及大麦青稞单产与品质的提升，进而有力推动了中国大麦青稞产业全要素生产率的持续改善。

第三章

国家大麦青稞产业技术体系大麦青稞育种及推广经济效益评价分析

一、农业科研成果经济效益评价的基本原理

经济效益是收益与成本费用的比较。农业科研成果产生于科学研究领域，但它的经济效益却不能单独在研究领域内实现，而必须加进技术推广和生产单位的劳动耗费，在生产领域内实现。因此，计算农业科研成果的经济效益时，其收益在生产领域内计量，而成本则包括研制、推广和生产中应用该成果的全部费用（朱希刚，1992）。

农业科研成果的经济效益是一种相对经济效益，是指科研成果比被取代技术（以下称“对照”）所增加的那部分经济效益。因此，计算农业科研成果经济效益时，应采用“有无对比法”，即计算出科研成果与对照之间对应的增量收益和增量费用，进而计算出评价指标。科研成果与对照的多年多点对比试验结果是计算科研成果经济效益的最重要的基础数据。本方法只计算单项农业科研成果在农业领域内已经和可能实现的一次性直接经济效益，不包括其他领域内实现的间接经济效益，不作跨领域的复杂计算。农业科研成果从研制、推广到生产中大规模采用需要较长的时间，因此，计算农业科研成果的经济效益时，必须要考虑资金的时间价值。

二、大麦青稞育种及推广的经济效益评价指标

按照农业科研成果经济效益评价的基本原理，并遵循“科学、简明、

易算、适用”的原则，课题组采用下列指标对2008—2023年国家大麦青稞产业技术体系主要岗位和试验站大麦青稞育种及推广的经济效益进行分析，并在此基础上评价国家大麦青稞产业技术体系大麦青稞育种及推广的经济效益。

(一)单位规模新增纯收益

单位规模新增纯收益是新品种比对照品种在单位规模上的增量效益与增量费用之差。为了简化分析，假定新品种与对照品种的生产成本和市场价格均相同，因此，新品种的单位规模新增纯收益的计算公式如下：

单位规模新增纯收益＝单位规模新品种增产×近年平均市场价格 (3-1)

式中，单位规模新品种增产＝新品种单产－对照品种单产。

(二)育种及推广的总投入

育种及推广的总投入包括已投入的推广费用和已推广面积应分摊的科研费用。

1. 已投入的推广费用

已投入的推广费用是指开展经济效益评价之前的各年内已经耗费的推广费用之和。

2. 总科研费用

总科研费用是指育种所支出的全部费用，包括直接科研费用和间接科研费用。

(1) 直接科研费用。大麦青稞育种的直接科研费用以2008—2023年国家大麦青稞产业技术体系岗位和试验站的体系课题经费表示，其中，岗位的体系课题经费为1 014万元，试验站的体系课题经费为666万元。

(2) 间接科研费用。间接科研费用包括行政和科研管理费、公共图书资料费、固定资产折旧费等各项公共支出费用中应分摊的部分。间接费用数据不易收集，很难准确计算，按下式进行简化计算：

间接科研费用＝直接科研费用×间接科研费用系数 (3-2)

式中，间接科研费用系数按岗位和试验站所在科研机构（或高校）层次的不同来确定：中央级科研机构（或高校）为1.00，省级科研机构

（或高校）为0.85，地（市）级科研机构为0.70，县级科研机构为0.55。

3. 总科研费用复利值

计算总科研费用复利值采用简化计算法，即假定历年支出相等的科研经费，把总科研费用看作在研制期中间年时一次支出来计算其复利值，可表示为下式：

总科研费用复利值＝总科研费用×育种中间年的复利系数 （3－3）

式中，不同中间年对应的复利系数参见朱希刚（1992）的研究。

4. 已推广面积应分摊的科研费用

已推广面积应分摊的科研费用利用下式计算得到：

已推广面积应分摊的科研费用＝(已推广面积×总科研费用复利值)÷(已推广面积＋今后可能推广面积) （3－4）

式中，已推广面积和今后可能推广面积均为累计值。

（三）育种及推广的总纯收益

育种及推广的总纯收益可利用下式计算得到：

育种及推广的总纯收益＝单位规模新增纯收益×缩值系数×已推广的有效面积 （3－5）

式中，缩值系数是一个经济效益计算参数，取值为0.7；已推广的有效面积是指开展经济效益评价之前新品种在各年已推广且已产生经济效益的种植面积之和。

（四）育种及推广的投入产出比

育种及推广的投入产出比可利用下式计算得到：

育种及推广的投入产出比＝育种及推广的总纯收益÷育种及推广的总投入 （3－6）

三、大麦青稞育种及推广的经济效益评价结果

产业经济课题组主要利用上述指标中的单位规模新增纯收益和育种及推广的投入产出比来对大麦青稞育种及推广的经济效益进行评价。为了对这些指标进行计算，产业经济课题组设计了“大麦青稞品种培育及推广情

况调研问卷”，并发放给国家大麦青稞产业技术体系各岗位科学家和试验站站长，然后根据收回问卷填报内容的完整情况，从中共筛选了 26 份问卷进行分析（涉及 12 个岗位和 14 个试验站）。在分析过程中，为了简化计算，从选定的各个岗位和试验站填报的 2008—2023 年全部新育成品种中分别选择一种具有代表性的新品种，并根据 2008—2023 年的总直接科研费用和新品种数量，通过简单平均计算得到该新品种的直接科研费用，然后结合相关指标，对该新品种培育及推广的经济效益进行分析。

（一）总科研费用复利值

根据主要岗位和试验站大麦青稞育种的科研费用情况，可以计算得到总科研费用复利值。

（二）单位规模新增纯收益

根据计算结果可知，主要岗位和试验站大麦青稞育种的单位规模新增纯收益为 27.55～471.15 元/亩，平均为 142.80 元/亩；其中，主要岗位大麦青稞育种的单位规模新增纯收益为 27.55～219.93 元/亩，平均为 108.4 元/亩，主要试验站大麦青稞育种的单位规模新增纯收益为 56.12～471.15 元/亩，平均为 158.7 元/亩。

（三）育种及推广的投入产出比

根据计算结果可知，主要岗位和试验站大麦青稞育种及推广的投入产出比为 3～240 倍，平均为 58 倍；其中，主要岗位大麦青稞育种及推广的投入产出比为 3～174 倍，平均为 51 倍，主要试验站大麦青稞育种及推广的投入产出比为 17～240 倍，平均为 70 倍。

（四）育种及推广的总纯收益

根据计算结果可知，主要岗位和试验站大麦青稞育种及推广的总纯收益为 481.0 万～14.39 亿元，平均为 3.49 亿元；其中，主要岗位大麦青稞育种及推广的总纯收益为 481.0 万～14.39 亿元，平均为 4.34 亿元，主要试验站大麦青稞育种及推广的总纯收益为 1 371.0 万～11.33 亿元，平均为 2.65 亿元。

第四章

产业组织模式选择对中国大麦种植户生产投入与收入影响①

一、引　言

粮食安全是“国之大者”，保障粮食安全始终是国家安全的重要基础，也是实施乡村振兴战略的首要任务。粮食产业作为乡村产业振兴的重要支撑，关系到农村经济发展和农民增收致富。虽然当前中国粮食总体实现了紧平衡的状态，但新时期中国粮食生产仍然面临着生产成本高、效益低和结构性紧缺等问题（蒋和平等，2020；杜志雄和韩磊，2020）。2017 年，国务院办公厅印发了《关于加快推进农业供给侧结构性改革大力发展粮食产业经济的意见》，其中明确指出要培育壮大多元粮食产业主体，鼓励各类农民专业合作社和农业龙头企业发展，引导其与农户开展多样化的联合与合作，提高粮食产业竞争力，拓宽种粮农民的增收渠道。当前，随着中国农业产业化的发展，产业组织模式逐渐多元化，与传统分散的生产方式相比，“农户＋合作社”和“农户＋企业”等现代产业组织模式在促进农户进入市场和提高农户收入方面发挥着重要作用（Ruml and Qaim，2020）。因此，考察当前中国粮食产业组织模式的经营现状，分析农户产业组织模式选择的影响因素及其对种粮农户生产经营的影响，对于提高农户种粮收入、稳定粮食产量和保障国家粮食安全具有重要意义。

① 本章内容发表于《农业现代化研究》2022 年第 5 期。

国内外关于产业组织模式的研究主要集中在产业组织模式选择的影响因素、产业组织模式选择对农户生产的影响和收入效应分析等方面。在产业组织模式选择的影响因素方面，Wang 等（2014）从农户个人和生产经营特征等角度指出文化水平、生产规模和风险偏好是影响农户产业组织模式选择的重要因素。郑黎阳和张心灵（2021）探究了社会资本和信息可得性对农户产业组织模式选择的影响。在产业组织模式对农户生产的影响方面，李刚等（2022）认为现代产业组织模式不仅提升了农户组织化程度，还优化了农户生产决策行为。现代产业组织模式显著促进了农户绿色生产技术采纳行为（张康洁等，2021）、降低了农户化肥和农药的施用量（蔡荣等，2019）和引导农户进行安全生产（袁雪霈等，2018）。从农户的角度来说，其选择现代产业组织模式是为了追求利润最大化，从而获得更多的生产收益（张康洁等，2021）。已有研究表明，与传统的市场交易模式相比，“农户＋合作社”和“农户＋企业”等现代产业组织模式更有利于提高农户收入（Fischer and Qaim，2012；Mishra et al.，2016），其促进农户增收的原因在于，与传统产业组织模式相比，选择现代产业组织模式的农户可以享受优惠农资购买、技术指导、溢价收购等多种组织化服务，从而将生产成本内部化（黄梦思等，2017）。由此可见，产业组织模式在农业生产经营中发挥着重要的作用。此外，目前较少文献关注大麦产业组织模式选择及其对大麦种植户生产的影响，大麦不仅是中国畜牧与水产养殖业、啤酒酿造业和食品加工业的重要原料，还是藏族人民的主粮，肩负着粮食安全的重任（张琳等，2014）。与其他粮食作物相比，大麦种植效益低、销售困难，农户的种植意愿逐渐降低，产业规模大幅下降（岳子惠，2014）。根据联合国粮食及农业组织（FAO）数据，2020 年中国大麦种植面积为 26 万公顷，总产量为 90 万吨，相比 20 世纪 60 年代分别减少了 92.63%和 75.74%。随着畜牧业和啤酒产业的快速发展，中国大麦消费量不断增加，极大的供需缺口导致大麦进口量急剧上升（李京栋等，2018；龚谨等，2018），严重冲击了国内大麦产业，不利于保障国家粮食安全（谭琳元和李先德，2018a）。

已有关于产业组织模式的研究成果为本研究提供了一定的研究基础，但仍存在进一步拓展的空间。第一，在研究对象上，目前已有研究大多针对比较效益较高的经济作物或畜产品进行分析，缺乏对比较效益较低的粮食作物，例如大麦的相关分析。不同产业的组织模式不同，生产投入与产出效益也可能存在差异。第二，在研究方法上，由于农户产业组织模式选择是一种决策行为，已有研究在分析产业组织模式选择对农户生产影响时，忽略了农户自身经验和管理能力等不可观测因素的影响，导致估计结果可能存在偏误。因此，本研究基于产业组织理论，利用甘肃、河南、湖北和云南 4 个大麦主产省农户调研数据，运用处理效应模型（TEM）分析大麦种植户产业组织模式选择的影响因素，探讨产业组织模式选择对大麦种植户生产投入与收入的影响，以期更好地评估产业组织模式选择在大麦生产经营中的作用，从而为促进大麦种植户增收、稳定大麦产量和推动大麦产业高质高效发展提供参考。

二、理论分析

参考钟真和孔祥智（2012）对产业组织模式的定义，本研究将大麦产业组织模式界定为大麦种植户与下游交易者之间联结形成的生产经营模式，并结合实际调研情况将大麦产业组织模式分为传统产业组织模式和现代产业组织模式。其中，传统产业组织模式是指大麦种植户自主进行大麦生产与销售，大麦价格随行就市，主要包括“农户＋市场”和“农户＋中间商”两种主要模式；现代产业组织模式是指大麦种植户与合作社或下游加工企业通过紧密联系完成大麦生产与销售。通过实地调研发现，由于中国大麦产业组织化程度较低，部分企业通过合作社间接与小农户进行合作。根据上述定义，本研究将“农户＋合作社”“农户＋企业”和“农户＋合作社＋企业”三种模式定义为大麦现代产业组织模式，同时，为了方便研究，将大麦合作社和大麦加工企业统称为“现代产业组织”。产业组织理论认为，合作社和企业等现代产业组织的发展，促进了农业生产向规模化、标准化的生产方式转变，提高了农户生产效率，进而影响农户生产投入与收入。基于此，形成本研究的研究框架（图 4－1）。

（一）产业组织模式选择对农户生产投入的影响

关于产业组织模式选择对农户生产投入的影响，已经有人进行了一定的分析与探讨。陈超等（2018）认为相比传统市场交易模式，“农户＋合作

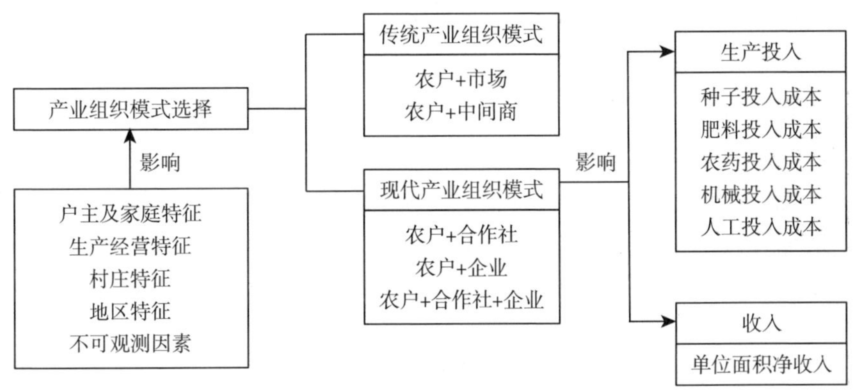

图 4-1 研究框架

社”“农户＋企业”等现代产业组织模式能在一定程度上转变农户传统粗放的生产认知，优化农户生产要素配置，进而引导农户进行科学规范生产。一方面，选择现代产业组织模式的农户可以获得比传统生产更优惠的农资，包括优质品种、肥料、农药等投入品，进而降低农业的生产成本。另一方面，岳佳等（2022）的研究指出，在现代产业组织的指导下，农户改变了传统过量施肥的生产方式，采用测土配方等科学方式精准施肥，进而降低施肥量，促进环境可持续发展。同时，现代产业组织还可以通过生产监督、利益捆绑与激励等方式提高农户安全生产和生态保护的认知，减少农户化肥和农药的施用量，从而降低农户肥料和农药的投入成本（李成龙和周宏，2021）。据此，本研究认为相比传统产业组织模式，现代产业组织模式能优化大麦种植户生产投入，进而有利于降低大麦种植户的生产投入成本。

（二）产业组织模式选择对农户收入的影响

已有研究表明，与传统产业组织模式相比，“农户＋合作社”和“农户＋企业”等现代产业组织模式通过生产服务、溢价收购和金融支持等方式促进了农户增收（李霖和郭红东，2017）。一方面，由于存在市场信息不完全等问题，在传统产业组织模式下，农户在生产资料购买和产品销售方面面临着较高的信息搜寻成本和谈判成本，相比之下，现代产业组织提供的生产销售服务减少了部分中间交易环节，降低了农户交易成本，进而提高了农户收入（Tolno et al.，2015）。另一方面，现代产业组织可以及时传递市场需求信息，通过技术培训和管理监督等方式帮助农户提高产品质量，并根据产品质量进行分级收购，给农户提供最低保护价或不低于市场价的收购价格，提高产品的销售利润，从而促进农户增收（陈富桥等，2013；Song et al.，2014）。此外，还有学者指出，与传统产业组织模式相比，现代产业组织与农户之间联系更为紧密，能够有效保障农户预期收入，增加收入的稳定性（穆娜娜和孔祥智，2019）。据此，本研究认为相比传统产业组织模式，现代产业组织模式能够提高大麦种植户收入。

三、研究方法

（一）数据来源

本研究数据来自 2017 年 4—11 月国家大麦青稞产业技术体系产业经济课题组在甘肃、河南、湖北和云南 4 个省份进行的农户调研。这 4 个省份 2017 年大麦产量占全国大麦总产量的比例为 47.17%，因而本研究选取的农户样本数据具有一定的代表性。调研采取分层抽样和随机抽样相结合的抽样方法，结合大麦实际种植面积情况，选取甘肃省武威市、金昌市和张掖市，河南省驻马店市，云南省昆明市和保山市，湖北省襄阳市 7 个市作为调研地区，每个市选取 1～3 个大麦生产优势县（区），再从每个县选取不同产业组织模式可以辐射到的村，根据村委会提供的大麦种植名单随机抽取 10～15 名农户进行面对面访谈，调研内容包括农户个体及家庭基本情况、村庄特征、大麦投入产出和经营情况等内容。共获取 240 份大麦农户问卷，剔除无效问卷 26 份，最终获得有效问卷 214 份，问卷有效率为 89.17%。

（二）变量选取

1. 核心自变量

本研究的核心自变量为产业组织模式，为二值变量。在调查中询问大麦种植户产业组织模式选择情况，将大麦种植户选择现代产业组织模式（包括“农户＋合作社”“农户＋企业”和“农户＋合作社＋企业”三种情况）赋值为 1，选择传统产业组织模式（包括“农户＋市场”和“农户＋中间商”两种情况）赋值为 0。

2. 因变量

本研究的因变量为大麦生产投入与大麦种植收入。生产投入变量参考刘晓鸥和邸元（2013）的研究，结合大麦实际生产投入情况，以大麦单位面积的种子、肥料、农药、机械和人工等投入成本来代表大麦种植户生产投入情况。考虑到中国大麦生产主要以自家土地经营为主，较少涉及土地成本，因此，本研究在分析产业组织模式选择对大麦种植户生产投入影响时暂不考虑土地投入成本。收入变量参考 Narayanan（2014）的研究，采用 2017 年大麦单位面积净收入来衡量。

3. 控制变量

借鉴李霖和郭红东（2017）的研究和数据可获得性，本研究的控制变量设置为户主及家庭特征、大麦生产经营特征、村庄特征和地区特征。其中，户主及家庭特征包括户主年龄、户主文化水平、家庭农业劳动力数量 3 个变量；大麦生产经营特征包括大麦种植面积和获取信息渠道数量 2 个变量；村庄特征包括农户所在村庄到镇政府的距离 1 个变量；地区特征变量以河南省为参照对象，包括甘肃省、云南省和湖北省 3 个省份的虚拟变量。

4. 工具变量

在 TEM 中需要一个有效的工具变量，该变量直接影响大麦种植户产业组织模式选择，但不直接影响大麦种植户生产投入与收入。借鉴相关研究成果（Ma and Abdulai，2016；丁存振和肖海峰，2019），本研究选取家庭成员是否有村干部作为工具变量，将家庭成员有村干部赋值为 1，没有赋值为 0。

变量定义与描述性统计见表 4－1。

表 4－1　变量定义与描述性统计

变量类型	变量名称	变量定义与说明	均值	标准差
因变量	种子投入成本	大麦种子投入成本（元/公顷），取对数	6.690	0.784
	肥料投入成本	大麦肥料投入成本（元/公顷），取对数	7.344	0.801
	农药投入成本	大麦农药投入成本（元/公顷），取对数	5.247	1.615
	机械投入成本	大麦机械投入成本（元/公顷），取对数	6.158	2.859
	人工投入成本	大麦人工投入成本（元/公顷），取对数	7.852	0.394
	单位面积净收入	大麦单位面积净收入（元/公顷），取对数	8.747	0.738

（续）

变量类型	变量名称	变量定义与说明	均值	标准差
核心自变量	产业组织模式	0=传统产业组织模式；1=现代产业组织模式	0.318	0.467
控制变量	户主年龄	户主实际年龄（岁）	50.790	8.437
	户主文化水平	0=未上学；6=小学；9=初中；12=高中或中专；15=大专及以上	8.523	2.838
	家庭农业劳动力数量	家庭务农劳动力数量（个）	2.682	0.994
	大麦种植面积	实际种植面积（公顷）	1.105	3.305
	获取信息渠道数量	1=一种渠道；2=两种渠道；3=三种渠道；4=四种渠道及以上	1.531	0.692
	农户所在村庄到镇政府的距离	农户所在村庄到镇政府的距离（千米）	5.843	6.493
	甘肃省	0=否；1=是	0.467	0.500
	云南省	0=否；1=是	0.112	0.316
	湖北省	0=否；1=是	0.150	0.357
工具变量	家庭成员是否有村干部	0=否；1=是	0.145	0.353

（三）模型设定

1. 处理效应模型（TEM）

TEM采用两步估计方法，第一步，采用Probit模型估计大麦种植户产业组织模式选择的影响因素，公式如下：

$$D_i^* = a_i Z_i + u_i \tag{4-1}$$

式中，D_i 表示“产业组织模式选择”，该变量由潜变量 D_i^* 的值决定；Z_i 表示一系列影响大麦产业组织模式选择的变量集合；a_i 和 u_i 分别表示系数估计值和随机误差项。

第二步，在分析产业组织模式选择对大麦种植户生产投入影响时，考虑到各生产投入方程之间的扰动项存在相关性，使用单方程回归可能会忽略各方程之间的联系，因此，参考毛慧等（2019）的研究，构建近似不相关回归（SUR）方程组来分析，公式如下：

$$y=\begin{pmatrix}y_{1i}\\y_{2i}\\\vdots\\y_{5i}\end{pmatrix}=\begin{pmatrix}X_{1i}&0&\cdots&0\\0&X_{2i}&\cdots&0\\\vdots&\vdots&\ddots&\vdots\\0&0&\cdots&X_{5i}\end{pmatrix}\begin{pmatrix}\gamma_{1i}\\\gamma_{2i}\\\vdots\\\gamma_{5i}\end{pmatrix}+\begin{pmatrix}\varepsilon_{1i}\\\varepsilon_{2i}\\\vdots\\\varepsilon_{5i}\end{pmatrix} \tag{4-2}$$

式中，y_{1i}、y_{2i}、y_{3i}、y_{4i}、y_{5i}分别代表大麦种植户单位面积的种子、肥料、农药、机械和人工投入成本的对数形式；X_{1i}、X_{2i}、X_{3i}、X_{4i}、X_{5i}包括大麦种植户产业组织模式选择和其他控制变量；γ 和 ε 表示矩阵。

在分析产业组织模式选择对大麦种植户收入影响时，采用最小二乘法（OLS）估计，公式如下：

$$I_i=\beta_i X_i+f_i \tag{4-3}$$

式中，I_i 表示 2017 年大麦单位面积净收入的对数形式，X_i 包括大麦种植户产业组织模式选择和其他控制变量，β_i 和 f_i 分别表示系数估计值和随机误差项。式（4-1）与式（4-3）相比，Z_i 中至少包含一个变量不在 X_i 中，即该变量为大麦种植户产业组织模式选择的工具变量，由于本研究工具变量属于“恰好识别”，因此，在检验工具变量外生性时，参考朱秋博等（2022）的研究，采用替代方法检验本研究工具变量是否仅通过产业组织模式选择间接影响大麦种植户生产投入与收入。

2. 内生转换回归模型（ESR）

参考张自强（2022）的研究，本研究采用 ESR 对 TEM 分析结果进行稳健性检验。以收入方程为例，生产投入方程与之相似，此处省略。方程如下：

$$I_{1i}=\beta_{1i}X_{1i}+f_{1i} \tag{4-4}$$

$$I_{2i}=\beta_{2i}X_{2i}+f_{2i} \tag{4-5}$$

式（4-4）和式（4-5）分别表示现代产业组织模式和传统产业组织模式的大麦种植户收入效应方程，对现代产业组织模式组和传统产业组织模式组大麦种植户的收入进行反事实分析，进而得到实际现代产业组织模式组（ATT）和实际传统产业组织模式组（ATV）的平均处理效应，公式如下：

$$\text{ATT}=E[I_{1i}|D_i=1]-E[I_{2i}|D_i=1] \tag{4-6}$$

$$\text{ATU}=E[I_{1i}|D_i=0]-E[I_{2i}|D_i=0] \tag{4-7}$$

四、结果与分析

（一）产业组织模式与大麦生产成本收益分析

由表 4-2 可知，在样本农户中，选择传统产业组织模式的农户占总样本的比例为 68.22%，选择现代产业组织模式的农户占比为 31.78%，这说明当前大麦产业仍以传统产业组织模式经营为主，现代产业组织模式经营较少。可能是由于中国大麦种植规模较小，分散的农户加大了现代产业组织与大麦种植户确定稳定交易关系的成本，加之尚未形成统一的、行业认可的大麦收购体系，因而大麦生产经营主要以传统产业组织模式为主。

表 4-2　两种产业组织模式的大麦生产成本收益

类别	项目	现代产业组织模式		传统产业组织模式		均值差异
		均值	标准差	均值	标准差	
投入	种子投入成本（元/公顷）	640.99	230.90	1 064.71	401.18	−423.72***
	肥料投入成本（元/公顷）	1 875.25	588.22	1 669.02	524.61	206.23
	农药投入成本（元/公顷）	273.68	155.78	326.10	211.47	−52.42**
	机械投入成本（元/公顷）	1 179.04	970.97	1 754.86	959.93	−575.82***
	人工投入成本（元/公顷）	2 875.92	903.59	2 708.99	1 042.18	166.93
	单位面积总成本（元/公顷）	6 844.89	1 725.01	7 523.68	1 592.35	−678.79***
产出	单产（千克/公顷）	6 665.29	1 108.63	6 933.39	1 018.00	−268.10***
	销售价格（元/千克）	1.96	0.26	1.75	0.19	0.21***
	单位面积净收入（元/公顷）	6 179.75	3 047.78	4 526.94	2 128.11	1 652.81***
	占总样本量的比例（%）	31.78		68.22		—

注：***、**、* 分别表示在 1%、5%和 10%的水平下显著。

相比传统产业组织模式，现代产业组织模式的大麦种子、农药和机械投入成本、总成本以及单产均较低，而大麦的销售价格和单位面积净收入较高。在投入方面，现代产业组织模式的大麦种子、农药、机械投入成本和总生产成本比传统产业组织模式分别低 423.72、52.42、575.82 和 678.79 元/公顷，这主要是因为现代产业组织为合作农户提供一系列生产技术服务，降低了部分投入成本，进而降低了大麦总生产成本。在产出方面，现代产业组织模式的单产为 6 665.29 千克/公顷，略低于传统产业组织模式的 6 933.39 千克/公顷，但现代产业组织模式的大麦销售价格和单位面积净收入比传统产业组织模式分别高 0.21 元/千克和 1 652.81 元/公顷。这与 Hoang（2021）的研究发现相同，主要是因为在现代产业组织模式发展的前期，农户为了满足其对产品高质量的要求，导致作物单产小幅度下降，但通过产品溢价和生产成本降低等优势，现代产业组织模式的单位面积净收入比传统产业组织模式高。

（二）大麦种植户产业组织模式选择的影响因素分析

模型估计结果显示，户主年龄、家庭成员是否有村干部、大麦种植面积和获取信息渠道数量均显著影响大麦种植户产业组织模式选择（表 4－3）。家庭成员是否有村干部在 5%显著性水平上正向影响大麦种植户产业组织模式选择，表明村干部身份有利于促进大麦种植户选择现代产业组织模式。大麦种植面积在 1%显著性水平上正向影响大麦种植户产业组织模式选择，即大麦种植面积越大，农户越倾向于选择现代产业组织模式，可能的原因是种植面积越大的农户越需要稳定的销路，而现代产业组织模式有利于农户与现代产业组织形成稳定的交易关系（Wang et al.，2014）。户主年龄和信息获取渠道数量均在 5%显著性水平上负向影响大麦种植户产业组织模式选择，表明随着户主年龄和获取信息渠道数量的增加，大麦种植户更倾向于选择传统产业组织模式，吴曼等（2021）的研究也指出，劳动力的老龄化会降低农户选择现代产业组织模式的可能性，这是因为户主年龄越大，改变传统生产模式的可能性越低，而信息渠道数量越多，意味着大麦种植户进入市场的交易成本越低，越有能力通过传统产业组织模式从事大麦的生产经营。此外，地区特征均在 1%显著性水平上负向影响大麦种植户产业组织模式选择，通过实地调研发现，受到地区间大麦现代产业组织发展水平的影响，大麦种植户选择行为存在一定的差异。

表 4－3　大麦种植户产业组织模式选择影响因素的估计结果

变量	系数	标准误差
户主年龄	－0.022**	0.009
户主文化水平	0.049	0.041

（续）

变量	系数	标准误差
家庭成员是否有村干部	0.757**	0.310
家庭农业劳动力数量	0.304	0.202
大麦种植面积	0.389***	0.116
获取信息渠道数量	−0.381**	0.193
农户所在村庄到镇政府的距离	0.005	0.019
甘肃省	−1.486***	0.288
云南省	−0.202***	0.067
湖北省	−2.289***	0.513
常数项	0.409	0.881
样本量	214	
拒绝原假设的概率	<0.001	

注：***、**、*分别表示在1%、5%、10%的水平下显著。

（三）产业组织模式选择对大麦种植户生产投入的影响分析

由表4-4可知，不可观测因素对种子、农药和机械投入成本均具有显著影响，显著性水平分别为1%、1%和5%，即拒绝了大麦种植户产业组织模式选择和生产投入相互独立的原假设，因而采用TEM模型是合适的；5个生产投入方程之间“独立性检验”的P值小于0.001，可以认为在1%的显著水平上拒绝各方程扰动项相互独立的假设，故使用SUR进行分析可以提高估计效率。

TEM模型估计结果显示，产业组织模式选择对大麦种植户种子、农药和机械投入成本均具有显著的负向影响，且分别通过了5%、1%和10%的显著性水平检验（表4-4），即与传统产业组织模式相比，选择现代产业组织模式能降低大麦生产的种子、农药和机械的投入成本。可能的原因是，在种子投入方面，选择现代产业组织模式的农户可以获得免费或优惠的大麦品种，减少了种子购买成本，同时，现代产业组织通过技术培训等方式引导农户科学播种，改变了传统模式下农户过密种植、过于追求经济产量的生产现状，减少了种子投入量，进而降低种子投入成本；在农药投入方面，现代产业组织要求合作农户按照一定的标准进行生产，并在生产过程中进行监督和产品检测，有效减少了农药施用量，进而降低农户的农药投入成本（王雨濛等，2020）；在机械投入方面，选择现代产业组织模式的农户大多为合作社社员，可以享受政府提供的农机购置补贴政策，进而降低大麦生产过程中的机械投入成本。

表 4-4 产业组织模式选择对大麦种植户生产投入影响的估计结果

变量	种子投入成本		肥料投入成本		农药投入成本		机械投入成本		人工投入成本	
	系数	标准误差	系数	标准误差	系数	标准误差	系数	标准误差	系数	标准误差
产业组织模式	−0.313**	0.149	0.150	0.157	−0.167***	0.064	−0.182*	0.101	0.061	0.065
户主年龄	0.002	0.006	0.000	0.006	0.009*	0.005	−0.037	0.123	0.000	0.003
户主文化水平	−0.015	0.018	−0.022	0.019	0.005	0.014	−0.037	0.067	−0.006	0.008
家庭农业劳动力数量	0.037	0.053	0.051	0.056	−0.056	0.108	−0.243**	0.105	0.017	0.023
大麦种植面积	−0.004**	0.001	0.031*	0.016	0.048	0.032	0.123**	0.056	−0.003**	0.001
获取信息渠道数量	−0.075**	0.037	−0.004	0.077	0.083	0.149	0.396	0.262	0.043	0.032
农户所在村庄到镇政府的距离	0.010**	0.004	−0.001	0.009	−0.018	0.017	0.032	0.030	−0.004	0.004
甘肃省	0.535***	0.139	−0.166	0.146	0.419**	0.161	1.216**	0.499	0.057	0.060
云南省	0.183***	0.061	−0.089	0.121	0.291	0.365	−0.805**	0.322	0.038	0.078
湖北省	0.786***	0.185	−0.199*	0.153	0.382**	0.147	−0.739**	0.333	−0.010	0.058
不可观测因素	0.122***	0.041	−0.059	0.045	0.847***	0.201	−0.609**	0.264	0.019	0.043
常数项	6.151***	0.401	7.542***	0.422	5.267***	0.820	7.191***	1.446	7.885***	0.175
样本量	214		214		214		214		214	
拟合优度（R^2）	0.409		0.253		0.322		0.304		0.389	
拒绝原假设的概率	<0.001									

注：***、**、*分别表示在1%、5%、10%的水平下显著。

（四）产业组织模式选择对大麦种植户收入的影响分析

由表 4-5 可知，不可观测因素在 5%显著性水平上影响大麦单位面积净收入，表明样本农户存在一定的选择偏差，因此，采用 TEM 模型是合适的。估计结果显示，产业组织模式选择在 1%显著性水平上正向影响大麦单位面积净收入，即大麦种植户选择现代产业组织模式有利于提高大麦单位面积净收入，与传统产业组织模式相比提高了 31.83%。可能的原因是，一方面，现代产业组织可以为农户提供大麦销售服务，帮助大麦种植户进入市场，降低市场风险，并以略高于市场价的价格收购大麦，进而让大麦种植户获得更多的种植收益；另一方面，选择现代产业组织模式的农户可以享受生产资料购买、培训与技术指导、信贷帮助等生产服务，相比传统产业组织模式，降低了大麦生产成本和交易费用，进而提高大麦种植收入。

表 4-5　产业组织模式选择对大麦种植户收入影响估计结果

变量	系数	标准误差
产业组织模式	0.318***	0.085
不可观测因素	−0.543**	0.210
控制变量	已控制	已控制
样本量	214	
F 值	7.310***	
拟合优度（R^2）	0.213	

注：***、**、*分别表示在1%、5%、10%的水平下显著。

（五）模型检验分析

1. 工具变量有效性检验

TEM 模型需要有效的工具变量，以保证选择方程可识别，本研究选择“家庭成员是否有村干部”作为“产业组织模式选择”的工具变量，对其有效性进行检验。在相关性检验方面，由表 4-3 可知，家庭成员是否有村干部在5%显著性水平上正向影响大麦种植户产业组织模式选择，且通过实地调研发现，村干部在合作社中担任了重要的职位，在促进大麦产业组织化发展方面起到了带头作用，因此，该工具变量符合相关性要求。在外生性检验方面，以种子投入成本和单位面积净收入方程为例展示检验结果，其他方程检验结果与之一致，此处省略。由表 4-6 可知，家庭成员是否有村干部仅通过产业组织模式选择间接影响大麦种子投入成本和单位面积净收入，因而证实了工具变量的外生性。综上，可以认为本研究选取的工具变量是有效的。

2. 稳健性检验

本研究进一步采用 ESR 模型进行稳健性检验。由表 4-7 可知，在生产投入效应方面，从总样本来看，产业组织模式选择显著负向影响大麦种子、农药和机械投入成本，显著性水平分别为1%、1%和5%；从分组估计来看，ATT的估计结果在种子投入成本方程中显著为负，ATU的估计结果在种子、农药和机械投入成本方程中均显著为负，作用方向和显著性与上文的估计结果基本一致。在收入效应方面，总样本和分组样本中产业组织模式选择均在1%的显著性水平上正向影响大麦单位面积净收入，与上文的估计结果一致。因此，本研究的实证结果稳健。

表4-6 工具变量外生性检验结果

因变量	自变量	系数	标准误差	系数	标准误差	系数	标准误差
种子投入成本	产业组织模式	−0.278***	0.067	—	—	−0.242**	0.105
	家庭成员是否有村干部	—	—	−0.185**	0.092	−0.146	0.112
单位面积净收入	产业组织模式	0.220***	0.079	—	—	0.197**	0.094
	家庭成员是否有村干部	—	—	0.105*	0.062	0.063	0.054

注：此处未考虑不可观测因素影响，因此与上面分析结果存在差异。

表4-7 稳健性检验结果

变量	实证方法	ATE		ATT		ATU	
		系数	标准误差	系数	标准误差	系数	标准误差
种子投入成本	TEM	−0.313**	0.149	—	—	—	—
	ESR	−0.283***	0.033	−0.328***	0.059	−0.207***	0.064
肥料投入成本	TEM	0.150	0.157	—	—	—	—
	ESR	0.173	0.147	0.013	0.071	0.321	0.212
农药投入成本	TEM	−0.167***	0.064	—	—	—	—
	ESR	−0.119***	0.014	−0.012	0.009	−0.181***	0.035
机械投入成本	TEM	−0.182*	0.101	—	—	—	—
	ESR	−0.236**	0.103	−0.015	0.081	−0.361**	0.144
人工投入成本	TEM	0.061	0.065	—	—	—	—
	ESR	0.095	0.062	0.086	0.113	0.100	0.126
单位面积净收入	TEM	0.318***	0.085	—	—	—	—
	ESR	0.287***	0.092	0.260***	0.055	0.300***	0.096

注：ATE为全部样本的平均处理效应。

五、结论与启示

（一）结论

研究表明，当前大麦产业仍以传统产业组织模式为主，现代产业组织模式较少，且不同地区大麦种植户产业组织模式选择存在差异。通过分析大麦种植户产业组织模式选择的影响因素发现，户主年龄、家庭成员是否有村干部、大麦种植面积和获取信息渠道数量是影响大麦种植户产业组织模式选择的主要因素，其中，家庭成员是否有村干部和大麦种植面积显著促进大麦种植户选择现代产业组织模式，而户主年龄和信息渠道数量对大麦种植户选择现代产业组织模式具有抑制作用。在生产投入效应方面，与传统产业组织模式相比，现代产业组织模式优化了大麦种植户生产投入和技术水平，降低了大麦生产的种子、农药和机械的投入成本，进而降低了大麦总生产成本；在收入效应方面，与传统产业组织模式相比，现代产业组织模式提高了大麦单位面积净收入，有效增加了大麦种植收入。

本研究以大麦生产为例，考察了大麦产业组织模式选择的影响因素及其对大麦种植户生产投入与收入的影响，对制定促进大麦种植户增收和推动大麦产业高质高效发展的政策措施具有重要的参考价值和借鉴意义。需要指出的是，受疫情影响，无法获取最新大麦生产数据，本研究仅用截面数据对大麦产业组织模式选择及影响效应进行了静态分析，但该影响是一个长期的过程，今后将进行动态数据追踪，对比分析大麦产业组织模式的年际间变化情况。同时，当前农户分化现象凸显，不同类型的大麦种植户对产业组织模式的需求不同，因此，今后还可以进一步从农户异质性角度进行分析，便于提出更具针对性的政策建议。

（二）启示

第一，提升大麦生产专业化和规模化水平，引导大麦种植户选择现代产业组织模式。本研究发现，与现代产业组织进行合作的往往是具备专业化和规模化生产条件的农户。因此，建议政府积极组织和安排大麦种植技术培训和指导，提升大麦种植户生产技术知识水平和经营管理能力，促进大麦专业化生产。此外，在农村劳动力转移和大麦种植户老龄化的情况下，建议政府合理地推动大麦生产优势区开展土地流转，降低大麦耕地的细碎化程度，实现大麦种植面积适度规模化，促进更多农户选择现代产业组织模式。

第二，鼓励和支持大麦现代产业组织发展，改善大麦种植户产业组织模式选择的现实约束。一方面，建议政府大力培育和支持大麦专业合作社和加工企业发展，改善当地现代产业组织不足的现状，充分发挥现代产业组织的带头作用，提升大麦产业组织化程度；另一方面，建议政府结合地区大麦产业发展情况和大麦种植户生产经营特点，因地制宜地推动不同产业组织模式发展，如在大麦种植规模小、专业化程度低的地区发展“农户＋合作社”等模式，而在规模化、标准化程度高的大麦生产优势区，鼓励发展“农户＋企业”等模式。

第三，完善现代产业组织与大麦种植户的利益联结机制，提升大麦种植户信任度与合作积极性。一方面，政府应加大对大麦合作社和加工企业服务功能的宣传，提高大麦种植户对现代产业组织在生产管理和收购等方面的认知水平，消除大麦种植户信息不完全等问题，夯实两者的合作基础；另一方面，建立多元化的利益分配机制，在大麦种植户获得产品溢价的基础上，不断创新现代产业组织与大麦种植户之间的利益联结机制，让大麦种植户合理地获得更多农产品加工和销售利润，促进大麦种植户增收。

第五章

中国饲料粮价格的非线性关系分析[①]

一、引　言

玉米作为中国重要的饲料原料，在传统饲料中占据主导地位。但近年来，玉米市场价格波动呈现出强度大、波动频率高的特征，尤其在新冠疫情发生之后，玉米价格波动幅度较2019年扩大了5倍（周心怡等，2022），对中国畜禽养殖业的稳定健康发展造成一定影响。更多利用其他替代原料，实现饲料原料多元化，成为诸多企业的现实选择。大麦营养成分丰富，粗蛋白含量、多种氨基酸含量、微量元素及维生素含量均高于玉米，作为饲料原料能够部分甚至全部替代玉米（梁停停等，2022）。随着玉米价格的持续上涨及饲料加工技术的突破，饲料企业为节约成本，在配方中逐步提高了大麦的比例，以替代部分玉米。据布瑞克数据库统计，2021年大麦的饲用消费量达到870万吨，较2018年增加了1.9倍。当前受俄乌冲突影响，玉米价格快速增长，进一步强化了大麦与玉米之间的替代关系。在此背景下，准确刻画两者的动态特征，探究其价格波动传导的规律，对于更好地完善国内饲料粮价格波动调控机制，稳定国内畜禽生产具有重要意义。

当前关于玉米价格传导的研究成果较为丰富，诸多学者从农产品价格的区域间传导，产业链上下游间的纵向传导，以及不同产品间的横向传导等视角展开了研究：①区域间传导方面。从国际市场来看，国内外玉米市

① 本章内容发表于《中国畜牧杂志》2023年第10期。

场间联系不紧密，从国内市场来看，玉米价格存在由销区向产区传导的特征，进而平抑主销省份玉米价格波动，对于稳定玉米市场具有不可忽视的作用（李光泗和吴增明，2016；吴家治和郑宇，2022）。②纵向传导方面。玉米价格波动将沿着“饲料成本—仔猪—生猪—猪肉—居民消费价格指数（CPI）”的路径传导，并对各环节价格产生显著影响（张俊峰和于冷，2019）。③横向传导方面。玉米与大豆、小麦间存在较强的相互替代关系，玉米价格波动与其他粮食价格之间存在明显的格兰杰因果关系，具有较为广泛的横向传导特征，其中玉米价格对大麦价格的影响较弱，而大麦价格对玉米价格具有更强的影响（钟超和祁春节，2017；贾小玲等，2018；朱聪等，2022）。还有部分学者尝试对影响价格传导的因素进行阐释，认为价格传导情况受到产业链各环节势力大小、经济环境、随机事件、农业支持政策和价格上涨的“棘轮效应”等因素的共同影响（董晓霞，2015；石自忠和王明利，2015；吕云龙，2022）。随着生物能源技术的发展与应用，生物能源供需情况越来越成为影响玉米等产品价格走势的重要因素（Rosegrant，2008；黄春全和司伟，2014）。

综上可知，玉米价格波动对猪肉等畜产品价格以及稻谷、大豆等农产品价格均存在较为广泛的传导，但当前文献较少关注其对大麦价格的影响。同时，在研究方法上，多采用线性模型，而基于线性假设的研究难以全面反映二者间的关系。因为受政策变动、自然灾害、供需变化等因素的影响，价格波动更可能存在非线性传导（周建军等，2023）。因此，在玉米、大麦替代关系日益紧密的背景下，本研究基于 2011 年 1 月—2022 年 1 月的时间序列数据，引入平滑转移自回归模型对玉米价格、大麦价格之间的非线性关系进行研究，并结合重要经济事件对其背后的原因进行分析，以期为政府稳定国内饲料粮价格、保障畜牧业产品平稳健康发展提出相关政策建议。

二、中国大麦价格与玉米价格非线性关系理论分析

为了更加直观地反映大麦价格和玉米价格波动的特征及趋势，绘制了 2011 年 1 月—2022 年 1 月玉米、大麦价格走势图（图 5-1）。同时，为比较大麦、玉米价格的波动幅度，利用变异系数反映价格围绕均值上下波

动的程度，通过计算，大麦、玉米价格的变异系数分别为 0.18 和 0.19（表 5－1），两者的变异系数较为接近，且图 5－1 中两者价格波动及走势基本吻合，说明大麦价格与玉米价格之间长期存在密切的相关关系。

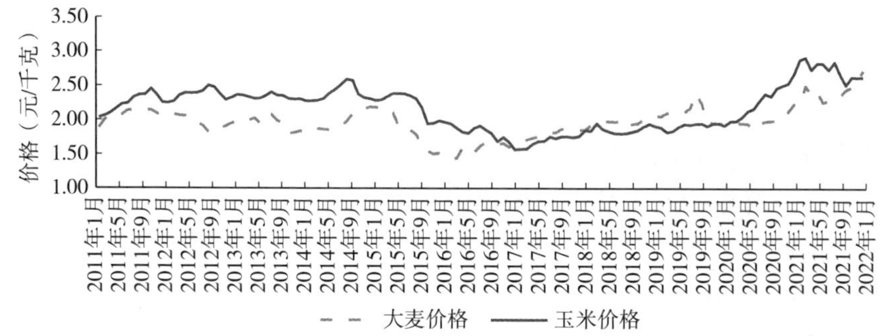

图 5－1　2011 年 1 月—2022 年 1 月中国大麦、玉米价格走势

表 5－1　2011 年 1 月—2022 年 1 月中国大麦、玉米价格描述性统计分析结果

种类	最大值	最小值	均值	标准差	变异系数
大麦	1.00	0.37	0.67	0.12	0.18
玉米	1.07	0.45	0.76	0.15	0.19

数据来源：作者测算。

2011 年 1 月—2022 年 1 月，国内玉米价格与大麦价格总体呈现“波动上升—急剧下降—波动上升”的态势，变动趋势具有明显的趋同特征。具体可以分为以下三个阶段：

第一阶段为 2011 年 1 月—2014 年 8 月，国内玉米价格上涨，大麦价格则基本先降后升。主要原因是 2008 年以来中国政府连续实施玉米临时收储政策，在该政策的影响下，国内玉米价格不断上升，引起大麦等替代品的需求量不断增加。同时，随着生产成本的提高，国内大麦价格在 2014 年开始呈现上升趋势。

第二阶段为 2014 年 9 月—2017 年 3 月，玉米价格、大麦价格均呈现波动下降的变动趋势。主要原因是受上一阶段临时收储政策影响，国内外玉米价格倒挂，出现了“洋货入市，国货入库”的不利局面，玉米进口量、国内玉米库存量均不断走高。为应对这一情况，2015 年政府调低国内玉米最低收购价，2016 年将玉米支持政策由临时收储转变为“市场定价+补贴”，进一步“控增量，减存量”。失去政策支撑的国内玉米价格持续下行，2017 年 3 月下降至近 10 年的最低点。同期，国内大麦价格也呈明显下降趋势，并于 2016 年降至近 10 年的最低点。究其原因：一方面，随着玉米价格的持续下行，饲料生产企业增加玉米用量，进而造成这一阶段的大麦饲用消费需求明显下降，一定程度拉低了大麦市场价格；另一方面，2015 年中国与澳大利亚正式签署中澳自由贸易协定，中国对澳大利亚大麦的进口关税随即降为零，促使当年大麦进口量同比增长约 6 倍，在澳大利亚进口低价大麦的冲击下，国内大麦价格持续下跌。在此阶段内，大麦、高粱等玉米替代品以及国外玉米的大量进口，均是引发国内玉米价格连续下跌的重要缘由。

第三阶段为 2017 年 4 月—2022 年 1 月，国内大麦价格与玉米价格持续波动上升，尤其是 2020 年之后二者快速、大幅上涨。究其主要原因是这一时期，伴随新冠疫情的暴发以及生猪产能的持续恢复，酒精、饲料粮需求快速增长，拉动上游玉米价格大幅上涨。同时，2020 年 5 月，中国商务部裁决对澳大利亚进口大麦征收 80.50%的反倾销税、反补贴税，进口成本的大幅攀升导致 2020 年 11 月起停止进口自澳大利亚大麦。上述贸易政策的调整基本上消除了进口澳大利亚低价大麦对国内市场的冲击，使国内大麦价格不断攀升。

综上可知，一方面，玉米、大麦价格受到各自市场供需变动、外部冲击以及政策调整等影响，存在不同的变动倾向；另一方面，玉米和大麦同时作为重要的饲料原料，具有一定的替代性，二者价格同时随饲料需求的增减，表现出大体一致的变动趋势。

三、研究方法及数据说明

（一）研究方法

平滑转移自回归模型（STR）作为研究非线性时间序列的重要工具之一，已被广泛应用于非线性关系的分析（刘凌和张晶晶，2021；袁悦，2022）。该模型的一般形式如下：

$$y_t=\varphi x_t+(\theta x_t)G(\gamma,\ c,\ s_t)+\varepsilon_t,\ t=1,\ \cdots,\ T \quad (5-1)$$

式中，y_t 为被解释变量；x_t 为解释变量；$\varphi=(\varphi_0,\ \varphi_1,\ \cdots,\ \varphi_p)$、$\theta=$

$(\theta_0, \theta_1, \cdots, \theta_p)$ 分别是模型中的线性部分、非线性部分的参数向量；ε_t 为误差向量，且满足 $\varepsilon_t \sim iid(0, \sigma^2)$；$s_t$ 为转换变量，$G(\gamma, c, s_t)$ 为转换函数，取值区间为 $[0, 1]$，反映了模型在不同状态之间的平滑转换过程；γ 为斜率参数，当 γ 较大时，模型区制状态的转换速度较快，当 γ 较小时，模型状态的转换速度较为缓慢；c 为定位参数向量。根据转换函数的不同形式，STR 模型可以分为 ESTR 模型和 LSTR 模型。当 $G(\gamma, c, s_t)$ 是指数形式时为 ESTR 模型，当 $G(\gamma, c, s_t)$ 是对数形式时为 LSTR 模型。

LSTR 模型又可进一步分为 LSTR1 和 LSTR2 模型，当转换变量 $G(\gamma, c, s_t)=\{1+\exp[-\gamma(s_t-c)]\}^{-1}$（其中 $\gamma<0$）时为 LSTR1 模型；当转换变量 $G(\gamma, c, s_t)=\{1+\exp[-\gamma(s_t-c_1)(s_t-c_2)]\}^{-1}$（其中 $\gamma<0$，$c_1 \leqslant c_2$），则称为 LSTR2 模型，与 LSTR1 模型关于 c 对称不同，该类模型关于 $(c_1+c_2)/2$ 对称。

建立 STR 模型之前，需要确定时间序列是否具有非线性结构，该检验主要通过将转换函数 $G(\gamma, c, s_t)$ 用三级泰勒级数进行展开，找出转换变量并对模型的形式进行确定。在判断是 ESTR 模型还是 LSTR 模型时，应对转换函数在 $\gamma=0$ 时运用三级泰勒级数展开作近似处理，并得到以下辅助回归方程：

$$y_t = \beta_0 x_t + \sum_{j=1}^{3} \beta_j x_t s_t + \mu_t \tag{5-2}$$

对原假设 H_0：$\beta_1=\beta_2=\beta_3=0$ 进行检验（β_1、β_2、β_3 均表示系数估计值），利用 F 统计量可检验其是否接受原假设，可进行如下短期序贯检验：

H_3：$\beta_3=0$；

H_2：$\beta_2=0 \mid \beta_3=0$；

H_1：$\beta_1=0 \mid \beta_2=\beta_3=0$。

如果对原假设 H_3 的检验在显著性水平下通过了检验，即零假设被拒绝，则可选择 LSTR2 模型或 ESTR 模型，否则选择 LSTR1 模型。

（二）数据来源及处理

本研究选取 2011 年 1 月—2022 年 1 月大麦月度价格及玉米月度价格时间序列，分别记为 *BP*、*CP*。其中，大麦月度价格来自谷鸽久久网；玉米月度价格来自布瑞克数据库。为消除物价变动的影响，用 2011 年 1 月为基期的中国月度居民消费价格指数（CPI）分别对大麦和玉米的原始数据价格序列进行平减，并采用 Census X-12 方法进行季节调整，最后对数据序列取对数，得到大麦价格和国内玉米价格的新序列，分别记为 *LBP*、*LCP*，相应的一阶差分序列为 ΔLBP、ΔLCP。

四、中国大麦价格与玉米价格非线性关系的实证分析

（一）单位根检验

为准确分析大麦价格和玉米价格之间的内在关系，采用单位根检验方法对大麦价格（*LBP*）和玉米价格（*LCP*）这 2 个时间序列的平稳性进行检验。检验结果显示（表 5-2），大麦价格和玉米价格的指数序列未能通过 10%的显著性检验，为非平稳序列，但一阶差分后 ΔLBP、ΔLCP 数据序列在 1%的显著性下平稳，说明中国大麦价格与玉米价格指数序列属于一阶平稳时间序列。

表 5-2　大麦和玉米价格序列单位根检验结果

序列	统计量	10%临界值	5%临界值	1%临界值	检验结果
LBP	−0.152	−2.579	−2.886	−3.486	非平稳
LCP	−1.798	−2.579	−2.886	−3.486	非平稳
ΔLBP	−8.886	−2.579	−2.886	−3.486	平稳
ΔLCP	−8.551	−2.579	−2.886	−3.486	平稳

（二）协整检验

协整检验结果表明（表 5-3），大麦价格与玉米价格之间存在着长期的协整关系，即两者变动趋势较为一致，可能存在相互传导的情况。

表 5-3　协整关系检验结果

原假设	特征值	迹统计量	5%临界值	显著性
没有协整关系	0.120	24.768	15.495	0.000 1
至多有一个协整关系	0.083	10.041	3.841	0.000 2

（三）LSTR 模型估计

为了探索大麦价格与玉米价格之间的非线性关系，本研究分别建立以大麦价格（ΔLBP）、玉米价格（ΔLCP）为被解释变量的实证模型。

首先，确定模型的自回归阶数。分别取解释变量和被解释变量的 1～3 阶滞后项，共 9 种组合。在模型 1 中，当 ΔLBP、ΔLCP 分别滞后 1 期、2 期时，AIC 及 SC 值最小；在模型 2 中，当 ΔLBP、ΔLCP 均滞后 2 期时，AIC 及 SC 值最小。其次，判断是否存在非线性关系，并选定 STR 模型的最终形式。经检验，模型 1 选择 ΔLBP_{t-1}作为转换变量，模型类型为 LSTR2；模型 2 选择 ΔLCP_{t-1}作为转换变量，模型类型为 LSTR1（表 5－4）。

表 5－4　线性假设检验及转换函数形式选择

模型	转换变量	F	F_3	F_2	F_1	模型选择
模型 1	ΔLBP^*_{t-1}	0.007	0.655	0.002	0.093	LSTR2
	ΔLCP_t	0.401	0.286	0.272	0.682	Linear
	ΔLCP_{t-1}	0.112	0.210	0.093	0.389	Linear
	ΔLCP_{t-2}	0.420	0.105	0.413	0.979	Linear
	时间趋势	0.106	0.494	0.020	0.501	Linear
模型 2	ΔLCP^*_{t-1}	0.004	0.002	0.166	0.389	LSTR1
	ΔLCP_{t-2}	0.045	0.727	0.014	0.126	Linear
	ΔLBP_t	0.290	0.690	0.087	0.427	Linear
	ΔLBP_{t-1}	0.913	0.835	0.592	0.783	Linear
	ΔLBP_{t-2}	0.217	0.052	0.385	0.804	Linear
	时间趋势	0.551	0.131	0.974	0.517	Linear

注：F 统计量为线性假设检验的统计量，F_1、F_2、F_3 分别为 H_1、H_2、H_3 顺序检验的统计量，表中数值为伴随概率。

（四）模型结果分析

利用二维格点搜索法对模型 1 和模型 2 进行分析并对模型进行估计。根据模型需要剔除部分不显著变量，最后得到模型 1、模型 2 的估计结果（表 5－5）。

在模型 1 中，转换函数的临界值 $c_1=-0.029$、$c_2=0.076$，即当转换

变量 ΔLBP_{t-1} 的系数估计值处于这一区间之外时，模型为线性形式；当转换变量 ΔLBP_{t-1} 的系数估计值处于这一区间时，模型转换为非线性形式。斜率参数 γ 为 3.739，表明模型的转换速度较慢。当模型呈现线性特征时，滞后 1 期大麦价格、当期玉米价格对当期大麦价格均存在显著正向影响。当模型呈现非线性特征时，滞后 1 期大麦价格每上涨 1 个单位，当期大麦价格将平均上涨 3.28 个单位（线性部分与非线性部分系数之和）；滞后 1 期玉米价格的影响开始显著，每上涨 1 个单位，当期大麦价格将平均上涨 3.87 个单位。

对比线性与非线性模型相关变量系数大小可知，无论滞后 1 期大麦价格变动情况如何，当期玉米价格均对当期大麦价格存在较大影响。当滞后 1 期大麦价格处于大幅变动状态时，其更多受到自身变动趋势影响。这意味着，在大麦市场供需大幅变化的情况下，玉米价格等外部因素对大麦市场的影响相对较小。当滞后 1 期大麦价格变动幅度较小，其更多受到玉米价格变动的影响，甚至滞后 1 期玉米价格的变化也会对当期大麦价格产生影响。这意味着，在大麦市场供需较为稳定时，大麦价格易受玉米价格变化的影响，二者表现出较为明显的替代效应。

在模型 2 中，转换函数临界值 $c_1=-0.031$，即当转换变量 ΔLCP_{t-1} 的系数估计值小于－0.031 时，大麦价格与玉米价格之间为线性关系；当 ΔLCP_{t-1} 的系数估计值大于－0.031 时，大麦价格与玉米价格之间为非线性关系。转换函数的斜率参数 γ=1 055.706，表明模型由线性关系向非线性关系转换的速度很快。当模型呈现线性特征时，滞后 1 期玉米价格对当期玉米价格存在显著的负向影响，表明此时玉米市场具有较强的自我调节能力；当期大麦价格对玉米价格具有显著正向影响，滞后 2 期大麦价格对当期玉米价格具有显著负向影响，表明此时大麦价格上涨将带动玉米价格上涨，但会受到滞后期涨幅的抑制。造成这一现象的原因可能是，在大麦价格持续上涨的过程中，玉米价格随之上涨，大麦、玉米供应相应增加，滞后一期大麦价格上涨幅度越大，当期大麦、玉米供应增幅越大，进而抑制当期价格的上涨。当模型呈现非线性特征时，滞后 1 期玉米价格对当期玉米价格的影响由负转正，每上涨 1 个单位，当期玉米价格将平均上涨 0.109 个单位，表明在玉米价格呈现上涨趋势时，玉米价格将自我延续这一趋势；大麦价格对玉米价格仍具有显著正向影响且作用时限有所延长，但影响程度大幅下降，当期大麦价格每上涨 1 个单位，将促使当期玉米价格平均上涨 0.083 个单位，滞后 2 期大麦价格每上涨 1 个单位，将促使当期玉米价格平均上涨 0.242 个单位。

对比线性与非线性模型相关变量的系数估计值可知，当滞后 1 期玉米价格处于下降或小幅上涨时，此时玉米市场表现出较强的自我调节能力，大麦价格上涨将带动玉米价格上涨，但会受到滞后期涨幅的抑制。当滞后 1 期玉米价格处于上涨时，玉米市场将主要延续往期上涨趋势，当期大麦价格对玉米价格的影响转弱。

表 5-5　LSTR 模型估计结果

	模型 1				模型 2			
	变量	初始值	估计值	T 统计值	变量	初始值	估计值	T 统计值
线性	C	0.005	0.004**	1.710	C	−0.054	−0.065***	−2.875
	ΔLBP_{t-1}	0.121	0.412***	2.077	ΔLCP_{t-1}	−0.638	−0.788***	−2.109
	ΔLCP_t	0.200	0.201***	2.629	ΔLBP_t	1.279	1.412***	3.198
	ΔLCP_{t-1}	−0.009	−0.007	−0.087	ΔLBP_{t-2}	−1.464	−1.775***	−2.524
非线性	C	−0.064	−0.072***	−2.102	C	0.054	0.065***	2.875
	ΔLBP_{t-1}	−1.019	−0.174**	−1.848	ΔLCP_{t-1}	0.764	0.897***	2.276
	ΔLCP_t	−0.374	−0.429	−1.108	ΔLBP_t	−1.215	−1.329***	−2.926
	ΔLCP_{t-1}	0.359	0.387**	1.840	ΔLBP_{t-2}	1.751	2.017***	2.836
	检验统计量	4.376	3.739	1.271	检验统计量	10.000	1 055.706	0.001
	c_1	−0.029	−0.031***	−9.378	c_1	−0.031	−0.035	−0.001
	c_2	0.076	0.076***	38.272	c_2		—	—
	赤池信息准则值（AIC）	−7.375			AIC	−7.017		
	施瓦兹信息准则值（SC）	−7.118			SC	−6.688		
	汉南奎因信息准则值（HQ）	−7.271			HQ	−6.884		
	R^2	0.248			R^2	−0.305		
	调整后 R^2	0.254			调整后 R^2	0.310		

由表 5-5 可以得到模型 1 的具体形式：

$$\Delta LBP_t = -0.041 + 1.201\Delta LCP_t - 1.543\Delta LCP_{t-1} + G(\gamma, c, \Delta LBP_{t-1}) \times (0.051 - 1.371\Delta LCP_t + 1.541\Delta LCP_{t-1})$$

$$G(\gamma, c, \Delta LBP_{t-1}) = [1 + \exp(568.434 LBP_{t-1} + 0.033)]^{-1}$$

模型 2 的具体形式：

$$\Delta LCP_t = -0.135 + 0.546\Delta LCP_{t-1} - 1.378\Delta LBP_{t-2} + G(\gamma, c, \Delta LCP_{t-1}) \times (0.048 - 0.514\Delta LBP_t - 1.286\Delta LBP_{t-2})$$

$$G(\gamma, c, \Delta LCP_{t-1}) = [1 + \exp(18.290 LCP_{t-1} + 0.035)]^{-1}$$

大麦及玉米价格呈现出非线性特征的原因主要有以下几点：一是大麦、玉米的价格由供给和需求共同决定，农户及消费者根据价格做出不同的决策，这种内生变化使大麦、玉米的价格产生非线性波动。二是随着 2016 年玉米临时收储政策的取消，政府对玉米支持政策不断完善，玉米的市场化程度不断加深，减弱了玉米的稳定性。三是玉米、大麦价格受众多因素影响，如小麦、高粱等其他饲料替代品的价格波动在生产环节、消费环节、贸易环节都会引起玉米、大麦价格的变动；或是当下游各环节的价格波动进行传导时，也会引起其价格大幅波动。在一系列因素的影响下，两者之间的价格波动相互影响且超出临界值，从而表现出非线性特征。

五、结论与建议

本研究基于 2011 年 1 月—2022 年 1 月国内大麦、玉米价格指数序列数据，运用 LSTR 模型对两者之间的非线性关系进行了分析，得出如下结论：第一，玉米、大麦价格之间存在相互影响，而相关关系在线性和非线性 2 个区制下转换。当滞后一期大麦价格变动处于－0.029～0.076 时，模型表现为非线性特征，此外呈现线性特征；当滞后一期玉米价格变动大于－0.031 时，模型表现为非线性特征，此外呈现线性特征。在不同制度下二者相关关系存在较大差异。无论在何种区制下，玉米价格均对大麦价格具有明显影响，而玉米价格则更多受自身影响。第二，造成玉米、大麦价格波动相互影响且超出临界值，从而表现出非线性特征的主要原因为市场供求关系变动、相关政策的变动、外部冲击等。

基于以上分析，得出以下政策启示：

第一，将大麦价格与玉米价格之间的门限值作为判断价格波动的重要指标。大麦价格与玉米价格之间存在不同的转换门限，政府部门可以根据两者在不同制度之间的转换，对突破门限值的原因进行分析。同时，根据门限值的调整幅度与转换速度提出具有针对性的价格调控措施，从而实现对价格的有效调控。

第二，稳定国内大麦产量，减少进口风险带来的价格波动。目前，中国大麦进口的高依存度、高集中度的进口特征，使国内大麦价格极易受到国际市场的影响。因此，政府不仅要保障国内玉米种植面积的稳定，还要关注大麦产业的发展状况，出台相应的政策，增加对大麦产业的支持和保护，稳定国内大麦生产，从而降低对国际大麦市场的依赖，减少国际市场价格对国内市场的冲击。

第三，建立价格监测预警机制，减少外部冲击对大麦、玉米价格的影响。围绕国内外大麦、玉米等饲料粮的生产成本和市场价格建立监测、预警系统，及时关注极端自然灾害以及局部冲突、贸易摩擦等外部冲击对供给体系的影响。加强对大麦、玉米国际市场供求的分析和预测，并及时发布预警信息，形成集信息发布和服务的配套机制，从而合理引导国内的生产、消费和贸易。同时，对大麦、玉米替代品，如高粱、干玉米酒糟（DDGS）、大豆的生产及贸易情况进行监测和分析，避免需求变动带来的价格风险。

02 第二篇 大麦青稞贸易

第六章

中国大麦进口格局及进口多元化分析[①]

一、引　言

当前，在百年未有之大变局和世纪疫情叠加的背景下，全球粮食安全面临着经济衰退、收入不平等、人口增长、气候变化等来自粮食系统内外部的多重严峻挑战，全球粮食安全形势从2015年起不断恶化（李先德等，2022）。世界粮食发展与安全格局发生新变化，利用国际资源和市场的难度和风险不断加强，中国粮食国际供应链的稳定性和安全性也面临新的挑战（尹成杰，2021）。进入21世纪以来，中国通过大量进口来满足国内大麦需求，大麦贸易持续大量进口现象非常明显，2021年中国大麦进口总量创历史新高。近期中国大麦进口规模大幅增加的驱动因素是什么，这些驱动因素是否会推动未来中国大麦进口规模的持续增加。同时，就中国大麦贸易格局而言，在乌克兰、阿根廷等新兴大麦出口国的冲击下，澳大利亚、加拿大等传统大麦出口国的大麦出口份额受到挑战。自2020年5月19日起，中国对原产于澳大利亚的进口大麦征收为期5年的反倾销税和反补贴税[②]，对澳大利亚大麦进口量显著减少。尽管国际粮食市场可以成为国内粮食市场的重要补充，但粮食供给对国际贸易的高度依赖也会加重粮食系统

---

① 本章内容发表于《世界农业》2023年第5期。

② 商务部公告2020年第14号，关于原产于澳大利亚的进口大麦反倾销调查最终裁定的公告，http://www.mofcom.gov.cn/article/zcfb/zcblgg/202005/20200502965862.shtml；商务部公告2020年第15号，关于原产于澳大利亚的进口大麦反补贴调查最终裁定的公告，http://www.mofcom.gov.cn/article/zcfb/zcblgg/202005/20200502965863.shtml。

的不稳定性和不确定性，导致粮食不安全状况加剧，高度依赖国际市场并非中国可以选择的“安全”选项（朱晶等，2021；Sun and Zhang，2021）。在当前贸易格局下，中国大麦进口依赖性风险是否有所缓解，如何进一步推动大麦进口来源多元化都是亟待回答的问题。系统研究新形势下中国大麦进口现状、影响因素，对未来中国大麦进口面临的供需两侧驱动因素进行剖析，研判未来中国大麦进口形势，分析中国大麦进口依赖性风险，探究未来多元化进口渠道的可能性，并据此提出当前及今后一段时期促进中国大麦产业及进口贸易高质量发展的措施建议，对于构建更加稳定、更有韧性、更高质量的中国大麦供给安全保障体系具有较为重要的现实意义。

在谷物进口贸易格局方面，诸多文献都对小麦、水稻、大豆等主粮作物进口格局及多元化策略进行了分析。郝晓燕和李雪（2022）从粮食贸易全局出发，基于“口粮绝对安全”的考虑，提出中国大米、小麦贸易格局优化的可能选择。刘慧和钟钰（2022）对中国玉米进口大幅增加的驱动因素进行了分析，并研究提出拓展进口来源的可能性。魏艳娇等（2021）在分析大豆进口依赖性风险的基础上，考察中国大豆进口来源国的市场关系。宋海英和姜长云（2021）围绕中美经贸摩擦升级，对拓展大豆进口来源的可能性进行了研究。综合来看，已有研究可为中国大麦进口贸易格局及进口多元化分析提供一定的参考和借鉴，但还未有对新形势下中国大麦贸易格局、依赖性风险及进口多元化的系统研究。同时，在大麦进口依赖性风险方面，已有研究在衡量大麦进口依赖性指数时选用指标较为单一，忽视了其他层面反映进出口依赖性的指标，易造成评价偏差（谭琳元和李先德，2018b）。因此，为了更加全面深入地科学审视中国大麦进口现状，本研究首先总结和分析了中国大麦进口贸易特征及影响因素，对未来中国大麦进口面临的供需两侧驱动因素进行剖析，研判未来中国大麦进口形势，在全面评价大麦进口依赖性风险的基础上，探究优化大麦进口贸易格局的可能选择，最后提出相应的对策建议，为防范和化解大麦进口风险，积极稳妥利用国际农产品市场和国外农业资源提供参考和借鉴。

二、中国大麦进口贸易现状及影响因素

近年来，中国大麦进口呈现持续快速增长趋势，进口格局也发生了较

为明显的变化，同时，为了更加全面反映大麦在饲料粮中的地位，也对玉米等饲料粮进口情况进行了分析。

（一）大麦进口贸易现状

1. 进口规模持续快速增长，对外依存度持续走高

第一，进口量呈现波动上升趋势。根据联合国粮食及农业组织（FAO）数据，2001—2013 年中国大麦进口量一直较为平稳，保持在 300 万吨以下，环比变化幅度也较为平缓。2014 年以来中国大麦进口量大幅增加，突破 500 万吨，尤其是 2015 年猛增至 1 073 万吨，同比增加 98.34%，2021 年高达 1 248 万吨（图 6-1）。2022 年以来，大麦进口量有所回落，1—9 月，中国共从各国进口大麦 441.18 万吨。同时，中国大麦出口量一直很低，除 2007—2010 年外，2001 年以来均低于 1 万吨，2014 年以来更是低于 1 000 吨；这也使得中国大麦净进口量的变动趋势与进口量基本一致。第二，进口依存度持续走高。中国大麦进口依存度在 2001—2009 年均低于 50%，2010—2021 年则持续走高，从 54.55%增加至 93.27%。

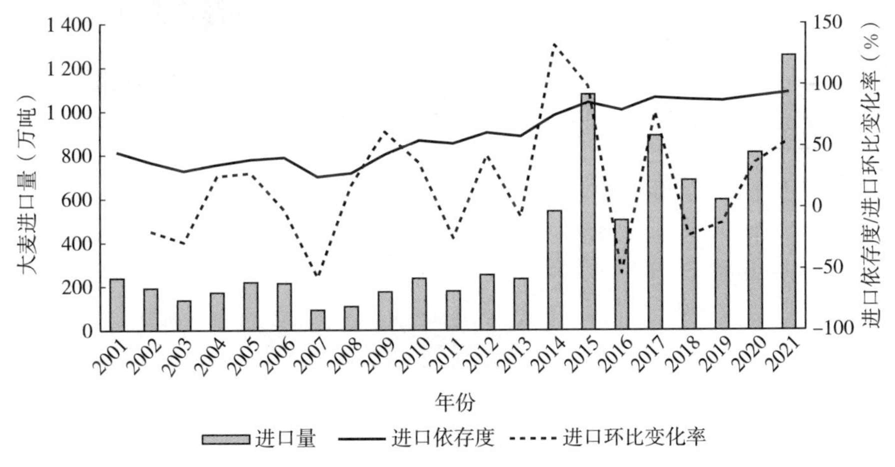

图 6-1　2001—2021 年中国大麦进口情况

注：进口依存度=进口量/(进口量+国内产量)。

数据来源：联合国粮食及农业组织统计数据库（FAOSTAT）。

2. 主要进口来源地发生变化，进口集中度有所缓解

从中国大麦进口来源市场结构来看，2001 年以来，主要进口来源

国在中国大麦进口中的市场地位发生了重大变化（表 6－1）。2001—2010 年，中国大麦进口来源格局均较为稳定，主要来自澳大利亚、法国和加拿大，这三国大麦进口量合计占中国大麦进口总量的平均比重高于 95%，其中，来自澳大利亚的大麦进口量占中国大麦进口总量的比重大多高于 50%，大麦进口来源市场集中度极高。从 2011 年开始，中国大麦进口来源格局有所调整，2011 年和 2014 年新增从阿根廷和乌克兰进口大麦；同时，澳大利亚大麦进口比重逐渐降低，法国、加拿大、乌克兰和阿根廷的大麦进口市场份额逐渐上升。2020 年 5 月，中国商务部裁定澳大利亚进口大麦存在倾销和补贴，从 2020 年 5 月起对澳大利亚进口大麦征收 73.6%的反倾销税和 6.9%的反补贴税，连续征收 5 年；受其影响，2020 年 12 月起至今，中国不再从澳大利亚进口大麦。2021 年，中国大麦进口市场格局已经由澳大利亚一国主导转变为法国、加拿大、乌克兰和阿根廷四国鼎立。据海关总署数据，2022 年 1—9 月，中国大麦进口量为 441.19 万吨；其中，从阿根廷进口 233.55 万吨，占 52.94%，从加拿大、法国分别进口 94.51 万吨、71.21 万吨，分别占 21.42%、16.14%；阿根廷大麦进口量同比增长 44.98%，进口份额大幅提高。

表 6－1　中国主要大麦进口来源国市场份额（%）

年份	澳大利亚	法国	阿根廷	加拿大	乌克兰	其他	年份	澳大利亚	法国	阿根廷	加拿大	乌克兰	其他
2001	54.56	15.51	/	26.98	/	2.96	2012	82.22	0.91	4.45	12.41	0.00	0.01
2002	79.31	8.50	/	12.19	/	0.00	2013	75.34	5.71	2.72	16.14	0.00	0.09
2003	46.35	44.76	/	4.89	/	4.00	2014	71.63	14.12	1.48	10.34	2.24	0.19
2004	74.56	0.00	/	25.25	/	0.19	2015	40.64	41.22	0.42	9.71	7.64	0.37
2005	53.23	13.62	/	32.35	/	0.80	2016	64.24	12.56	0.62	14.43	8.10	0.05
2006	77.76	0.69	/	21.54	/	0.00	2017	73.11	2.51	0.00	15.33	8.92	0.13
2007	52.58	8.70	/	38.72	/	0.00	2018	60.49	7.86	0.00	24.59	5.61	1.46
2008	68.12	7.55	/	20.36	/	3.97	2019	39.06	19.95	1.11	24.62	14.74	0.52
2009	47.53	23.95	/	28.22	/	0.30	2020	18.46	21.77	4.85	24.98	28.01	1.93
2010	57.53	21.22	/	20.47	/	0.78	2021	0.00	29.22	13.90	26.47	25.75	4.66
2011	70.68	13.48	9.9	5.83	0.00	0.11							

数据来源：根据 FAOSTAT 数据计算得出。

3. **大麦作为玉米替代品，占饲料粮进口比重较高**

由于中国进口大麦主要用作饲料，且大麦与玉米、高粱和DDGS存在较高的替代关系，本部分也将玉米、高粱和DDGS贸易现状纳入分析，以完整展现中国饲料粮贸易的变化特点以及大麦在饲料粮贸易中的地位。2001年以来，中国饲料粮进口总体呈增长趋势，2012年以来饲料粮进口超过1 000万吨，其中，玉米作为主要饲料用粮，高速增长态势明显，持续突破进口配额，2021年玉米进口量达到2 835万吨，占饲料粮进口总量的47.04%（图6-2）。同时，高粱、大麦、DDGS等玉米替代品由于具有不受进口配额限制、可作饲料添加剂等优势，进口量也保持上涨趋势，自2012年饲料粮进口总量突破1 000万吨以来，大麦进口占饲料粮进口比重总体呈倒U形趋势，2017年最高达到51.72%，随着玉米进口的大量增加，该比重此后逐渐回落，2021年占饲料粮进口比重为24.69%，且比重总体上一直高于高粱和DDGS，凸显了其作为玉米主要替代品的地位。

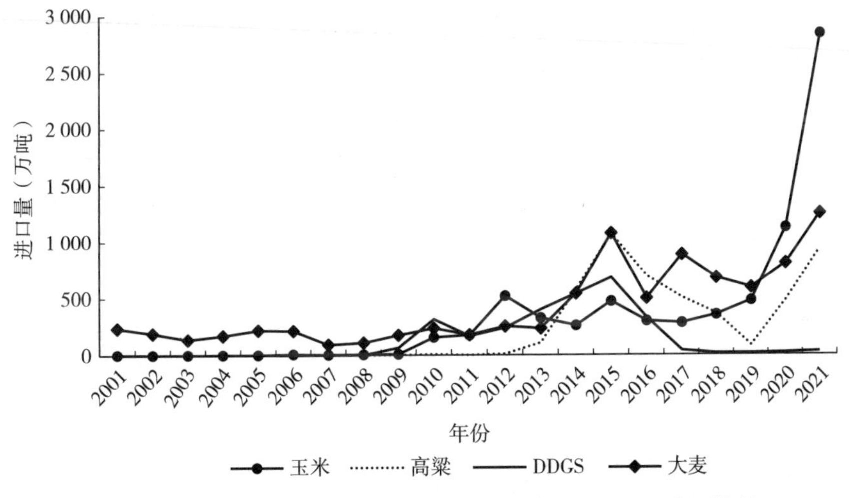

图6-2　2001—2021年中国玉米、大麦、高粱、DDGS进口情况

数据来源：海关总署。

（二）影响因素

在大麦进口贸易的影响因素方面，有研究认为主要是因为国内大麦消费需求持续增长和国内大麦产量急剧减少导致的供不应求（刘婧怡等，2022）。赵金鑫等（2021）认为大麦作为玉米的主要替代品种，中国饲料粮

进口市场上对某一种饲料粮产品的进口需求会受到其他饲料粮产品价格变化的影响。因此，从供需和价格等方面分析大麦进口贸易格局的影响因素。

1. 供需因素

当前，大麦种植分散、产量较低、生产规模严重萎缩。根据国家统计局数据，中国大麦种植面积和产量均持续减少，其中，大麦种植面积从2012年的48.99万公顷减少至2020年的20万公顷，大麦产量从162.58万吨减少至90万吨。与此同时，国内大麦需求急剧增长，2012—2021年，中国大麦消费量总体呈上升趋势（表6-2）。根据国家粮油信息中心数据，2012/2013年度、2013/2014年度中国大麦消费量均为400多万吨，2020/2021年度增至1 115万吨，达到历史峰值。2020/2021年度中国大麦产量不到消费量的10%，大麦产需缺口巨大，只能依靠进口来弥补。从消费结构来看，饲用消费和工业消费是国内大麦消费的主要组成部分，近年来，饲用消费量占消费总量的比重由2012/2013年度的3.9%增加至2020/2021年度的64.6%，大麦饲用消费占比高、需求增长快也是导致大麦进口量大幅增加的主要因素。

表6-2　中国大麦消费需求及结构

年度	食用消费		饲用消费		工业消费		总消费量（万吨）
	数量（万吨）	比重（%）	数量（万吨）	比重（%）	数量（万吨）	比重（%）	
2012/2013	10.0	2.4	16.0	3.9	367.0	89.5	410.0
2013/2014	10.0	2.5	15.0	3.7	363.0	89.6	405.0
2014/2015	21.0	2.3	480.0	52.6	395.0	43.3	913.0
2015/2016	21.0	2.2	550.0	56.4	395.0	40.5	975.0
2016/2017	21.0	2.4	450.0	51.8	390.0	44.9	869.5
2017/2018	22.0	2.0	650.0	60.1	400.0	37.0	1 081.2
2018/2019	12.0	1.7	300.0	42.5	390.0	55.2	706.7
2019/2020	12.0	2.0	200.0	34.1	370.0	63.1	586.8
2020/2021	11.0	1.0	720.0	64.6	380.0	34.1	1 115.3

数据来源：国家粮油信息中心《饲用谷物市场供需状况月报》。

注：大麦市场年度为当年6月至翌年5月。

2. 价格因素

第一，国内外大麦价差呈扩大趋势。2012年以来，中国进口大麦价格整体上逐渐走低，由 2012 年的 1.97 元/千克下降至 2021 年的 1.82 元/千克；而国内大麦市场价格整体上呈上涨趋势，由 2012 年的 2.08 元/千克增加至 2021 年的 2.37 元/千克（图 6－3）。这种相反的走势造成国内外价差逐渐扩大，由 2012 年的 0.11 元/千克扩大至 2021 年的 0.55 元/千克，为历史最高值。第二，进口大麦相对国内玉米具有价格优势。随着饲料加工技术的突破，在添加专用复合酶制剂后，大麦能够在猪饲料中部分或者全部替代玉米，逐渐成为优质能量饲料（范丹等，2017），这使得大麦在饲料配方中替代玉米成为可能。在 2012—2021 年，国内玉米价格总体上均高于进口大麦价格。2020 年以来，随着中国生猪产能持续恢复，玉米等饲料粮消费大幅增加，国内玉米市场自 2017/2018 年度起连续 4 个年度存在产需缺口[①]，价格出现大幅上涨。2020 年和 2021 年中国国内玉米价格分别为 2.24 元/千克和 2.79 元/千克，进口大麦价格分别为 1.63 元/千克和 1.82 元/千克，两者价差分别达到 0.61 元/千克、0.97 元/千克，为近 10 年最高值，同期大麦进口量也为近 10 年最高。

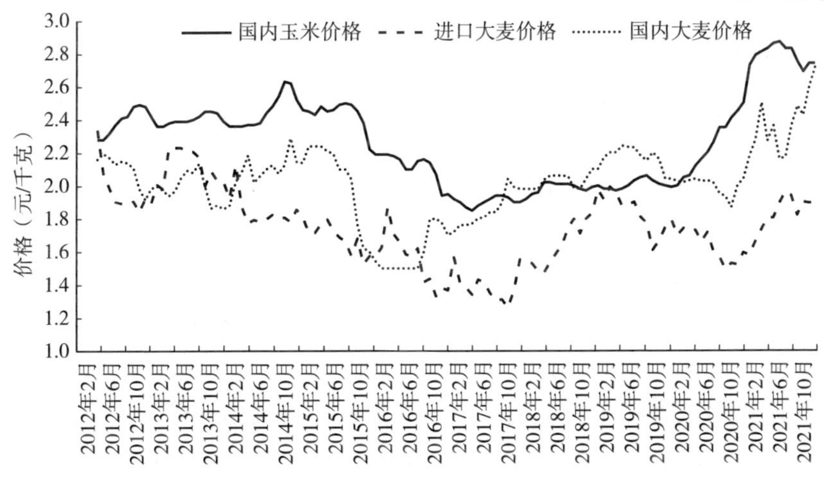

图 6－3　2012—2021 年中国国内玉米、大麦与进口大麦月度价格走势

注：国内玉米价格数据来自国家统计局，为玉米（中等）集贸市场价格；国内大麦价格来自谷鸽久久网，为甘肃武威大麦贸易商收购价；进口大麦价格根据海关总署数据计算得到，为大麦进口额与大麦进口量的比值。

---

① 数据来源：国家粮油信息中心《世界粮油市场月报》第 263 期。

三、未来中国大麦进口贸易影响因素

根据前文分析，当前，中国大麦供需缺口较大，进口成为弥补国内需求缺口的主要途径，从长远考虑，要加强对未来大麦进口贸易影响因素研判，为分析未来中国大麦进口形势提供依据。

（一）供给层面：未来国内大麦供给形势仍将趋紧

当前，中国对澳大利亚进口大麦实行“双反”措施起到了一定贸易保护和救济的作用，国内大麦收获面积和单产都有了一定程度的恢复性增长（曹芳芳等，2022）。但从长期看，由于农业自身的弱质性和产业恢复的长期性，大麦供给增长潜力受到较大制约，供给紧张的趋势仍会持续。第一，资源约束趋紧。考虑到中国人多地少的资源禀赋限制，在谷物基本自给、口粮绝对安全的底线要求下，只能压缩非主粮生产以实现保障国家粮食安全的发展目标（姚成胜等，2020）。因此，在中国资源约束日益趋紧、环境承载力接近上限的严峻形势下，通过提高国内大麦产量，较大幅度取代进口大麦的可能性不大。第二，大麦单产水平较低。由前文可知，在大麦收购价格与玉米相比不占优势的情况下，大麦单产水平还大幅低于主粮作物。根据国家统计局数据，2018 年[①]，大麦单产水平仅为小麦、玉米、水稻等主粮作物的 67.27%、59.69%、51.86%，促使农户选择以高产的主粮替代低产的非主粮。同时，大麦作为小宗农产品，种植规模下降也造成了产地分散化，收购流通成本大幅上升，也间接影响了大麦种植户积极性（于爱芝等，2020）。第三，政策支持不足。大麦虽然是中国第四大谷物，且用途与玉米和小麦类似，但至今国家一直未出台针对大麦的生产者支持政策，大麦生产未得到应有重视并且缺乏政策支持与保护，农户种植收益缺乏政策保障。根据商务部数据[②]，2014—2018 年中国大麦种植成本从 731.52 元/亩上涨至 832.88 元/亩，而每亩净利润从－180.09 元进一步减少至－284.68 元，大麦种植处于持续亏损状态且亏损还在不断加剧，

---

① 2018 年为国家统计局统计的大麦单产最新数据。

② 中华人民共和国商务部关于原产于澳大利亚的进口大麦反倾销调查的最终裁定，http：//images. mofcom. gov. cn/trb/202005/20200518192204750. pdf。

大麦产业处于被边缘化的处境。

(二)需求层面:未来大麦需求仍然强劲

随着中国经济发展和收入水平提高,居民食物消费结构也呈现转型升级,由传统的"吃得饱"向"吃得好""吃得营养""吃得健康"转变,具体表现为以下两个方面。第一,收入提高引致食物消费结构升级。《中华人民共和国国民经济和社会发展第十四个五年规划和2035年远景目标纲要》提出到2035年中国常住人口城镇化率提高到65%,居民人均可支配收入增长与国内生产总值增长基本同步[①]。随着居民收入水平的不断提高,城乡居民消费结构日益走向多元化,对营养和健康的进一步追求将会驱使肉蛋奶果蔬等产品在更广的范围、更深的层次上形成对口粮的替代,以动物产品为主的饮食模式将大大刺激饲用粮需求,大麦作为玉米的饲用用途的主要替代品种,其需求也会随之增加。第二,消费结构升级增加居民对优质农产品需求。随着收入水平的提高,城乡居民越来越注重食物消费的健康性和高端性,对优质农产品的需求增加。当前,中国大麦生产还存在科研基础薄弱、技术含量低、品质较差等问题,无法满足国内啤酒生产迅速增长和对原料均一化的高质量要求(李先德等,2012)。随着居民对中高档啤酒的需求进一步增长,国内大麦不论是在数量还是质量上,都无法满足居民消费需求。

(三)国际形势层面:国际粮食供应链稳定性受到挑战

当今国际粮食市场面临的不确定性、波动性和风险日益加剧,给中国粮食进口带来安全隐患,也使中国大麦进口来源掌控和通道安全维护面临更大挑战(芦千文,2022)。第一,国际市场不稳定性增强。在逆全球化背景下,意识形态、地缘政治、多边贸易和投资框架体系遭遇挑战,对全球粮食的可获得性和稳定性的影响不容小觑。在全球贸易摩擦愈演愈烈的背景下,农业成为贸易保护主义蔓延的重要领域之一,与之相关的各类贸易摩擦接连不断,粮食武器化、政治化趋势越来越严重。2022年以来,

---

① 中华人民共和国国民经济和社会发展第十四个五年规划和2035年远景目标纲要,http://www.gov.cn/xinwen/2021-03/13/content_5592681.htm。

俄乌冲突不断加剧，不仅对全球粮食供应链产生深远影响，还推动全球粮食价格上涨，小麦、玉米、大麦等主要粮食国际市场价格一度创下历史新高。根据世界银行在 2022 年 4 月发布的《大宗商品市场展望》报告，俄乌冲突对全球大宗商品市场造成重大冲击，全球贸易、生产和消费模式因此发生的变化将使全球大宗商品价格一直到 2024 年底都保持在历史高位①。根据海关总署数据，2022 年 1—9 月，中国玉米进口量较去年同期下降 25.92%，进口价格同比上涨 21.73%，大麦进口量同比下降 48.84%，进口价格同比上涨 23.34%，同时，玉米、大麦进口价格仍在持续走高，一度突破 400 美元/吨。第二，极端天气加剧。近年来，全球极端天气频发，联合国政府间气候变化专门委员会（IPCC）于 2022 年 2 月发布的《气候变化 2022：影响、适应和脆弱性》报告认为，全球变暖造成的气候危害不可逆转，其带来的影响和风险日益增长，升温形势会让世界在今后 20 年面临多重频发的气候危害②。在中国大麦进口依赖度较高的情况下，极端气候变化带来的全球大麦供给量不稳定，会影响中国大麦进口稳定性。

总之，未来国内大麦供给形势仍将趋紧、需求仍保持强劲，通过大量进口调节国内供求平衡的局面将长期存在且进口面临的不确定性增加。美国农业部 *USDA Agricultural Projections to 2031* 报告也认为，预计从 2022/2023 年度到 2031/2032 年度，中国仍将是世界上最大的大麦进口国，饲料需求是预测期内进口的主要动力，同时也进口啤酒大麦用于啤酒生产③，这从另一侧面反映了未来中国大麦仍将大量进口的事实。

四、中国大麦进口多元化分析

拓展大麦进口来源是弥补国内大麦供需缺口的主要途径。在未来中国大麦大量进口的局面长期存在且进口面临的不确定性增加的情况下，为了

---

① Commodity Markets Outlook，https：//openknowledge. worldbank. org/bitstream/handle/10986/37223/CMO - April - 2022. pdf。

② Climate Change 2022：Impacts，Adaptation and Vulnerability，https：//www. ipcc. ch/report/sixth - assessment - report - working - group - ii/。

③ USDA Agricultural Projections to 2031，https：//www. ers. usda. gov/webdocs/outlooks。

更好防范大麦进口风险，保障大麦进口安全，需要对当前中国大麦进口依赖性风险进行研判，在此基础上结合全球主要大麦生产国大麦产量和出口情况，探究未来中国大麦贸易格局优化的可能选择，对大麦进口依赖性风险开展有针对性的防范与化解。

(一) 中国大麦进口依赖性现状

1. 进口依赖性风险指标构建

从进口量、进口依存度和大麦出口国对中国大麦进口需求市场依赖性等方面单独分析大麦进口贸易情况存在片面性，也无法反映中国与主要大麦进口来源国的相互依赖关系，需要从整体把握，全面客观地分析中国大麦进口贸易现状。本研究在刘林奇（2015）和魏艳骄等（2021）的研究基础上构建了中国大麦进口依赖性评价指标体系，将大麦进口国对国际市场的依赖性与大麦出口国对进口需求市场的依赖性同时纳入其中，通过比较两者依赖性水平的高低，系统考察中国大麦进口依赖性风险。

构建衡量 2001—2021 年中国对大麦进口来源国的依赖性指标，用 E 表示，具体包括三个分指标：①E_1＝中国大麦进口量/国内产量，E_1 越高，表示中国对大麦国际市场的依赖性越高；②E_2＝中国对某国大麦进口量/中国大麦进口总量，E_2 越高，表示中国对该进口来源国的依赖性越高；③E_3＝某国大麦出口量/世界大麦出口总量，E_3 越高，表示中国从该国进口大麦的可能性较大，依赖性较高。E 用公式表示为 $E=E_1\times E_2\times E_3$。

构建衡量 2001—2021 年大麦出口国对中国市场的依赖性指标，用 V 表示，具体包括三个分指标：①V_1＝大麦出口国大麦出口量/该出口国大麦产量，V_1 越高，表示该出口国对国际市场的依赖性越高；②V_2＝大麦出口国对中国大麦出口量/该出口国大麦出口总量，V_2 越高，表示该国对中国市场的依赖性越高；③V_3＝中国大麦进口量/世界大麦进口总量，V_3 越高，表示大麦出口国对中国出口大麦的可能性较大，依赖性较高。V 用公式表示为 $V=V_1\times V_2\times V_3$。

在此基础上，构建 2001—2021 年中国大麦进口依赖性指标，$P=E/V$，若 $P>1$，说明中国对某个大麦出口国市场的依赖性大于其对中国市场的依赖性，该出口国掌握大麦贸易主动权，中国对该出口国存在大麦进口依赖性风险；若 $P<1$，则说明中国对某个大麦出口国市场的依赖性小

于其对中国市场的依赖性，中国掌握大麦贸易主动权，中国对该出口国不存在大麦进口依赖性风险。

2. 中国大麦进口依赖性风险测算

中国大麦进口来源国在2011年之前主要是澳大利亚、法国和加拿大，此后新增了阿根廷和乌克兰，因此本研究着重分析中国对这五国的大麦进口依赖性风险，风险指标值如表6-3所示。可以看出，中国对这五国的大麦进口依赖性风险存在显著差异。2001—2021年，中国对澳大利亚、法国、阿根廷、加拿大和乌克兰大麦进口依赖性风险指标值大多大于1，平均值分别为6.49、10.50、2.08、2.98和4.26。其中，对法国的大麦进口依赖性风险最高，其次是澳大利亚。说明中国对法国和澳大利亚进口依赖性水平远远高于法国和澳大利亚对中国大麦出口市场的依赖性水平，从法国进口大麦的进口依赖性风险尤为严重。对乌克兰的大麦进口依赖性风险也较高，对加拿大和阿根廷的大麦进口依赖性风险相对较低，但平均指标值大于2，也存在进口依赖性风险。从变化趋势看，随着对澳大利亚进口大麦实施“双反”措施，2018年以来，对澳大利亚的大麦进口依赖性风险整体呈下降趋势；对法国、加拿大大麦进口依赖性整体呈下降趋势，

表6-3 中国大麦进口依赖性风险指标值

年份	澳大利亚	法国	阿根廷	加拿大	乌克兰	年份	澳大利亚	法国	阿根廷	加拿大	乌克兰
2001	2.19	5.97	/	2.85	/	2012	9.94	12.50	4.21	2.93	/
2002	4.36	6.70	/	0.89	/	2013	9.35	16.31	3.86	3.18	/
2003	1.73	9.86	/	1.91	/	2014	5.44	5.81	0.77	1.10	3.64
2004	11.13	/	/	3.32	/	2015	2.09	4.59	0.21	0.50	1.79
2005	3.68	6.73	/	2.85	/	2016	7.54	8.85	2.30	1.54	6.54
2006	6.84	6.66	/	2.18	/	2017	12.35	7.04	/	1.56	4.15
2007	2.94	18.15	/	7.99	/	2018	8.24	9.95	/	2.73	3.85
2008	7.74	18.96	/	8.57	/	2019	4.73	18.18	2.21	4.24	3.98
2009	6.05	14.16	/	3.49	/	2020	5.13	8.28	1.19	3.59	4.58
2010	6.37	11.82	/	2.11	/	2021	/	6.84	1.00	2.18	5.55
2011	11.95	12.54	2.93	2.77	/						

数据来源：2001—2020年产量数据来自FAOSTAT，2021年产量数据来自各国统计局官网，大麦贸易数据来自联合国商品贸易统计数据库（UN COMTRADE），根据以上数据计算得出。

2021年分别为6.84和2.18，对法国大麦的进口依赖性风险仍然较高；对乌克兰大麦进口依赖性整体呈上升趋势，2021年为5.55；对阿根廷大麦进口依赖性风险总体保持平稳，2021年为1，基本不存在进口依赖性风险。

（二）拓展大麦进口来源的可行性

根据联合国粮食及农业组织（FAO）统计，2018年和2021年，世界主要产量超过500万吨的大麦生产国包括俄罗斯、法国、德国、西班牙、澳大利亚、加拿大、乌克兰、土耳其、英国和阿根廷等，英国、西班牙、土耳其、美国等国大麦主要供国内消费，出口规模较小，扩大对中国出口的难度很大；主要大麦出口国有法国、澳大利亚、俄罗斯、乌克兰、阿根廷、加拿大、德国、哈萨克斯坦等；综合产量和出口量因素考虑，既是大麦主产国又是大麦出口国的国家包括俄罗斯、法国、德国、澳大利亚、加拿大、乌克兰和阿根廷等。

进一步从各大麦出口国对中国出口比重来看，2018年，澳大利亚、加拿大对中国出口的大麦占其出口总量的比重较高，分别为76.89%、75.46%；2021年，加拿大、阿根廷、法国和乌克兰对中国出口的大麦占其出口总量的比重较高，分别为94.09%、81.91%、54.42%和52.58%。加拿大和阿根廷进一步扩大对中国出口的潜力有限，继续扩大从法国和乌克兰进口大麦还有一定空间。

从各大麦出口国向中国出口剩余空间来看（表6-4），2018年，法国、俄罗斯、乌克兰、阿根廷向中国出口大麦剩余空间较大，均在250万吨以上，德国、哈萨克斯坦和澳大利亚出口剩余空间也在100万吨以上；2021年，中国大幅增加对法国、乌克兰大麦进口，两国大麦仍有进一步进口空间，同时，俄罗斯、德国对中国出口剩余空间较大，均在300万吨以上，能够满足中国大麦进口需求。

从中国进口大麦价格来看，2018年，中国对加拿大大麦进口单价最高，为235.74美元/吨，其次为丹麦、澳大利亚和法国，对乌克兰大麦进口价格最低，为191.08美元/吨；2021年，中国对美国大麦进口单价最高，为330.29美元/吨，其次为丹麦、乌拉圭、加拿大、法国、俄罗斯和阿根廷，对乌克兰大麦进口价格仍最低，为220.08美元/吨，说明中国与大麦出口国的贸易距离也影响了贸易成本。

表 6－4　2018 年和 2021 年大麦主产国和主要出口国的剩余空间

国家	2018 年					2021 年				
	产量（万吨）	出口（万吨）	向中国出口（万吨）	剩余空间（万吨）	单价（美元/吨）	产量（万吨）	出口（万吨）	向中国出口（万吨）	剩余空间（万吨）	单价（美元/吨）
法国	1 104.28	619.62	59.64	559.98	201.11	1 145.50	654.74	356.30	298.44	251.93
俄罗斯	1 699.19	544.17	/	544.17	/	1 790.00	396.27	8.62	387.65	241.98
乌克兰	734.91	359.75	32.19	327.56	191.08	1 020.00	534.46	281.01	253.45	220.08
阿根廷	506.11	258.77	/	258.77	/	527.96	229.59	188.06	41.52	229.51
德国	958.36	186.00	/	186.00	/	1 041.11	302.46	/	302.46	/
哈萨克斯坦	397.13	175.50	/	175.50	/	359.94		/	0.00	/
澳大利亚	925.39	612.34	470.85	141.48	223.69	1 460.00	872.36	/	872.36	/
英国	651.00	85.21	/	85.21	/	696.10		/	0.00	/
丹麦	344.52	66.25	0.05	66.19	233.11	350.29	96.99	3.88	93.12	303.98
加拿大	837.97	223.87	168.93	54.94	235.74	695.86	351.13	330.38	20.75	259.83
西班牙	955.42	25.50	/	25.50	/	886.37	31.29	/	31.29	/
土耳其	700.00	20.53	/	20.53	/	580.00	15.14	/	15.14	/
美国	334.27	9.12	/	9.12	/	247.97	31.14	0.02	31.11	330.29
乌拉圭	38.50	0.71	/	0.71	/	88.88	24.09	5.27	18.83	265.89

数据来源：2018 年产量数据来自 FAOSTAT，2021 年产量数据来自各国统计局官网，出口量和对中国出口量数据来自 UN COMTRADE；剩余空间＝出口量－对中国出口量。

综合大麦主产国、主要出口国的剩余空间和进口价格等因素，可以看出，中国可拓展的大麦进口来源国包括俄罗斯、德国、法国、乌克兰、哈萨克斯坦，结合中国大麦进口依赖性风险测算结果，现阶段中国对法国的进口依赖性风险较高，应谨慎对其大麦扩大进口。综合考虑，除当前中国大麦主要进口来源国阿根廷、加拿大和乌克兰外，未来可拓展的进口来源国俄罗斯、德国、哈萨克斯坦。

五、政策建议

总体来看，受国内大麦产量增加潜力有限和大麦消费需求缺口扩大的影响，中长期内，中国大麦国际进口依存度较高的趋势不会改变。在此前提下，为了保障中国粮食安全，要着眼构建“双循环”格局，充分利用国内国际两个市场、两种资源，扭转国内大麦产业受制于人的不利局面，降低大麦进口依赖性风险，推动大麦进口来源多元化，更好应对国际市场的不确定性，为此提出以下政策建议。

第一，加大支持力度，稳定国内大麦高质量产能。以促进农民增收、产业增效、生态增值为目标，注重市场引导和政策支持，尽快构建和完善大麦生产者支持政策体系，稳定生产者预期；加强对大麦生产区域的科学调整、合理规划，充分发挥大麦的抗逆、抗病虫害等优势，在落后地区适当推广种植大麦，将推进共同富裕与发展大麦产业相结合，加强灌溉、收储等方面基础设施建设，推进大麦种植的标准化、规模化、机械化和专业化，增强大麦综合高质量产能，促进大麦产业由增产向提质转变。

第二，优化大麦进口区域结构，构建安全稳定的进口网络。拓宽大麦进口渠道，推动进口来源多元化是优化中国大麦进口市场布局、防范与化解大麦进口依赖性风险的可行路径。加强与“一带一路”合作伙伴在检验检疫互认、跨境监管程序协调、农产品市场准入等领域的广泛合作，适时对更多合作伙伴批准大麦对华出口资质。进一步提升合理利用两个资源两个市场的能力，鼓励和引导大麦进口企业构建多元化进口来源新格局，扩展稳定的优质大麦供应链渠道。

第三，积极布局全球产业链，提高国外资源与市场利用能力。在财税、金融等方面加大支持力度，鼓励企业积极主动地“走出去”，引导国内大麦产业链上下游企业结成风险共担的“走出去”联合体或战略联盟，在重点国家和区域积极布局全球大麦供应链，协同开展全产业链投资。通过“走出去”和国际产能合作在主产国建立大麦生产基地，不断扩大国际市场占有份额，提高国际市场地位，主动掌控产业链和供应链。

第四，加强信息监测预警与信息发布，科学防范进口贸易风险。建立健全大麦进口贸易风险监测体系，加强对国际粮食贸易环境、政策及主产国大麦市场形势和国际市场风险的监测预警与应对，加强国际大麦价格与进口风险的预警体系建设，完善全球大麦市场风险监测评估体系，减轻国际市场价格波动对于中国大麦进口的不利影响，确保即使在突发事件下中国大麦的进口稳定性。

第七章

中国大麦产业国际竞争力分析

一、中国大麦贸易基本情况

（一）贸易概况

长期以来，中国保持了较高水平的大麦进口规模。1999 年，中国大麦进口量首次突破 200 万吨（表 7 - 1）。1998—2013 年，中国大麦进口量在大多数年份里均保持在 100 万～250 万吨。2014—2021 年，中国大麦进口量攀升到 500 万吨以上，其中 2015 年高达 1 073.2 万吨，2021 年更是达到历史新高 1 248.01 万吨，2022 年受新冠疫情防控、澳大利亚大麦停止进口和俄乌冲突等事件影响，中国大麦进口量锐减至 2017 年以来最低的 576 万吨。在进口额方面，1998—2009 年，中国大麦进口额均保持在 2 亿～5 亿美元，2010 年以来以增为主，且 2014 年以来大多高于 15 亿美元，2021 年达到历史新高 35.6 亿美元，2022 年回落至 20.5 亿美元。

表 7 - 1　中国大麦贸易概况

年份	进口量（万吨）	进口额（百万美元）	出口量（万吨）	出口额（百万美元）
1998	151.914	240.966	0.836	2.170
1999	226.878	293.636	0.580	1.116
2000	197.411	313.300	0.049	0.078
2001	236.801	381.937	0.070	0.118
2002	190.714	290.998	0.056	0.081
2003	136.272	268.309	0.456	0.739

（续）

年份	进口量（万吨）	进口额（百万美元）	出口量（万吨）	出口额（百万美元）
2004	170.695	320.650	0.208	0.454
2005	217.921	429.441	0.311	0.620
2006	213.110	406.090	0.555	1.048
2007	91.320	266.825	11.800	27.300
2008	107.626	484.290	1.450	4.850
2009	173.849	434.609	1.410	4.004
2010	236.716	536.133	1.340	4.031
2011	177.552	612.411	0.628	2.298
2012	252.765	781.226	0.458	1.897
2013	233.516	798.583	0.107	0.469
2014	541.328	1 573.840	0.012	0.111
2015	1 073.197	2 859.420	0.006	0.082
2016	500.489	1 141.940	0.003	0.072
2017	886.347	1 816.270	0.006	0.098
2018	681.536	1 690.390	0.006	0.093
2019	592.877	1 561.311	0.029	0.129
2020	807.950	1 879.890	0.004	0.056
2021	1 248.010	3 556.255	0.005	0.063
2022	576.000	2 052.272	0.002	0.030

数据来源：根据 UN COMTRADE 数据计算整理得到。

相比之下，中国大麦的出口规模持续处于低位。1998—2022 年，在除 2007—2010 年以外的年份里，中国大麦出口量均低于 1 万吨（表 7－1）。2014—2022 年，中国大麦出口量大多低于 100 吨。中国大麦出口额在除 2007 年以外的其他年份里，均低于 500 万美元，且 2013—2022 年的出口额均低于 50 万美元。

综合来看，中国大麦进出口贸易一直处于逆差状态，且在 2013—2022 年，大麦净进口量受大麦进口量的起伏影响呈较为剧烈波动状态。1998—2013 年，中国大麦净进口量平均为 187.17 万吨，净进口额平均为 42 551 万美元。2014 年后，中国大麦净进口量激增。2014—2022 年，中国大麦净进口量平均为 767.52 万吨，净进口额平均为 20.15 亿美元。2022 年中国大麦的净进口量和净进口额分别达到 576 万吨和 20.52 亿美元，相较 2021 年有较大幅度回落（图 7－1）。

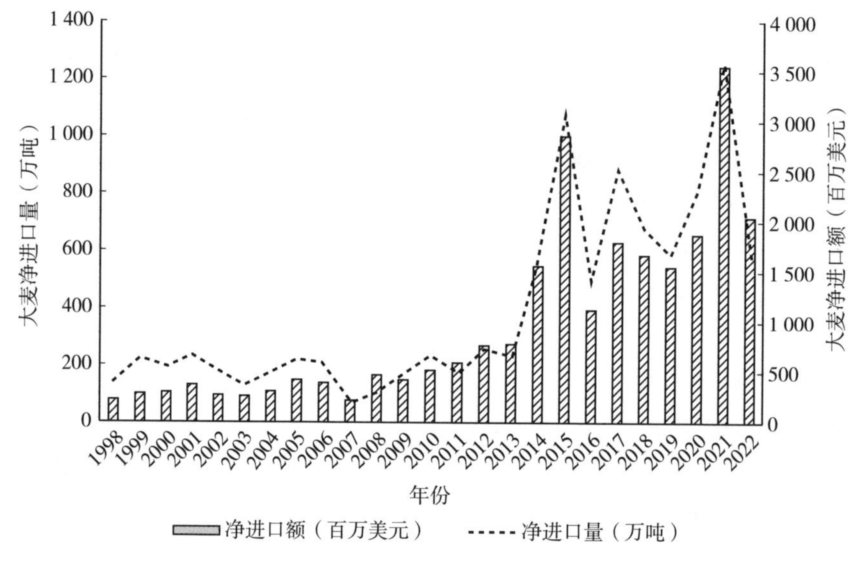

图 7－1　中国大麦净进口概况

数据来源：根据 UN COMTRADE 数据计算整理得到。

（二）贸易市场结构

中国大麦进口市场进一步多元化。2019 年以前，澳大利亚、加拿大和法国是中国大麦进口的主要来源国，中国从澳大利亚、加拿大、法国进口的大麦合计长期占总进口量的 90%以上，且澳大利亚一直是中国大麦进口份额最大的国家。但自 2019 年起，由于受到中国商务部对原产于澳大利亚的进口大麦发起反倾销与反补贴立案调查的影响，中国从澳大利亚进口的大麦量大幅减少，并增加了对乌克兰、阿根廷等国的大麦进口量。2020 和 2021 年，中国对乌克兰、阿根廷两国的大麦进口量占总进口量的比值分别是 32%和 40%（图 7－2）。2022 年，受乌克兰危机影响，自乌克兰大麦进口量受到较大影响，中国进一步增加了对南美（阿根廷和乌拉圭）和哈萨克斯坦的大麦进口量，占总进口量的比值接近一半（47%）（图 7－2）。

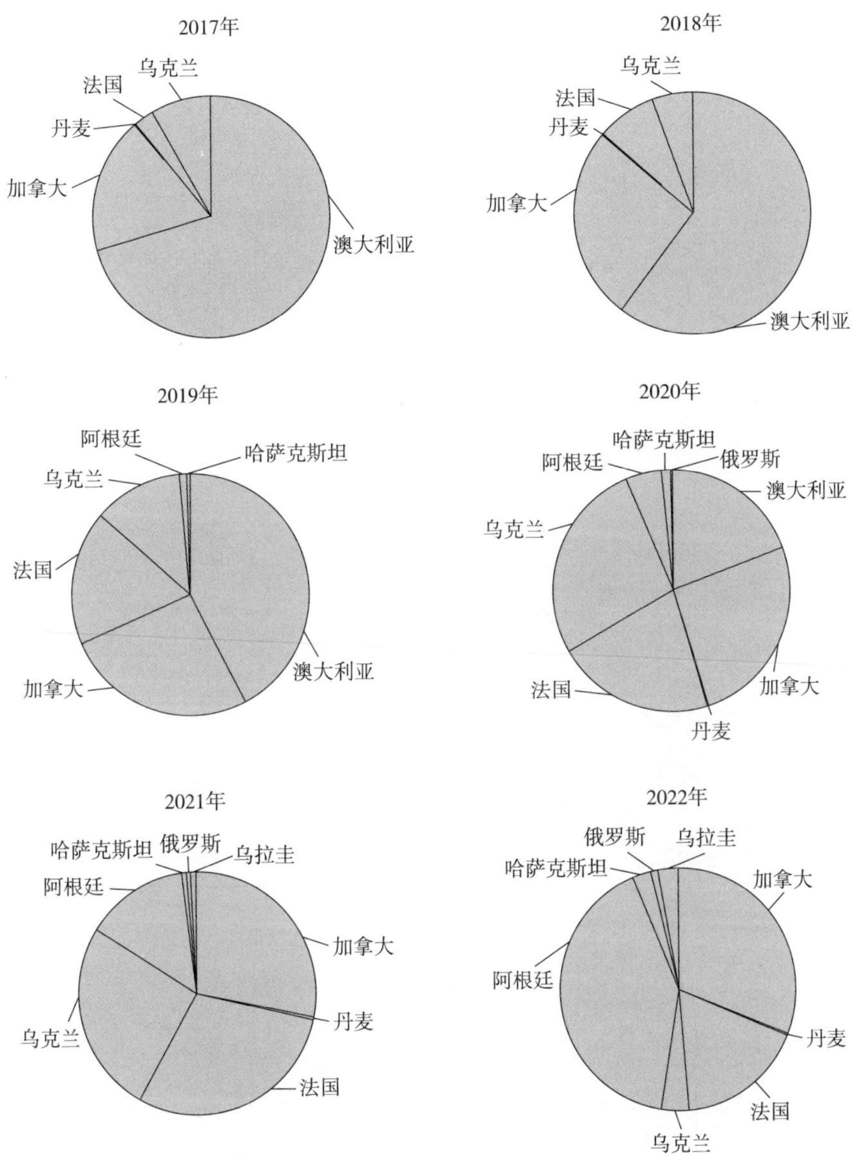

图 7-2 中国大麦进口市场结构（%）

数据来源：根据 UN COMTRADE 数据计算整理得到。

相比之下，近年来中国大麦出口市场的集中度则一直较高。在 2017 年，美国和马来西亚是中国最主要的大麦出口对象，中国有超过 99% 的大麦出口到美国和马来西亚。自 2018 年起，出口到中国香港地区和加拿大两大市场的大麦份额持续增加。到2022年，有接近1/4（24%）的大麦出口到中国香港地区，而76%的大麦出口到美国和加拿大（图7-3）。

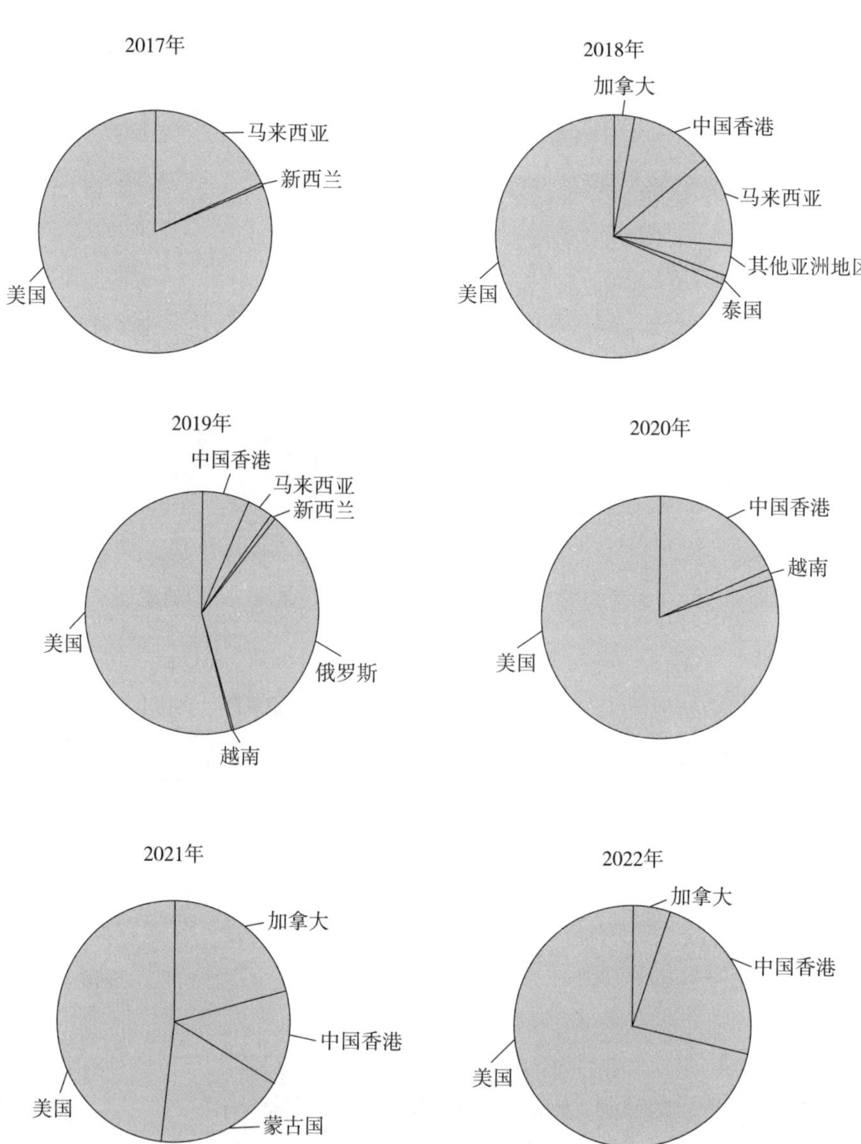

图7-3　中国大麦出口市场结构（%）

数据来源：根据UN COMTRADE数据计算整理得到。

二、中国大麦产业国际竞争力比较分析

接下来将利用生产者价格、国际市场占有率、贸易竞争力指数和显示性比较优势指数分析中国大麦产业国际竞争力并与澳大利亚、加拿大、法国、德国、丹麦、俄罗斯、乌克兰、罗马尼亚、哈萨克斯坦、阿根廷10个大麦主要出口国进行比较。根据UN COMTRADE数据，2021年上述10个大麦主要出口国的大麦出口量合计占当年世界大麦出口总量的88.92%。

（一）生产者价格

商品的价格是影响其市场竞争力的重要因素之一。对于作为初级农产品的大麦，其价格的高低一般会直接决定其市场竞争力，并且价格越高往往市场竞争力越弱。从变化趋势来看，2007—2013年中国大麦生产者价格大幅度增长。10个大麦主要出口国的大麦生产者价格总体上都不断波动变化，其中2014—2017年大多持续大幅下降，2017年后缓慢上升。2020—2021年，全球新冠疫情大流行导致的供应链中断整体上加剧了大多数主要出口国的大麦生产者价格的上升。2021—2022年，除德国的大麦生产者价格有所回落外，其他主要出口国的大麦生产者价格均有不同程度的上升。

比较来看，中国大麦生产者价格从2009年起远高于其他10个大麦主要出口国，其中2013年分别比澳大利亚、加拿大、法国、俄罗斯、乌克兰和哈萨克斯坦高51.16%、69.70%、80.50%、101.05%、122.49%和154.07%。可见，与10个大麦主要出口国相比，中国大麦在价格方面不具备国际市场竞争力（图7-4）。

（二）国际市场占有率

国际市场占有率（World Market Share，WMS）是直接体现一国出口的某产品在国际市场上的总体国际竞争力的重要指标，具体是指一国某产品的出口额在世界该产品出口总额中所占份额，用公式可表示为$WMS_i^k=(X_{iw}^k/X_{ww}^k)\times100\%$。其中，$X_{iw}^k$表示$i$国$k$产品出口额，$X_{ww}^k$表示世界$k$产

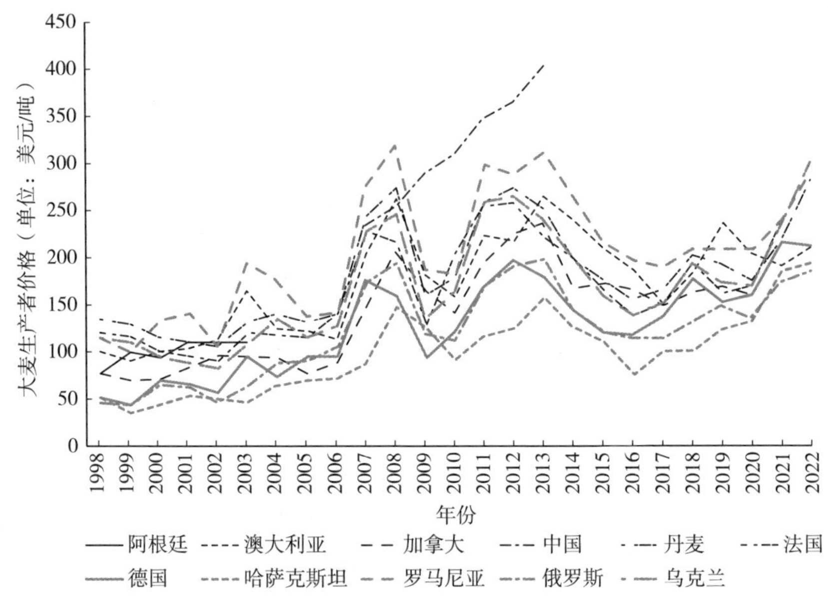

图 7－4　中国及 10 个大麦主要出口国大麦的生产者价格（美元/吨）

数据来源：联合国粮食及农业组织统计数据库（FAOSTAT）数据计算整理得到。

品出口总额。WMS_i^k 的取值在 0～100%，且 WMS_i^k 的值越大时，表明 i 国 k 产品的总体国际竞争力也越强。

根据图 7－5 可知，2013 年以来，中国大麦的 WMS 值持续小于 0.01%且整体上不断下降，比较来看，中国大麦的总体国际竞争力一直非常弱。从 10 个大麦主要出口国来看，2010—2018 年，澳大利亚和法国大麦的 WMS 值均在 15%～22%，总体国际竞争力都很强且均为最主要出口市场；2019—2020 年澳大利亚大麦的 WMS 值骤降至 10%左右，主要是受到中国对澳大利亚大麦征收反倾销税和反补贴税的影响。2014—2021 年，俄罗斯和乌克兰大麦的 WMS 值均在 10%～15%，总体国际竞争力都较强；2021—2022 年，两国的 WMS 值均降至 10%以下，主要是受到俄乌冲突的影响。德国、加拿大和阿根廷大麦的 WMS 值多在 5%～10%，总体国际竞争力比较强且均为主要出口市场；丹麦和罗马尼亚大麦的 WMS 值多在 2%～5%，均具有不错的总体国际竞争力且是较为重要的出口市场；哈萨克斯坦大麦的 WMS 值则多在 1%～2%，但 2018—2019 年提高到 5%左右，有一定国际竞争力。

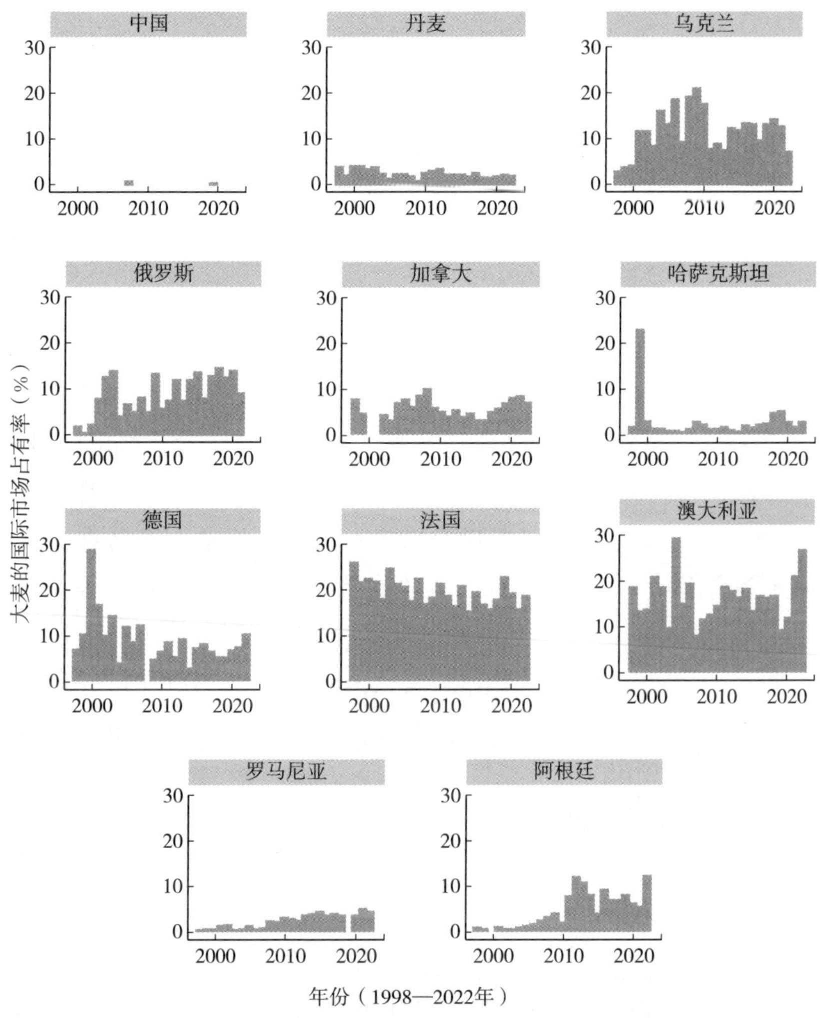

图 7-5　中国及 10 个大麦主要出口国大麦的国际市场占有率（%）

数据来源：根据 UN COMTRADE 数据计算整理得到。

（三）贸易竞争力指数

贸易竞争力（Trade Competitiveness，TC）指数是分析国际竞争力时较为常用的一种测算指标，具体是指一国某产品的净出口额与进出口总额之比，该指标可以反映相对于世界市场上由其他国家或地区所供应的某种产品而言，一国生产的同种产品是处于效率的竞争优势还是劣势以及优劣的程度，还反映了该国该产品净进口或净出口的相对规模情况，用公式可以表示为 $TC_i^k=(X_{iw}^k-M_{iw}^k)/(X_{iw}^k+M_{iw}^k)$。其中，$X_{iw}^k$ 和 M_{iw}^k 分别表示 i 国 k 产品的出口额和进口额，TC_i^k 的取值在−1～1。当 $TC_i^k>0$ 时，表明 i 国 k 产品具有竞争优势，TC_i^k 的值越接近 1，i 国 k 产品的竞争优势越强且净出口相对规模也越大；当 $TC_i^k<0$ 时，表明 i 国 k 产品处于竞争劣势，TC_i^k 的值越接近−1，i 国 k 产品的竞争劣势越强且净进口相对规模也越大；当 $TC_i^k=0$ 时，i 国 k 产品的竞争力接近世界平均水平，i 国 k 产品进出口实际属于国际交换。

根据图 7－6 可知，2010 年以来，中国大麦的 TC 值一直非常接近−1，竞争劣势非常强且净进口相对规模非常大。从 10 个大麦主要出口国来看，2005 年以来，澳大利亚和阿根廷大麦的 TC 值均非常接近 1，都具有非常强的竞争优势且净出口相对规模非常大；法国、加拿大和乌克兰大麦的 TC 值大多高于 0.9，具有很强的竞争优势且净出口相对规模很大；哈萨

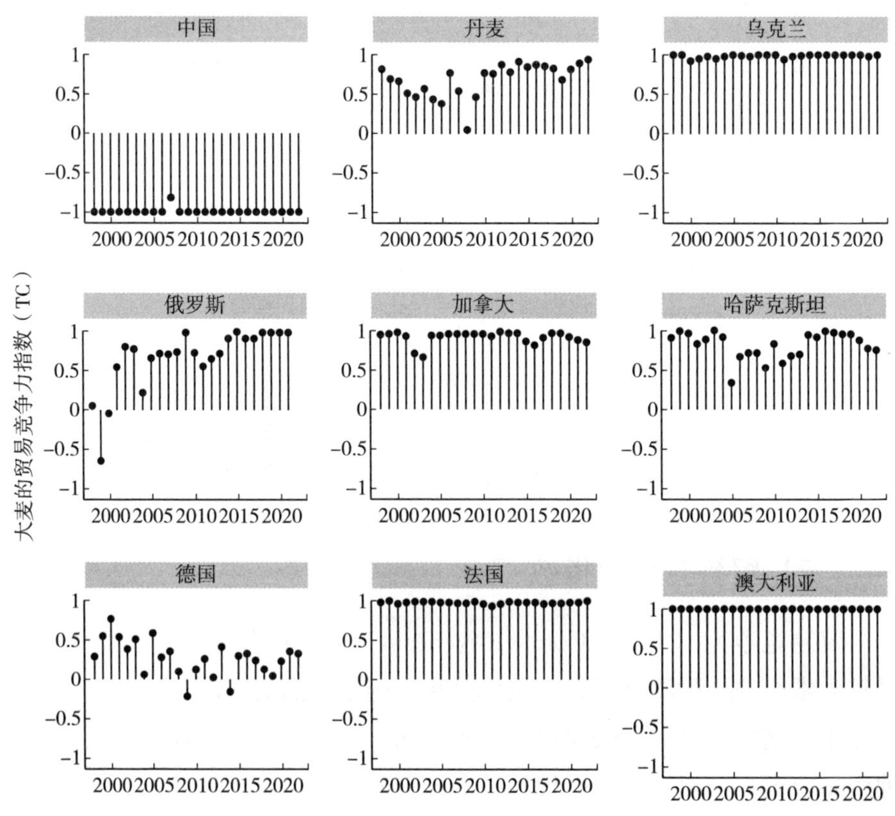

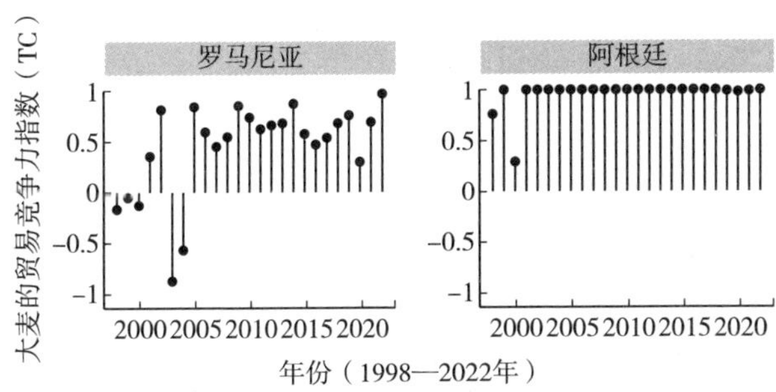

图 7-6　中国及 10 个大麦主要出口国大麦的贸易竞争力指数值

数据来源：根据 UN COMTRADE 数据计算整理得到。

克斯坦、罗马尼亚、丹麦和俄罗斯大麦的 TC 值虽有所起伏，但在 2005 年后大都保持在 0.5 以上，具有较强的竞争优势；德国大麦的 TC 值自 2010 年以来降至 0～0.4，竞争优势较 2010 年以前有明显削弱。

（四）显示性比较优势指数

显示性比较优势（RCA）指数是分析一国某类产品是否具有出口竞争优势的重要指标，具体是指该国某类产品出口额占该国所有产品出口总额的比重与世界该类产品出口额占世界所有产品出口总额的比重的比例，该指标用公式可以表示为 $RCA_i^k=(X_{iw}^k/X_{iw}^t)/(X_{ww}^k/X_{ww}^t)$。其中，$X_{iw}^k$ 表示 i 国 k 产品出口额，X_{iw}^t 表示 i 国所有产品出口总额，X_{ww}^k 表示世界 k 产品出口额，X_{ww}^t 表示世界所有产品出口总额。一般认为，当 $RCA_i^k \geqslant 2.5$ 时，表明 i 国 k 产品具有很强的出口竞争优势；当 $1.25 \leqslant RCA_i^k < 2.5$ 时，表明 i 国 k 产品具有较强的出口竞争优势；当 $0.8 \leqslant RCA_i^k < 1.25$ 时，表明 i 国 k 产品具有一定出口竞争优势；当 $RCA_i^k < 0.8$ 时，表明 i 国 k 产品不具有出口竞争优势。

根据图 7-7 可知，中国大麦的 RCA 值在 1998—2022 年一直小于 0.2，始终不具有出口竞争优势。从 10 个大麦主要出口国来看，2010 年以来，澳大利亚、法国、俄罗斯、乌克兰、罗马尼亚和哈萨克斯坦大麦的 RCA 值一直显著高于 2.5，阿根廷大麦的 RCA 值也基本都明显高于 2.5，上述各国都具有很强的大麦出口竞争优势。此外，德国、加拿大和丹麦大麦的 RCA 值大多在 1.25～2.5，也具有较强的出口竞争优势。

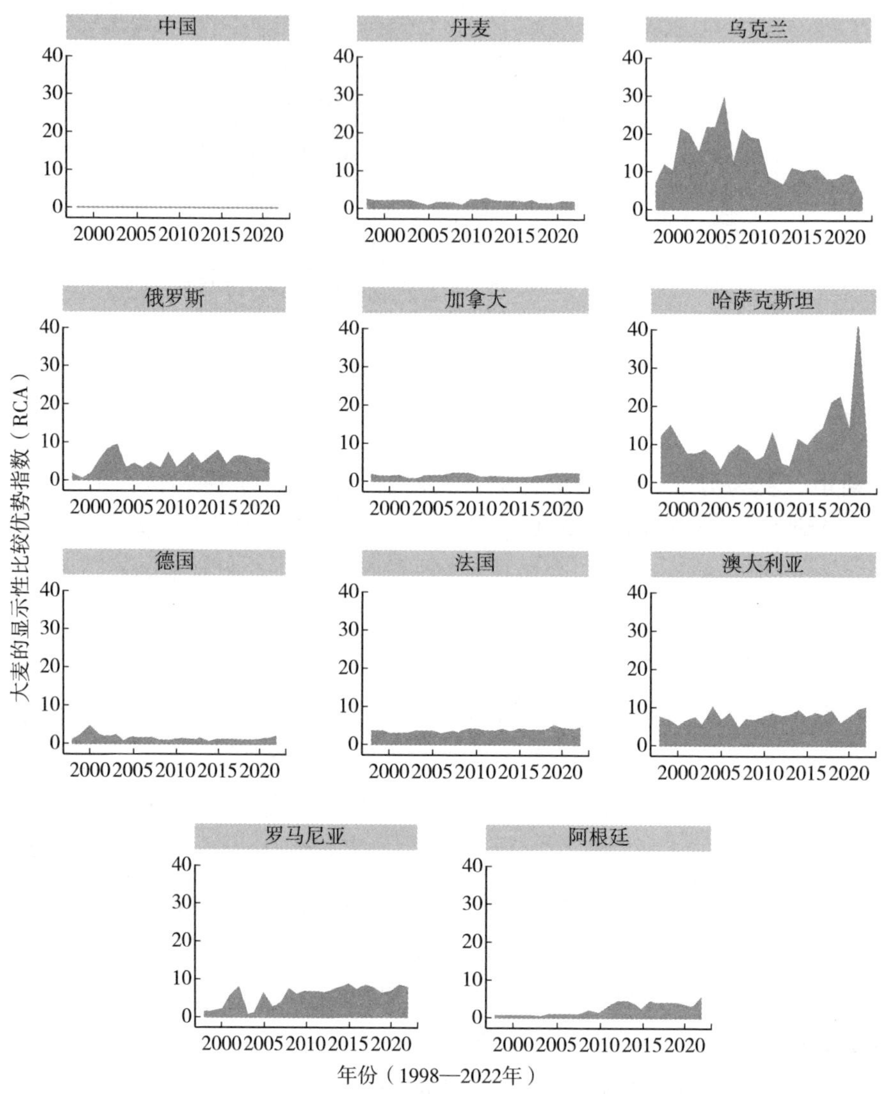

图 7-7　中国及 10 个大麦主要出口国大麦的显示性比较优势指数值

数据来源：根据 UN COMTRADE 数据和世界贸易组织（WTO）数据库数据计算整理得到。

三、主要结论及政策建议

1998—2022 年，中国大麦净进口规模不断扩大，且长期处于贸易逆差状态。2018 年以前，中国大麦进口高度集中于澳大利亚和加拿大，未能发展多元化的贸易关系。随着中国在 2018 年对澳大利亚大麦发起反倾销调查和反补贴调查以及在 2020 年正式对澳大利亚大麦征收关税，近两年增加对法国、阿根廷和乌克兰等国家的大麦进口量，很大程度上重塑了中国大麦进口来源的市场结构、拓展了多元化的大麦国际贸易关系。2022 年爆发的俄乌冲突使得中国自乌克兰的大麦进口量受到较大影响，因此中国拓展了对南美（阿根廷和乌拉圭）和中亚（哈萨克斯坦）的大麦进口量，延续了大麦进口多元化的贸易策略。根据国际竞争力指标测算结果可知，中国大麦生产者价格长期显著高于澳大利亚在内的 10 个大麦主要出口国，不具备价格优势；中国大麦的国际市场占有率在 2014—2021 年约为 0.001%，国际市场占有率非常低；中国大麦的贸易竞争力指数长期为负值，大麦贸易处于劣势；中国大麦的显性比较优势指数在 2014—2021 年均接近于 0，不具备出口竞争优势。综上可知，中国大麦产业一直不具有国际竞争力。究其原因可能有农业平均经营规模偏小、科技进步贡献率不足导致的农业生产效率不高和综合生产能力不强，由于劳动力、土地、环境保护和质量安全等方面成本增加引发的农业生产成本攀升，人口总量增长、居民膳食结构升级、工业与饲料用粮需求增长引起的粮食总需求持续刚性增长，以及近年来大麦国际价格持续低迷下国内价格全面高于国际价格的市场环境。

为了确保国内大麦青稞合理产能，促进中国大麦进出口贸易和大麦青稞产业的平稳发展，提出以下建议：

（一）增强大麦生产的补贴力度、提高麦农积极性

国际上的大麦主产国和地区大多施行了价格支持和生产补贴的相关政策，如欧盟施行的直接补贴和美国施行的农作物价格支持政策。中国至今未出台针对大麦农户的生产性补贴和价格支持政策，大麦的生产种植未得到重视，无法享受与水稻、小麦和棉花等大宗粮棉油作物同等的“优惠待遇”。长此以往，大麦农户的种植积极性将受到影响，大麦生产规模无法得到提高甚至萎缩，大麦的进口依存度会持续扩大或影响国家粮食安全。

（二）促进大麦产业化、规模化发展

在澳大利亚和法国等大麦国际竞争力较强的国家，大多依靠大麦产业

化经营，形成了从研发机构、农户、运输存储企业、加工企业到销售环节的有机结合，有效提高了大麦的品质、降低了大麦生产价格和提高了大麦国际市场竞争力。对比来看，中国大麦的种植面积和产量偏低，且缺乏对大麦种植的科技支撑和质量监控手段，暂未实现大麦产业化、规模化的发展。建议国家建立基础研究和应用技术相结合的大麦研发体系，建立规范的大麦收储标准和质量管理体系，建立农户、大麦加工企业和销售阶段的产业链体系，以稳定供给、降低成本、增加收入为目标，从而提升中国大麦的国际竞争力。

（三）强化大麦贸易的宏观调控

大麦贸易不仅涉及农产品国际竞争，更影响国内的供需平衡和粮食安全。长期高集中度的进口使得中国对澳大利亚和加拿大等国的大麦供给十分依赖，尽管近两年中国增加了对阿根廷、哈萨克斯坦、乌克兰和乌拉圭等国的大麦进口量，一定程度上使中国大麦进口来源的市场结构更加多元化。但 2022 年初爆发的俄乌冲突，引发了世界大麦市场的供应短缺和波动，对中国进口多元化的策略产生一定冲击。中国政府应进一步鼓励和引导大麦进口企业多元化发展贸易关系，特别是要加强和哈萨克斯坦、俄罗斯等“一带一路”合作伙伴的贸易联系。同时，在配额和高关税贸易保护措施缺乏的情况下，中国大麦贸易缺乏一定的宏观调节手段。建议国家加强对国际大麦市场形势和国内大麦生产及贸易的跟踪监测和前景研判与预警，重点监测国内外大麦生产成本差距等指标，综合考虑进口关税税率、国内成本价等方面确定合理的预警阈值，并制定应对预案。在必要的时候及时采取反倾销、反补贴等贸易救济措施，保障国内大麦产业和贸易合作健康发展。

第八章

中国对澳大利亚大麦实施反倾销反补贴措施的贸易效应分析[①]

一、引　　言

2015/2016 年度至 2020/2021 年度，中国大麦进口需求较大且高度依赖国际市场，大麦年均进口量超过 755 万吨，2020/2021 年度进口量更是攀升至 1 204.9 万吨的历史高位，进口依存度高达 83.82%[②]。而在中国大麦进口来源国中，澳大利亚一直是最大进口来源国，2011 年起其进口量占比在多数年份里均高于 60%。2015 年中澳自由贸易协定签订并生效后，澳大利亚进口大麦在中国市场享受零关税，并且实行低价倾销策略，对国内大麦产业造成了冲击和打压，导致国内大麦生产规模严重萎缩。根据国家大麦青稞产业技术体系数据，相比 2014 年，2018 年中国大麦生产面积和产量分别下降 12.36%和 5.36%，平均每亩亏损额扩大了 58.08%[③]。为保护中国大麦产业良性运行，中国国际商会代表国内大麦产业，分别于 2018 年 10 月 9 日和 10 月 29 日，正式向中国商务部提交对原产于澳大利亚的进口大麦进行反倾销调查和反补贴调查的申请。中国商务部根据《中

① 本章内容发表于《中国流通经济》2022 年第 8 期。

② 数据来自 2022 年《世界粮油市场月报》第 263 期 56 页，2020/2021 年数据以 2020 年 10 月至 2021 年 9 月中国大麦市场年度口径统计；进口依存度＝进口量/(期初库存＋国内产量＋进口量)。

③ 数据来自商务部公告 2020 年第 14 号，关于原产于澳大利亚的进口大麦反倾销调查最终裁定的公告。

华人民共和国反补贴条例》和《中华人民共和国反倾销条例》的规定，分别于2018年11月19日、2018年12月21日发布2018年第89号公告和第99号公告，决定对原产于澳大利亚的进口大麦进行反倾销和反补贴立案调查。2020年5月18日，中国商务部第14号《关于原产于澳大利亚的进口大麦反倾销调查最终裁定的公告》和第15号《关于原产于澳大利亚的进口大麦反补贴调查最终裁定的公告》，认定“原产于澳大利亚的进口大麦存在倾销和补贴，国内大麦产业受到了实质损害，且倾销和补贴与实质损害之间存在因果关系”，并裁定从2020年5月19日起对原产于澳大利亚的进口大麦征收73.6%的反倾销税和6.9%的反补贴税，实施期限自2020年5月19日起5年（以下简称“双反”措施，总计税率80.5%）。

对澳大利亚进口大麦采取“双反”措施对中国大麦进口格局和国内产业产生何种影响？对各大麦进口来源国带来的贸易转移和创造效应有多大？目前尚未有研究对此进行分析。因此，本研究在构建贸易救济措施贸易经济效应理论框架的基础上，基于海关总署2015—2021年大麦月度进口数据，利用线性近似理想需求（LA-AIDS）模型实证分析“双反”措施实施后给第三方市场带来的大麦贸易经济效应，并进一步从产业角度评估“双反”措施对中国大麦产业发展和大麦进口格局的影响，相关结论为更好利用国际国内市场保障国内粮食安全、促进国内大麦产业高质量发展提供科学依据和政策启示。

二、文献综述

在WTO法律允许的非关税壁垒措施里，反倾销、反补贴这类贸易救济措施由于可操作性强、实施条件相对宽松，被越来越多的国家所采用，用以保护本国产业免遭国外进口倾销产品的损害（胡俊，2011；Zanardi，2006）。学界研究表明，贸易救济措施可能会导致以下四种效应：首先最直接的是贸易限制效应，即贸易救济关税往往降低被征收关税国家的产品进口，也称为贸易损害效应。早期研究发现征收反倾销税能对贸易国双方造成1/4～1/3的贸易损害（Crowley，2006），近期研究发现美国反倾销措施对贸易有50%以上的危害（Besedes and Prusa，2016）。其次是贸易转移效应，即贸易救济关税的提高加剧国内市场供需失衡，导致起诉国加大了从第三方国家产品的进口或者被诉国转向第三方国家出口。研究发现，反倾销措施导致美国农业贸易相关产品进口转移到第三方国家，并且税率越高，转移效应越明显（Crowley，2006）。再次是贸易调查效应，即反倾销立案到裁决前的这一阶段也会影响双方涉案产品的贸易。Prusa（1996）的研究表明，处于调查期间和被驳回的反倾销行为仍然对被起诉国的贸易有重要影响。Besedes 和 Prusa（2016）研究发现美国反倾销措施的调查效果在启动和初步关税阶段产生的影响远远大于施加最终关税后产生的影响，且税率越高，调查效应越大，即使在取消反倾销措施后，受反倾销影响的国家也不太可能重返市场。从中国实际来看，中国农产品遭受到的反倾销措施具有贸易调查、限制和转移效果，中国农产品对外反倾销措施具有贸易限制和转移效果，但不具有调查效果（杨蕾等，2012）。最后是贸易创造效应，反倾销措施导致价格提升，促使之前非传统厂商进入贸易市场，扩大出口。Carter 和 Steinbach（2018）发现美国反倾销措施会导致之前从未向美国出口的新兴市场向美国出口相关农产品。总而言之，贸易救济措施的经济效应主要包括贸易限制效应、贸易转移效应、贸易调查效应和贸易创造效应。

有研究指出，由于反倾销措施导致的贸易转移效应会削弱其对发起国国内产业的保护效果，但也成为被诉国分散反倾销措施不利影响的有效途径，因此在实施反倾销措施时应高度重视第三方市场的贸易转移效应（Carter and Steinbach，2018；陈勇兵等，2020）。从发起国来看，反倾销和反补贴措施对美国制成品贸易的国内保护在很大程度上被贸易转移所抵消，但农业领域的贸易转移效应并不明显，起到了一定的农业保护作用（Trant and Carter，2010）。从被诉国角度看，美国对中国农产品出口的反倾销措施使中国受限产品发生了贸易转移并挤占了美国的海外市场，涉案出口企业在受征高额反倾销税时会通过向非指控国出口转移以减少经济损失，从而降低了美国反倾销贸易救济预期效果（胡俊，2011；朱晶和胡俊，2011；郑颂承，2017；孙顶强和郑颂承，2017）。另外，对外反倾销不但对中国农产品具有保护效应，而且可能促进国内相关农产品的出口，存在出口效应（王银梅和任丽娟，2016）。

对于大麦相关研究，除少数关注国产大麦产业链组织和利益主体以及供给和需求的研究外（徐明，2013；张琳，2014），其余研究主要聚焦在中国大麦进口贸易上，包括以下四方面：一是大麦进口增长动因研究，包括中国啤酒产业和畜牧业的需求增长、产业扶持政策缺乏、国际竞争力弱、国产大麦品质难以满足加工需求、国内外价差、进口关税水平低等原因（孙致陆和李先德，2015；谭琳元和李先德，2018a；谭琳元，2020；谭琳元和李先德，2020；龚谨，2020）。二是大麦进口对国内大麦产业安全的影响，包括大麦进口快速增加对国产大麦的挤压和冲击、国际大麦价格波动和价格传导风险以及抬高啤酒出口成本等不利影响（徐明和李先德，2013；谭琳元和李先德，2020）。三是大麦进口的贸易定价权、市场势力和“大国效应”研究。尽管中国是世界上主要大麦进口国，但在大麦贸易定价权方面处于弱势地位（孙致陆和李先德，2015；张融和李先德，2015）；澳大利亚、加拿大和法国是中国大麦主要进口来源国，这三国在中国大麦进口市场上具有一定卖方势力（龚谨等，2018），并且中国大麦进口需求显著影响各国进口价格，具有“大国效应”（龚谨等，2019）。四是大麦进口替代弹性及可依赖性研究。研究表明，1996—2017 年，进口大麦对中国国产大麦具有一定的替代弹性，并且澳大利亚进口大麦对国产大麦的进口替代弹性较大，其他进口来源国替代弹性较小（Bown and Crowley，2006）。从进口依赖性来看，中国对法国大麦进口依赖性最强，对澳大利亚的大麦进口依赖性次之（徐明和李先德，2013）。从主要进口国之间的关系来看，加拿大大麦和法国大麦进口存在一定的替代关系（龚谨等，2019）。

综上所述，尽管已有研究对反倾销反补贴等贸易救济措施的经济影响进行了探讨，但国内外相关研究主要关注非农领域，对于农业领域贸易救济措施影响的研究较少，针对某个特定农产品的研究更是少见。从大麦研究来看，自 2020 年 5 月中国商务部对澳大利亚的进口大麦采取“双反”措施以来，目前尚未有研究对这一贸易救济政策所引致的贸易经济效应进行定量事实评估。对澳大利亚大麦采取“双反”措施对中国大麦进口格局和产业发展产生多大的影响？加征关税对第三方市场带来的贸易转移和创造效应有多大？是否存在贸易调查效应？其对国内大麦产业是否起到了相应的保护作用？这些问题亟须进一步回答。因此，本研究在 Bown 和 Crowley（2006）及 Carter 和 Steinbach（2018）的寡头竞争模型的理论分析框架下，利用海关总署 2015—2021 年的大麦进口月度数据，运用 LA - AIDS 模型评估中国对澳大利亚进口大麦采取“双反”措施的贸易经济效应，并进一步提出中国如何充分利用贸易救济措施实现国内大麦产业高质量发展的相关政策建议。

三、理论模型

本研究采用 Bown 和 Crowley（2006）及 Carter 和 Steinbach（2018）的寡头竞争模型来说明中国对澳大利亚进口大麦采取“双反”措施对第三方市场的贸易转移和贸易创造效应。该模型的一个重要前提是出口厂商对进口市场具有垄断势力，能够影响定价权。就中国大麦进口市场而言，主要被澳大利亚（采取“双反”措施前）、法国、加拿大等国所垄断，因此，使用寡头竞争模型分析中国对澳大利亚进口大麦采取“双反”措施的影响是合理的。

假设世界上有四个国家 A、B、C、D，每个国家只有 1 个厂商，经营一种产品，各国产品为完全替代品，消费者效应相同；A 为进口国，A 国厂商产品只供应国内消费，B、C、D 国厂商产品供本国消费并向 A 国出口。q_i 代表国内产量，i 国为进口来源国，j 国为进口国，q_{ij} 代表 j 国从 i 国的进口量，则国内市场总供给 $Q_i=\sum_j q_{ji}+q_i$，国外市场总供给为 $Q_j=\sum_i q_{ij}+q_j$，每个国家的总产出则可以表示为 $q_i^*=q_{ij}+q_i$。另外，每个厂商国内外市场是分割的，国内外市场份额相对独立，厂商遵循古诺-纳什均衡，其他国家保持产出不变。假设各国竞争者之间的科技水平相当，各国的反需求函数为 $p(Q_i, Y_i)$，其中，Y_i 代表收入等影响需求的变量。生产成本可以表示为 $c(q_i^*, W_i)$，其中，W_i 代表劳动力等成本因素。假设边际成本为严格凸函数，即生产的边际成本递增，生产函数满足一阶导数 $c'(q_i^*, W_i)>0$ 和二阶导数 $c''(q_i^*, W_i)>0$。假设除了 j 对 i 加征的关税 τ_{ij} 外，无其他贸易成本。为简化起见，假设进口来源国厂商承担全部关税。因此，利润函数的一般形式如下：

$$\Pi_i=\overbrace{\underbrace{p(Q_i,Y_i)q_i}_{\text{国内收入}}+\underbrace{p(Q_j,Y_j)q_{ij}}_{\text{国外收入}}}^{\text{总收入}}-\overbrace{[\underbrace{\tau_{ji}q_{ij}}_{\text{关税成本}}+\underbrace{c(q_i^*,W_i)}_{\text{生产成本}}]}^{\text{总成本}} \quad (8-1)$$

式中，Π_i 代表总利润，总收入由国内市场和国际市场共同决定，总成本则包括关税成本和生产成本。厂商根据利润最大化原则决定每个市场的出口量：

$$\max\Pi_i = p(Q_i, Y_i)q_i + p(Q_j, Y_j)q_{ij} - \tau_{ji}q_{ij} - c(q_i^*, W_i) \quad (8-2)$$

假设 A 国对 B 加征关税，则各国国内市场的一阶导数如下：

$$\frac{\partial \Pi_A}{\partial q_A} = p(Q_A, Y_A) + p'(Q_A, Y_A)q_A - c'(q_A^*, W_A) = 0 \quad (8-3a)$$

$$\frac{\partial \Pi_B}{\partial q_B} = p(Q_B, Y_B) + p'(Q_B, Y_B)q_B - c'(q_B^*, W_B) = 0 \quad (8-3b)$$

$$\frac{\partial \Pi_C}{\partial q_C} = p(Q_C, Y_C) + p'(Q_C, Y_C)q_C - c'(q_C^*, W_C) = 0 \quad (8-3c)$$

$$\frac{\partial \Pi_D}{\partial q_D} = p(Q_D, Y_D) + p'(Q_D, Y_D)q_D - c'(q_D^*, W_{AD}) = 0 \quad (8-3d)$$

为实现利润最大化，则 B、C、D 国出口到 A 国的一阶导数条件如下：

$$\frac{\partial \Pi_B}{\partial q_{BA}} = p(Q_A, Y_A) + p'(Q_A, Y_A)q_{BA} - \tau_{AB} - c'(q_B^*, W_B) = 0 \quad (8-4b)$$

$$\frac{\partial \Pi_C}{\partial q_C} = p(Q_A, Y_A) + p'(Q_A, Y_A)q_{CA} - c'(q_C^*, W_C) = 0 \quad (8-4c)$$

$$\frac{\partial \Pi_D}{\partial q_D} = p(Q_A, Y_A) + p'(Q_A, Y_A)q_{DA} - c'(q_D^*, W_{AD}) = 0 \quad (8-4d)$$

各厂商国内市场对其他厂商出口行为的最优反应函数如下：

$$q_i = R_i[p(Q_i, Y_i), c(q_i^*, W_i)] \quad (8-5)$$

国外市场的最优反应函数一般形式如下：

$$q_{ij} = R_{ij}[p(Q_j, Y_j), \tau_{ji}, c(q_i^*, W_i)] \quad (8-6)$$

同时对（8－5）式和（8－6）式的最优反应函数求解得到每个厂商在每个市场的古诺-纳什均衡的出售量。由于成本函数是 q_i^* 的严格凸函数，所以 B、C、D 国厂商会调整各自国内外市场的销售额，从而使国内外市场的边际收益相同。因此，在加征关税时，各厂商需重新分配其国内外市场份额。

根据该理论模型，可以提出关于加征“双反”关税潜在贸易经济影响的三点假说：

假说一：A 国对 B 国加征“双反”关税，将会导致 B 国对 A 国出口减少，即产生贸易损害效应；

假说二：A 国对 B 国加征“双反”关税，将会导致 C 国对 A 国出口增加，即产生贸易转移效应；

假说三：A 国对 B 国加征“双反”关税，将会刺激原本不对 A 国出口的 D 国向 A 国出口。主要原因在于：在 A 国对 B 国加征关税前，D 国向 A 国出口的收益低于成本，故不出口；当加征关税后，A 国供给减少导致的商品价格提高使得 D 国向 A 国出口变得有利可图，因此，D 国也加入对 A 国的出口中，即产生贸易创造效应。

利用克莱姆法则并对关税进行一阶求导可以证明以上这些假说。在加征关税后，对于 A 国来说，$\frac{\partial q_A}{\partial \tau_{AB}}>0$；对于 B 国来说，$\frac{\partial q_{BA}}{\partial \tau_{AB}}<0$；对于 C 国来说，$\frac{\partial q_{CA}}{\partial \tau_{AB}}>0$；对于 D 国来说，$\frac{\partial q_{DA}}{\partial \tau_{AB}}>0$，以上假说得到验证。

A 国对 B 国加征“双反”关税的贸易转移效应（C 国对 A 国）和贸易创造效应（D 国对 A 国）可以分别利用图 8-1 和图 8-2 来说明。一方面，C 国厂商在 A 国市场的古诺-纳什均衡出口量为（q_A^*，q_{CA}^*）。当 A 国对 B 国加征“双反”关税时，C 国厂商的销售量增加到 q_{CA}^{τ}，而 A 国国内市场的销售量下降至 q_A^{τ}，该效应被称作贸易转移效应。另一方面，由于 A 国对 B 国加征“双反”关税，导致 D 国厂商在 A 国市场的古诺-纳什均衡出口量从（q_A^*，q_{DA}^*）变化为（q_A^{τ}；q_{DA}^{τ}），即贸易创造效应。

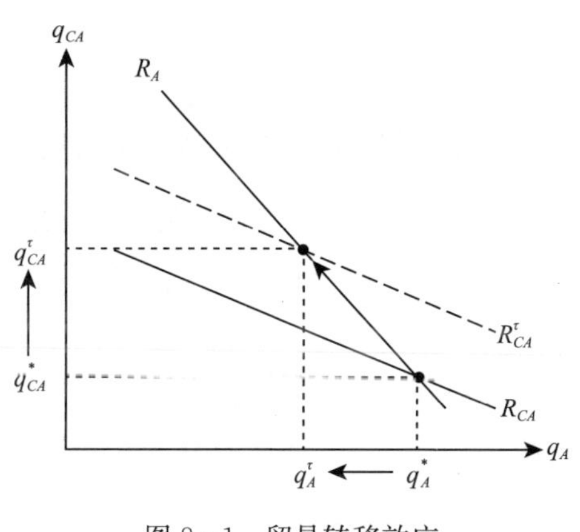

图 8-1 贸易转移效应

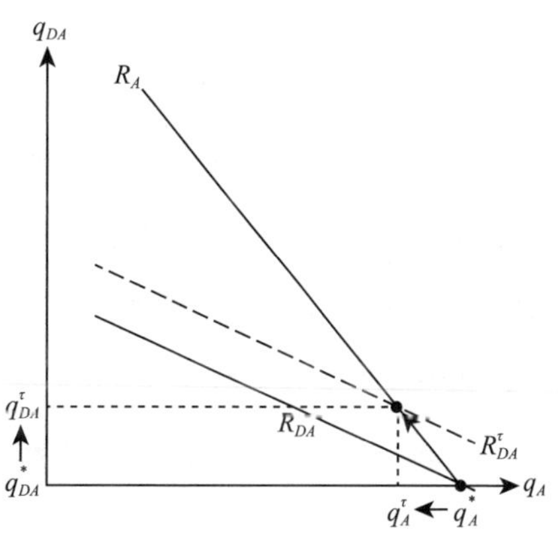

图 8-2 贸易创造效应

四、计量模型及数据来源

根据 Bown 和 Crowley（2006）及 Carter 和 Steinbach（2018）的寡头竞争模型的理论框架，本研究采用 Deaton 和 Muellbauer（2012）提出的 LA－AIDS 模型进行实证分析，其基本形式则根据谢泼德引理从支出函数中推导得出：

$$\omega_i = \alpha_i + \sum_j \gamma_{ij} \ln(p_j) + \beta_i \ln\left(\frac{E}{p^*}\right) \tag{8-7}$$

式中，i 和 j 分别代表各进口来源国（$i \neq j$），ω_i 代表从 i 国进口大麦份额；p_j 代表 j 国大麦进口价格，E 代表中国大麦进口总额，也即总支出。p^* 代表大麦进口价格综合指数，$\ln\left(\frac{E}{p^*}\right)$ 代表采用大麦进口综合指数折算的中国大麦进口实际支出对数。γ_{ij} 和 β_i 均为待估计参数。受限于样本数量和自由度，$\ln(p^*)$ 采用斯通（Stone）价格指数来表示，即 $\ln(p^*) = \sum_k \omega_{k,t-1} \ln(p_k)$，$\forall k \in j \neq i$。其中，为缓解内生性问题，权重部分采用滞后一期（$t-1$ 期）的各国进口份额 $\omega_{k,t-1}$ 对进口价格 $\ln(p_k)$ 进行加权。

LA－AIDS 模型理论上需要满足加总性、齐次性以及对称性约束，因此（8－7）式中的参数需满足：

$$\begin{cases} \sum_i \alpha_i = 1, \ \sum_i \gamma_{ij} = 0, \ \sum_i \beta_i = 0 \\ \sum_j \gamma_{ji} = 0 \\ \sum_i \gamma_{ij} = \sum_j \gamma_{ji} \end{cases} \tag{8-8}$$

除去实际支出 $\ln\left(\frac{E}{p^*}\right)$ 和价格因素 $\ln(p_j)$ 的影响，参照已有研究的做法（余洁等，2021），将季节性因素、中国对澳大利亚大麦采取“双反”措施因素纳入进口需求模型中，以考察该贸易救济措施的贸易经济效应，最终确定回归方程如下：

$$\omega_i = \alpha_i + \sum_j \gamma_{ij} \ln(p_j) + \beta_i \ln\left(\frac{E}{p^*}\right) + \delta_i season + \tau_i AD + \varepsilon_i \tag{8-9}$$

在（8－9）式中，$season$ 为季节性因素，根据中国大麦进口来源的特点，将每年主要从南半球国家进口大麦的 1—6 月设置为 1，主要从北半球国家进口大麦的 7—12 月设置为 0。AD 为中国对澳大利亚进口大麦实施“双反”措施因素，采用两个指标衡量：一是“双反”措施关税因素，中国从 2020 年 5 月 19 日开始对澳大利亚大麦征收总计 80.5%的反倾销税和反补贴税，在 2020 年 6 月—2021 年 12 月，设置 $AD\_tariff=80.5\%$，在 2015 年 1 月—2020 年 5 月，设置 $AD\_tariff=0$。二是“双反”措施立案调查因素，将 2015 年 1 月—2018 年 10 月的立案调查前阶段设置 $AD\_stage=1$，2018 年 11 月—2020 年 5 月的立案调查阶段设置 $AD\_stage=2$，2020 年 6 月—2021 年 12 月的裁定生效阶段设置 $AD\_stage=3$。另外，本研究还利用（8-9）式进一步评估了“双反”措施对中国从各国进口量 q_i 的影响。

本研究所用数据为中国大麦进口月度数据，来自海关总署，样本期为 2015 年 1 月—2021 年 12 月，描述性统计见表 8-1。

表 8-1　变量描述性统计

变量	变量含义	均值	标准差	最大值	最小值	样本量
p_1	澳大利亚大麦进口价格（美元/吨）	280.198	82.359	663.560	176.420	84
p_2	法国大麦进口价格（美元/吨）	257.542	32.121	337.170	200.110	84
p_3	加拿大大麦进口价格（美元/吨）	272.464	33.235	341.420	180.980	84
p_4	其他国家大麦进口价格（美元/吨）	242.737	79.429	856.930	131.650	84
ω_1	澳大利亚进口大麦份额	0.389	0.344	1.035	0.000	84
ω_2	法国大麦进口份额	0.167	0.180	0.724	0.000	84
ω_3	加拿大大麦进口份额	0.217	0.210	1.000	0.000	84
ω_4	其他国家大麦进口份额	0.242	0.334	1.000	0.000	84
$\ln\left(\frac{E}{p^*}\right)$	中国大麦进口实际支出对数	17.318	9.257	45.319	2.909	84
$season$	季节性因素	0.500	0.503	1.000	0.000	84
AD_tariff	“双反”措施关税因素	19.167	34.492	80.500	0.000	84

五、“双反”措施的贸易转移和贸易创造效应

由于 LA-AIDS 进口需求方程是奇异方程，因此在回归时，需要先去掉其中一个方程，再根据加总性、齐次性和对称性限制估计出被去掉方

程的相关参数，从而得到所有方程的估计参数。对各国需求方程扰动项的相关性进行拉格朗日乘数检验（LM检验），LM值为23.04，表明各国需求方程的扰动项不相关，采用LA－AIDS进口需求方程进行回归是合理的。具体结果见表8－2和表8－3。

表8－2 中国对澳大利亚大麦征收“双反”关税的贸易限制、转移和创造效应影响估计

变量	(1) ω_1	(2) ω_2	(3) ω_3	(4) ω_4	(5) q_1	(6) q_2	(7) q_3	(8) q_4
$\ln p_1$	−0.622***	0.211**	0.052	0.389**	−8.934***	7.469***	2.926**	4.747**
	(−4.812)	(2.422)	(0.537)	(2.355)	(−5.631)	(3.510)	(2.081)	(2.168)
$\ln p_2$	0.370*	−0.516***	0.194	−0.138	4.274	−13.370***	1.043	−12.646***
	(1.673)	(−3.458)	(1.169)	(−0.490)	(1.574)	(−3.671)	(0.433)	(−3.374)
$\ln p_3$	0.061	0.237	−0.301*	0.053	4.543*	5.115	−5.503**	6.814*
	(0.289)	(1.653)	(−1.885)	(0.194)	(1.739)	(1.460)	(−2.378)	(1.890)
$\ln p_4$	0.190	0.068	0.055	−0.303*	0.116	0.785	1.534	1.085
	(1.445)	(0.760)	(0.555)	(−1.802)	(0.072)	(0.362)	(1.072)	(0.487)
$\ln\left(\frac{E}{p^*}\right)$	−0.038	0.026	−0.133***	0.039	0.567	0.024	0.196	0.823
	(−1.239)	(1.261)	(−5.739)	(0.994)	(1.502)	(0.047)	(0.585)	(1.578)
season	0.126**	−0.087**	0.026	−0.047	0.164	−0.982	0.907	−3.013***
	(2.351)	(−2.416)	(0.643)	(−0.693)	(0.250)	(−1.115)	(1.560)	(−3.327)
AD_tariff	−0.003***	0.000	0.001*	0.002*	−0.076***	0.020	0.002	0.050***
	(−3.387)	(0.374)	(1.940)	(1.764)	(−6.178)	(1.203)	(0.218)	(2.908)
常数项	0.948**	−0.161	1.950***	−0.348	4.118	8.541	8.124*	−3.115
	(2.308)	(−0.580)	(6.317)	(−0.663)	(0.817)	(1.262)	(1.818)	(−0.447)

注：小括号内数值表示t统计量值，ω_1、ω_2、ω_3和ω_4分别表示中国对澳大利亚、法国、加拿大和其他国家大麦进口份额，q_1、q_2、q_3和q_4分别表示中国对澳大利亚、法国、加拿大和其他国家大麦进口量。***、**、*分别表示在1%、5%、10%的水平下显著。

表8－3 中国对澳大利亚大麦加征“双反”关税的贸易调查效应

变量	(1) ω_1	(2) ω_2	(3) ω_3	(4) ω_4	(5) q_1	(6) q_2	(7) q_3	(8) q_4
$\ln p_1$	−0.330***	0.273***	0.079	0.045	−8.424***	6.845***	2.893*	4.688*
	(−2.756)	(2.859)	(0.730)	(0.279)	(−4.659)	(2.923)	(1.862)	(1.951)
$\ln p_2$	0.497***	−0.498***	0.178	−0.257	5.354*	−13.614***	0.944	−12.882***
	(2.659)	(−3.338)	(1.051)	(−1.022)	(1.894)	(−3.719)	(0.389)	(−3.430)

（续）

变量	(1) ω_1	(2) ω_2	(3) ω_3	(4) ω_4	(5) q_1	(6) q_2	(7) q_3	(8) q_4
$\ln p_3$	−0.164 (−0.894)	0.193 (1.322)	−0.319* (−1.914)	0.316 (1.278)	3.950 (1.424)	5.679 (1.580)	−5.487** (−2.300)	7.093* (1.924)
$\ln p_4$	−0.003 (−0.029)	0.032 (0.340)	0.061 (0.581)	−0.104 (−0.661)	−0.880 (−0.501)	1.089 (0.479)	1.650 (1.092)	1.101 (0.471)
$\ln\left(\frac{E}{p^*}\right)$	−0.085*** (−3.053)	0.017 (0.758)	−0.130*** (−5.182)	0.086** (2.294)	0.339 (0.809)	0.064 (0.117)	0.234 (0.648)	0.753 (1.351)
season	0.149*** (3.295)	−0.085** (−2.352)	0.023 (0.551)	−0.069 (−1.130)	0.392 (0.576)	−1.045 (−1.184)	0.892 (1.524)	−3.107*** (−3.431)
AD_stage2	−0.354*** (−5.254)	−0.072 (−1.341)	−0.002 (−0.041)	0.379*** (4.182)	−1.318 (−1.295)	0.506 (0.384)	0.183 (0.210)	−0.234 (−0.173)
AD_stage3	−0.446*** (−6.320)	−0.021 (−0.378)	0.082 (1.279)	0.408*** (4.289)	−5.837*** (−5.472)	2.008 (1.453)	0.146 (0.159)	3.911*** (2.759)
常数项	1.650*** (4.381)	−0.015 (−0.049)	1.933*** (5.656)	−1.070** (−2.110)	7.074 (1.243)	7.893 (1.070)	7.613 (1.556)	−2.007 (−0.265)

注：小括号内数值表示 t 统计量值，ω_1、ω_2、ω_3 和 ω_4 分别表示中国对澳大利亚、法国、加拿大和其他国家大麦进口份额，q_1、q_2、q_3 和 q_4 分别表示中国对澳大利亚、法国、加拿大和其他国家大麦进口量。***、**、*分别表示在1%、5%、10%的水平下显著。

（一）基本回归结果

如表 8-2 所示，加征“双反”关税对澳大利亚大麦进口份额和进口量的影响系数分别为−0.003 和−0.076，通过了 1%的显著性水平检验，表明加征“双反”关税降低了中国从澳大利亚进口大麦，对中澳大麦贸易产生了贸易限制效应，该结果与现状相符。加征“双反”关税对法国大麦进口份额的影响不显著，但对加拿大大麦进口份额、其他国家大麦进口份额的影响系数分别为 0.001 和 0.002，均通过了 10%的显著性检验，表明加征“双反”关税产生了贸易转移效应和贸易创造效应。另外，加征“双反”关税对其他国家大麦进口量的影响系数为 0.050，通过了 1%的显著性检验，表明加征“双反”关税促使中国增加了从其他等非传统国进口大麦的数量。以上结果表明，中国对澳大利亚大麦加征“双反”关税产生了显著的贸易经济影响，即中国减少从澳大利亚进口大麦，产生了贸易限制作用；增加了从加拿大进口大麦，产生贸易转移效应；并进一步促使其他等非传统贸易国向中国出口大麦，产生贸易创造效应。

如表 8－3 所示，本研究进一步考察了中国对澳大利亚进口大麦加征“双反”关税的贸易调查效应。研究结果表明，该贸易救济措施存在显著的贸易调查效应。具体来看，在中国对澳大利亚进口大麦加征“双反”关税立案调查阶段（AD_stage2）和裁定生效阶段（AD_stage3），对澳大利亚大麦进口份额的影响系数为－0.354 和－0.446，均通过了 1%的显著性水平检验，表明加征“双反”关税不同阶段均对澳大利亚大麦进口份额产生了显著的负向影响；“双反”立案调查阶段和裁定生效阶段对其他国家大麦进口份额的影响系数为 0.379 和 0.408，也均通过了 1%的显著性水平检验，表明加征“双反”关税不同阶段均对其他国家大麦进口份额产生了显著的正向影响。

从加征“双反”关税不同阶段对各国大麦出口量的影响来看，中国对澳大利亚大麦加征“双反”关税立案调查阶段（AD_stage2）并没有对各国大麦进口量（q）产生显著影响，但裁定生效阶段（AD_stage3）对澳大利亚大麦进口量产生显著的负向影响，对其他国家大麦进口量产生显著的积极影响。上述结果表明，“双反”立案调查阶段对各国进口份额产生显著影响，但对进口量无显著影响，这意味“双反”措施的贸易调查效应在立案调查阶段是通过价格边际发挥作用的；“双反”裁定生效阶段（AD_stage3）对澳大利亚和其他国家大麦的进口量产生显著影响，表明“双反”措施的贸易调查效应在裁定生效阶段是通过数量边际发挥作用的。

（二）弹性分析

为进一步研究“双反”措施对中国进口大麦的贸易转移和贸易创造效应，本研究进一步利用 LA－AIDS 进口需求方程评估了各国的需求弹性，包括支出弹性、马歇尔价格弹性和希克斯价格弹性①，评估中国大麦进口格局变化。其中，马歇尔需求指在总进口额和进口价格确定的条件下，进

① 支出弹性、马歇尔价格弹性、希克斯价格弹性公式分别为 $e_i=1+\frac{\beta_i}{w_i}$、$e_{ij}^{u}=-\delta_{ij}+\frac{\gamma_{ij}}{w_i}-\beta_i\frac{w_j}{w_i}$、$e_{ij}^{c}=e_{ij}^{u}+e_iw_j$，若 $i=j$，则 $\delta_{ij}=-1$，$i\neq j$，$\delta_{ij}=0$。

口国效用最大化的进口需求量；希克斯需求指在效用和价格确定的前提下，进口国支出最小化的进口需求量。在具体分析时，进一步将马歇尔价格弹性分为马歇尔需求自价格弹性和马歇尔需求交叉价格弹性，将希克斯价格弹性分为希克斯需求自价格弹性和希克斯需求交叉价格弹性。

支出弹性估计结果显示（表 8－4），弹性从高到低排序为其他国家、法国、澳大利亚、加拿大，分别为 1.406、1.208、0.871 和 0.617。以上结果表明，中国大麦进口需求支出每增加 1%，来自其他国家和法国的大麦进口将分别增加 1.406%和 1.208%，即增量主要来自其他国家和法国。需要特别指出的是，其他国家的支出弹性是最高的，这也意味着在中国对澳大利亚进口大麦采取“双反”措施后，中国大麦进口缺口有望从其他非传统出口国家获得弥补。从中国大麦进口的实际情况来看，2020 年 5 月中国对澳大利亚大麦征收“双反”关税后，中国自法国进口的大麦从 2020 年的 175.9 万吨增加至 2021 年的 364.8 万吨，增加了 1.1 倍，自阿根廷进口大麦从 2020 年的 39.2 万吨增加至 2021 年的 173.5 万吨，增加了 3.4 倍，还新增了俄罗斯、乌拉圭和美国等进口来源国，这些国家弥补了澳大利亚大麦的缺口。

表 8－4　支出弹性及自价格弹性

进口来源国	支出弹性	马歇尔需求自价格弹性	希克斯需求自价格弹性
澳大利亚	0.871*** (0.070)	−3.170*** (0.310)	−2.831*** (0.304)
法国	1.208*** (0.101)	−3.771*** (1.014)	−3.568*** (1.016)
加拿大	0.617*** (0.087)	−2.034* (0.769)	−1.901** (0.770)
其他国家	1.406*** (0.139)	−1.287 (0.963)	−0.946 (0.966)

注：括号内为标准误差，***、**、*分别表示在 1%、5%、10%的水平下显著。其中，马歇尔需求自价格弹性又称为非补偿自价格弹性，希克斯需求自价格弹性又称为补偿自价格弹性。

从大麦的马歇尔需求自价格弹性估计结果来看（表 8－4），法国和澳大利亚的自价格弹性分别为－3.771 和－3.170，其次为加拿大（－2.034），其他国家不显著。以上结果表明，各进口来源国大麦进口价格上涨 1%，法国、澳大利亚和加拿大的大麦进口分别下降3.771%、3.170%和2.034%，这意味着相较加拿大和其他国家，法国、澳大利亚大麦更容易受到价格冲击的影响，中国在这两国大麦进口上具有较高的议价空间。

从大麦的希克斯需求自价格弹性估计结果来看（表8-4），在剔除收入效应的影响后，法国和澳大利亚的自价格弹性分别为−3.568和−2.831，其次为加拿大（−1.901），其他国家不显著。以上结果表明，各进口来源国大麦进口价格上涨1%，法国、澳大利亚和加拿大的大麦进口分别下降3.568%、2.831%和1.901%，该结果与马歇尔需求自价格弹性估计的影响结论基本一致，验证了法国和澳大利亚进口大麦更容易受到价格冲击影响的判断。

根据大麦进口的马歇尔需求交叉价格弹性和希克斯需求交叉价格弹性的估计结果（表8-5），交叉价格弹性大多大于0，表明大麦主要进口来源国之间存在竞争关系，可以相互替代。

根据表8-5，马歇尔交叉价格弹性显示，澳大利亚-法国、澳大利亚-加拿大以及澳大利亚-其他国家的交叉价格弹性分别为0.686、0.559和1.056，均显著大于0，表明澳大利亚价格每上涨1%，将会导致对法国大麦需求上涨0.686%，对加拿大大麦需求上涨0.559%，对其他国家大麦需求上涨1.056%。从剔除收入效应的希克斯交叉价格弹性来看，澳大利亚-法国、澳大利亚-加拿大以及澳大利亚-其他国家的交叉价格弹性分别为1.024、0.897和1.394，同样均显著大于0，表明澳大利亚价格每上涨1%，将会导致对法国大麦需求上涨1.024%，对加拿大大麦需求上涨0.897%，对其他国家大麦需求上涨1.394%。以上结果表明，中国大麦主要进口来源国之间存在竞争关系，可以相互替代。需要特别指出的是，澳大利亚大麦价格上涨，对其他国家大麦的需求影响程度更大。这意味着，中国对澳大利亚大麦加征关税，不仅对澳大利亚大麦进口产生了限制作用，对法国和加拿大大麦进口主要来源国产生了贸易转移效应，而且对其他国家产生了贸易创造效应，即中国大麦进口缺口不仅可以从法国和加拿大等传统进口来源国补充，还刺激其他非传统进口来源国进入市场，加大对中国出口大麦。一个明显的事实是，2021年除阿根廷开始大规模向中国出口大麦外，中国进口来源国还新增了俄罗斯、乌拉圭和美国非传统大麦出口国。出现该现象的主要原因在于，一方面，中国对澳大利亚大麦采取“双反”措施后，澳大利亚所让渡的市场份额较大，短期内国内产能无法填补空缺，需要从其余国家进行弥补；另一方面，中国对澳大利亚大麦采取“双反”措施的实施期限长达5年，这足以刺激其他国家扩大大麦生产规模，抢占中国市场份额。总而言之，对两种交叉价格弹性的分析表明，中国对澳大利亚大麦加征“双反”关税措施的贸易转移和贸易创造效应十分显著。

表8-5　马歇尔需求交叉价格弹性和希克斯需求交叉价格弹性

	马歇尔需求弹性				希克斯需求弹性			
	澳大利亚	法国	加拿大	其他国家	澳大利亚	法国	加拿大	其他国家
澳大利亚	−3.170*** (0.310)	0.686*** (0.194)	0.559*** (0.206)	1.056*** (0.350)	−2.831*** (0.304)	1.024*** (0.196)	0.897*** (0.207)	1.394*** (0.352)
法国	1.462*** (0.462)	−3.770*** (1.014)	2.021*** (0.732)	−0.924 (0.979)	1.665*** (0.457)	−3.568*** (1.016)	2.223*** (0.733)	−0.722 (0.979)
加拿大	1.101*** (0.377)	1.659*** (0.565)	−2.034*** (0.769)	−1.337* (0.807)	1.235*** (0.373)	1.793*** (0.566)	−1.901** (0.770)	−1.204 (0.807)
其他国家	1.486*** (0.575)	−0.671 (0.675)	−1.367 (0.722)	−1.287 (0.963)	1.827*** (0.567)	−0.330 (0.676)	−1.026 (0.722)	−0.946 (0.966)

注：括号内为标准误差，***、**、*分别表示在1%、5%、10%的水平下显著。

综上所述，弹性分析结果表明，虽然中国大麦进口来源比较集中，但并不存在刚性依赖，对法国和加拿大大麦进口具有较大的要价空间。中国对澳大利亚大麦采取“双反”措施已经深刻地影响了中国大麦进口来源结构，短期来看，加征关税造成的供给缺口，主要由法国、加拿大、乌克兰和阿根廷等国家填补，并刺激非传统国家向中国出口大麦。

六、“双反”措施对国内大麦产业的保护效果分析

从中国对澳大利亚进口大麦采取“双反”措施后国内大麦产业的发展趋势来看，该项贸易救济措施对国内大麦产业发展起到了保护作用。由于2018年10月是中国对澳大利亚进口大麦提起“双反”立案调查的时期，本研究以2017年10月—2018年9月为基期，通过对比“双反”立案调查后大麦产业的发展来考察“双反”措施的产业保护和救济效果。

根据表8-6，“双反”立案调查后的2018/2019年度至2021/2022年度，国内大麦市场价格较立案之前同比增幅在7.7%～31.1%，收获面积较立案前至少增长了17.5万公顷（增幅为53.0%），单产至少增加19.8%，产量至少增加84.3%，表明“双反”措施提高了国内农户种植大麦的积极性，对国产大麦产业发展起到了贸易救济的作用。一方面，高额的“双反”关税提高了中国从澳大利亚进口大麦的成本，使得市场供给减少，国内大麦价格随之提升，从而使得国内农户种植大麦的收益上升，农户增加种植；另一方面，进口大麦成本的提升也导致国产大麦与国外的价差减小，增加了国产大麦的替代需求，导致国产大麦种植面积和产量增加。

表8-6　中国对澳大利亚大麦采取“双反”措施对国内大麦产业发展的影响

指标	市场年度数据					增长幅度（以2017/2018年为基期）			
	2017/2018	2018/2019	2019/2020	2020/2021	2021/2022	2018/2019	2019/2020	2020/2021	2021/2022
国内收购价（元/千克）	1.792	1.944	2.056	1.930	2.350	8.5%	14.7%	7.7%	31.1%
收获面积（千公顷）	330	505	511	509	510	53.0%	54.8%	54.2%	54.5%
单产（吨/公顷）	3.29	4.00	3.94	4.00	3.92	21.6%	19.8%	21.6%	19.1%
产量（千吨）	1 085	2 021	2 011	2 036	2 000	86.3%	85.3%	87.6%	84.3%
进口量（千吨）	8 144	5 181	5 969	12 049	10 500	−36.4%	−26.7%	47.9%	28.9%
总供给量（千吨）	9 407	7 309	8 289	14 374	13 874	−22.3%	−11.9%	52.8%	47.5%
饲料消费（千吨）	5 500	3 000	4 000	8 700	9 100	−45.5%	−27.3%	58.2%	65.5%

数据来源：大麦国内收购价数据是根据2016年1月—2021年12月大丰、盐城、武威、张掖、山丹和永昌6个主要产区的周价格监测数据整理计算得到；其余数据来自国家粮油信息中心《世界粮油市场月报》（2022年第2期）。

注：中国大麦市场年度为当年10月至翌年9月，如2017/2018年度为2017年10月—2018年9月。

从进口量来看，在立案调查后的前两年（2018/2019年度和2019/2020年度），大麦进口量分别较基期下降了36.4%和26.7%，但在2020/2021年度和2021/2022年度回升，较基期分别增长了47.9%和28.9%，出现该现象的原因在于2020/2021年度和2021/2022年度饲料消费需求的快速增加，饲料消费需求占大麦消费需求的60%以上。2020/2021年度和2021/2022年度中国国内玉米饲料需求增长导致玉米价格上涨，从而引致对大麦替代饲料粮的需求增加。尽管这两年大麦进口急剧增加，但国产大麦生产较为稳定，表明这两年的大麦进口并未冲击到国产大麦的发展。总而言之，就目前来看，相比“双反”产业损害调查期前 2013/2014 年度 153.5 万吨的大麦产量[①]，中国大麦最近四年的产量不仅实现了恢复性增长，还超过了澳大利亚进口大麦实现倾销前的产量水平，表明中国对澳大利亚进口大麦采取“双反”措施对国内大麦产业发展起到了较大的保护作用，达到了该贸易救济措施的初始目标。但从长期来看，“双反”措施实施期限截止到 2025 年 5 月 19 日，叠加国际环境不确定性增加和国际地缘政治冲突加剧影响，其对国内大麦产业的长期影响还有待观察。

七、结论与启示

本研究首先利用寡头竞争理论模型分析反倾销和反补贴关税的贸易救济措施对农产品贸易的贸易损害、转移和贸易创造效应，然后运用 LA - AIDS 模型评估了中国对澳大利亚进口大麦加征“双反”关税这一贸易救济措施对澳大利亚、法国和加拿大以及其他国家的贸易经济影响，并进一步分析了该措施对中国大麦产业发展的保护救济效果。

研究表明：第一，中国对澳大利亚大麦加征“双反”关税，不仅对澳大利亚大麦进口产生了贸易限制作用，还对法国和加拿大大麦进口产生了贸易转移效应，对其他国家产生了贸易创造效应。中国对澳大利亚进口大麦采取“双反”措施刺激乌克兰、阿根廷、乌拉圭和俄罗斯等其他非传统进口来源国大麦进入市场，加大对中国出口大麦。第二，加征“双反”关税存在显著的贸易调查效应，“双反”立案调查阶段和裁定生效阶段均对澳大利亚大麦进口产生负向影响，对其他非传统进口来源国大麦进口产生正向影响，并且对各国出进量的贸易调查效应在立案调查阶段主要体现在价格边际上，在裁定生效阶段主要体现在数量边际上。第三，弹性分析结果表明，虽然中国大麦进口来源比较集中，但并不存在刚性依赖，澳大利亚、法国和加拿大大麦之间可替代性较高，且法国和加拿大进口大麦具有

---

① 根据中国商务部 2018 年第 14 号关于原产于澳大利亚的进口大麦反倾销调查最终裁定的公告和第 15 号关于原产于澳大利亚的进口大麦反补贴调查最终裁定的公告，反倾销和反补贴的产业损害调查期为 2014 年 1 月 1 日—2018 年 9 月 30 日。

较大的要价空间。第四，中国对澳大利亚大麦采取“双反”措施短期内对中国大麦产业发展起到了贸易救济保护作用，但其长期影响还有待观察。

以上结果有三点启示：第一，贸易救济措施的合理利用够产生贸易限制、贸易调查、贸易转移和贸易创造效应，并对国内相关产业产生保护作用。第二，对于进口集中度较高且依赖性较强的农产品进口贸易，要合理利用主要进口来源国之间的替代关系，提高中国在相关产品上的贸易定价权，合理布局进口结构，使得中国贸易利润最大化。第三，为达到贸易救济措施对国内相关产业的保护作用，需要高度重视相关农产品的贸易转移效应。尽管在实施贸易救济措施的初期，需要从其他替代国进口来保障国内供给的稳定，但从长期看，要防止贸易转移进口对国内相关农业产品的替代，从而使贸易救济措施保护国内产业的效果打折。因此，对于国产大麦来说，需要充分利用中国对澳大利亚大麦加征“双反”关税的窗口期，加快改良品种，提高国产大麦的效益和竞争力，从而实现国产大麦产业的高质量发展。

第九章

2018年中国大麦进口形势及2019年展望①

一、引　言

2019年中央1号文件要求，在实现全面脱贫目标的冲刺期，要重点关注“三区三州”等深度贫困地区和特殊贫困群体，其中产业扶贫是重点。目前中国大麦种植面积的2/3分布在较为落后的农牧结合区和少数民族边疆地区，种植大麦是当地农民的主要生计来源。在乡村振兴和精准扶贫背景下，应对大麦进口对国内大麦产业的影响，提高农户种植效益，推动大麦产业健康发展，从而带动当地农业发展和农民增收，具有重要的战略意义。

2018年，中国居民人均可支配收入为28 228元，比2013年的18 311元增长54.16%，伴随收入水平的提高以及生活质量的改善，居民动物性食物消费逐渐增加，以啤酒大麦为主要酿造原料的啤酒产业和以饲料大麦作为玉米替代品之一的畜牧业快速发展。国家统计局数据显示，2018年，全国啤酒产量为3 812万千升，比1998年的1 987.67万千升增长了91.78%，2017年全国居民人均动物性食物消费量为65.8千克，比2013年的59.7千克增加了10.22%，啤用大麦和饲用大麦需求强劲。另外，随着人们对食物营养多样化与健康重要性认识的提高，食用大麦因具有良好的营养与保健功能，消费需求增长迅速。因此，大麦消费需求呈现持续较快增长。然而，中国大麦产业并没有将迅速增长的大麦消费需求转化为

① 本章内容发表于《农业展望》2019年第5期。

自身的发展机遇，长期以来通过大量进口大麦来满足国内需求，大麦贸易持续过度进口问题非常突出，特别是近几年的大麦进口量大幅高于国内产需缺口，这种局面非常不利于中国大麦产业的健康发展。

大麦大量进口不仅使国内市场供需失衡风险增加，不利于国内大麦产业的健康发展，而且打压了国产大麦价格，导致农户大麦种植收益受损（孙致陆和李先德，2015）。此外，大量进口大麦局面的长期存在，使中国大麦进口已经存在一定的且主要来自澳大利亚和法国的依赖性风险，进口规模持续加大和进口市场集中度极高是其主要的进口依赖性特征（谭琳元和李先德，2018b）。其中，大麦进口市场集中度极高，使中国在获取大麦资源时需要面对来自其他进口国的直接竞争，导致国内以大麦作为重要原料的啤酒行业等产业的原料来源难以得到有效的保障（李先德等，2014）。而且，随着贸易开放程度的逐渐加大，在国内大麦市场已经与国际市场接轨的条件下，国内外市场大麦价格直接且较为明显地影响大麦进口量（张琳等，2014），导致国内大麦产业难以稳定。因此，本研究将从进口规模、进口市场集中度、国际大麦价格和国内大麦价格等方面深入分析 2018 年中国大麦进口形势，并对 2019 年趋势进行展望，以期为未来应对大麦大量进口和提高大麦产业国际竞争力提供借鉴。

二、2018 年中国大麦进口现状

（一）进口规模

2018 年，中国大麦进口量同比大幅下降，且年内月度进口量波动较为明显（图 9-1）。从总进口规模来看，2018 年中国大麦进口量为 681.54 万吨，低于 2017 年的 886.35 万吨，降幅达到 23.1%，进口量明显下降。然而，虽然中国大麦进口量在 2018 年出现大幅下降，但仅低于 2015 年 1 073.25 万吨和 2017 年的 886.35 万吨，处于 1995 年以来的第三高位，大麦仍然处于大量进口状态。2018 年中国大麦进口额为 16.90 亿美元，比 2017 年的 18.16 亿美元减少 1.26 亿美元。从进口额和进口量的降幅看，进口额降幅较为平缓。2018 年，中国大麦平均进口价格为 247.97 美元/吨，较 2017 年的 204.89 美元/吨大幅上涨了 21.03%。从月度进口规模看，2018 年中国大麦平均月度进口量为 56.80 万吨，平均月度进口价格为 248.24 美元/吨。其中，大麦进口量在 1—4 月持续增加，并在 4 月达到最大月度进口量 105.22 万吨；但自 5 月起，随着国内新一季大麦的收获和上市，5—8 月中国大麦进口量转而持续减少；9 月有所回升；10 月、11 月又继续减少，且都不足 20 万吨，并在 11 月达到最小月度进口量 10.57 万吨，较最大月度进口量减少 94.65 万吨，降幅高达 89.95%；12 月小幅增加并重新超过 20 万吨，达到 22 万吨，但比 1 月的 43.68 万吨减少 21.68 万吨，降幅为 49.63%。

2018 年，中国大麦月度进口量变化趋势与中国自澳大利亚进口大麦的月度进口量变化趋势基本一致，且 10—12 月进口量明显减少（图 9 - 1)。2018 年 1—3 月，中国自澳大利亚的大麦月度进口量持续增加，4—8 月持续减少，大麦月度进口量在 4 月不升反降是因为从加拿大进口大麦的增加和开始从法国进口大麦；9 月有所回升；10 月、11 月继续减少，12 月出现小幅增加，但均不足 20 万吨。2018 年 11 月和 12 月，商务部先后发布 2018 年第 89 号、第 99 号公告，对来自澳大利亚的大麦进行反倾销和反补贴立案调查，这些调查对中国从澳大利亚进口大麦产生了影响，导致从 2018 年底开始，澳大利亚大麦到货困难，年底进口量出现大幅减少。

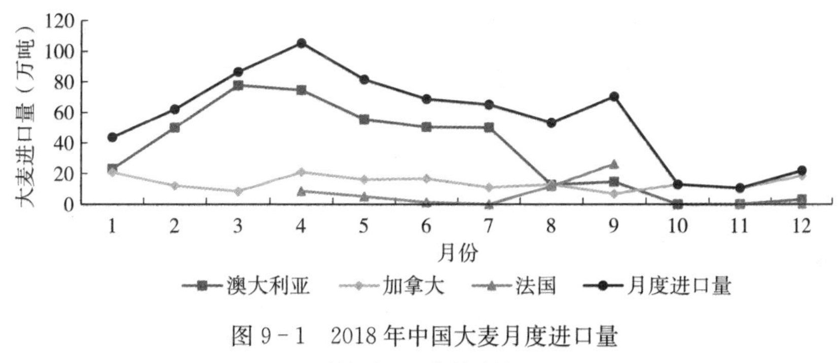

图 9 - 1　2018 年中国大麦月度进口量

数据来源：海关总署。

（二）进口市场集中度

在进口市场集中度上，2018 年中国大麦进口市场集中度较高，且澳大利亚仍然是第一大进口来源国。从主要进口来源国看，2018 年，中国从澳大利亚和加拿大进口大麦较多，从澳大利亚进口 417.84 万吨，从加拿大进口 167.99 万吨，均超过 100 万吨，平均进口价格分别为 244.05 美元/吨、262.24 美元/吨；从法国、乌克兰和丹麦分别进口大麦 57.43 万吨、38.22 万吨和 0.05 万吨，均低于 100 万吨，平均进口价格分别为 240.26 美元/吨、240.64 美元/吨和 304.35 美元/吨，法国和乌克兰大麦价格相当，丹麦大麦价格相对较高（表 9－1）。通过计算可得，中国从上述 5 个国家合计进口大麦 681.53 万吨，进口额合计 16.904 亿美元。由此可知，中国大麦进口居前三位的国家为澳大利亚、加拿大和法国，其中，自澳大利亚进口量最大，其次是加拿大，法国排第三位，中国自这 3 个国家进口的大麦占进口总量的 94.38%，占比非常高，进口市场集中度较高。

在现行中国大麦贸易政策下，进口贸易方式以一般贸易为主，对来自乌克兰、丹麦、加拿大和法国的大麦实行 3%的进口关税，而 2015 年中国和澳大利亚签订的中澳自由贸易协定中，对来自澳大利亚的大麦实行零关税。因此，相比其他大麦进口来源国，澳大利亚大麦出口到中国受关税的限制更少。在国内大麦市场与澳大利亚大麦市场直接接轨下，产自澳大利亚的大麦不仅具有较大的质量优势，而且已经形成稳定的出口市场，导致中国大量进口澳大利亚的大麦来满足国内日益增长的大麦消费需求，并已成为澳大利亚最重要的大麦出口目的国，澳大利亚大麦也一直在中国大麦进口中占据较大份额。2018 年，中国大麦进口的 61.31%来自澳大利亚。

表 9－1　2018 年中国大麦主要进口来源国

国家	数量（万吨）	比重（%）	金额（亿美元）	平均进口价格（美元/吨）	主要品种
澳大利亚	417.84	61.31	10.197	244.05	澳大利亚一级啤酒大麦、澳大利亚FAQ麦、澳大利亚饲料大麦
加拿大	167.99	24.65	4.405	262.24	加拿大啤酒大麦、加拿大饲料大麦
法国	57.43	8.43	1.380	240.26	法国六棱冬麦、法国二棱春麦、法国饲料大麦
乌克兰	38.22	5.61	0.920	240.64	乌克兰饲料大麦
丹麦	0.05	0.01	0.002	304.35	丹麦大麦
合计	681.53	100.01	16.904	—	—

数据来源：海关总署。

三、2018年国内外大麦价格

（一）国际大麦价格走势

澳大利亚和法国作为世界大麦的主要生产国，其大麦价格在国际大麦市场上具有较强的代表性。因此，以澳大利亚阿德莱德一级饲料大麦收购价格（按照澳大利亚储备银行澳元兑美元汇率换算）和法国鲁昂港口饲料大麦FOB价格为例分析国际大麦价格走势（图9-2）。

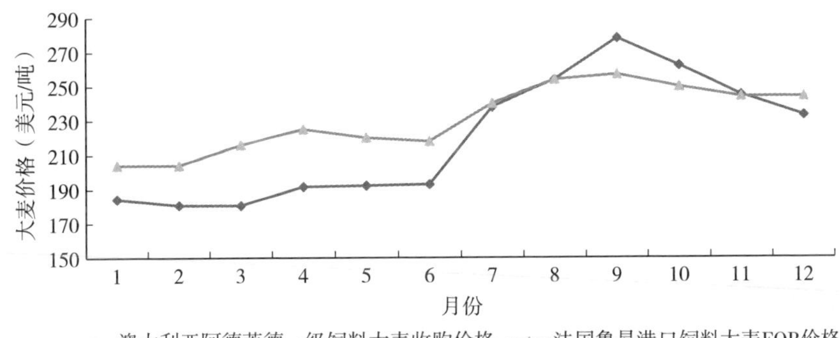

图9-2 2018年澳大利亚和法国大麦价格走势

数据来源：根据谷鸽久久网数据整理。

2018年，国际大麦价格整体呈现上涨趋势，且年内波动较大。从2018年国际大麦价格月度变化趋势看，1—6月平稳上涨，7—9月大幅上涨，10—12月转而有所下降。2018年国际大麦价格上涨的主要原因是，受全球气候变暖影响，当年世界主要大麦生产国遭遇了严重的干旱天气导致产量下降，而全球大麦需求整体上基本保持稳定，且期末库存减少，全球经济同比保持稳定增长，因而导致价格上涨。

分国别看，澳大利亚阿德莱德一级饲料大麦收购价格比法国鲁昂港口饲料大麦FOB价格上涨趋势更加明显。2018年1—6月，澳大利亚阿德莱德一级饲料大麦收购价格有所上涨，且都低于法国鲁昂港口饲料大麦FOB价格。澳大利亚的大麦一般在冬季收获上市，受气候变暖影响，2018年澳大利亚主要大麦产区冬粮收获季节出现严重干旱，大麦产量大幅下跌，推动大麦价格上涨。澳大利亚阿德莱德一级饲料大麦收购价格

7—9月大幅上涨，9月达到最高点278.05美元/吨，比3月最低点180.70美元/吨上涨了97.35美元/吨，且10月、11月高于法国鲁昂港口饲料大麦FOB价格，12月回落到232.91美元/吨，但仍然高于1月184.27美元/吨，增幅为26.40%。与澳大利亚阿德莱德一级饲料大麦收购价格相比，法国鲁昂港口饲料大麦FOB价格波动表现较为平缓，最低价格为204美元/吨，最高价格为257美元/吨，12月较1月上涨19.61%。因为2018年欧洲出现高温天气，大麦产量严重下跌，导致法国大麦价格上涨。

（二）国内大麦价格走势

江苏省作为中国大麦的主要产区，其大麦价格在国内大麦市场上具有较强的代表性。因此，本研究以中国江苏大丰地区大麦厂家报价为例分析国内大麦价格走势（图9-3）。

由于国内大麦市场与国际大麦市场的接轨，在国际大麦价格整体上涨的背景下，2018年国内大麦价格明显上涨。从2018年国内大麦价格的月度变化趋势看，1—6月基本平稳上涨，7—9月大幅上涨，10月转而下降，变化趋势与国际大麦价格变化趋势基本一致，国内外大麦价格联动性较强（图9-3）。

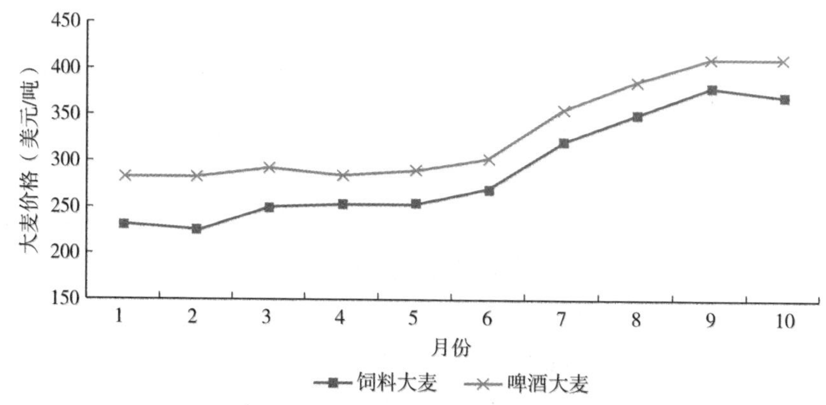

图9-3　2018年1—10月国内大麦价格走势

数据来源：根据谷鸽久久网数据整理。

分品种看，2018年国内啤酒大麦价格明显高于饲料大麦价格，但变化趋势差异不大。在啤酒消费需求的推动下，随着啤酒产业的快速发展，作为工业原料的啤酒大麦价格较高，并有不断上涨的趋势。随着畜牧业的快速发展，饲料大麦的需求也在不断增加，饲料大麦价格有不断上涨趋势。

（三）国内外大麦价格比较

整体来看，2018 年国内大麦价格高于国际大麦价格。以饲料大麦为例，根据谷鸽久久网数据库统计数据，2018 年 1—10 月，中国饲料大麦月度平均价格为 289.8 美元/吨，高于同期澳大利亚一级饲料大麦 215.44 美元/吨的月度平均价格和法国饲料大麦 228.80 美元/吨的月度平均价格，国内外大麦价差明显，且国际大麦价格较低。近年来，由于国内农业生产成本不断上涨，推动国产大麦生产成本上升，相较进口大麦，国产大麦已经不具有价格竞争优势。同时，进口大麦的低价格会给国内大麦生产带来价格上的压力，阻碍国内大麦的增产（李京栋等，2018），从而不利于中国大麦产业的可持续发展。

四、2019 年中国大麦进口趋势展望

从全球大麦供求形势看，经历 2018 年因干旱而减产之后，2019 年世界大麦主产国的大麦生产将有所恢复，全球大麦产量将有所增长。然而，尽管 2018 年全球经济稳定增长，但未来前景并不十分明朗，世界经济发展还将处于疲软状态。2019 年初，国际货币基金组织（IMF）在 *World Economic Outlook* 中发布了其对世界经济发展前景预测的情况：在全球主要发达经济体中，经济增长率最高的为美国，达到 2.5%，最低的为日本，只有 1.1%，欧盟、英国和加拿大的经济增长率分别为 1.6%、1.5% 和 1.9%，均低于 2%；与全球主要发达经济体的经济增长率相似，世界主要新兴市场和发展中经济体的经济增长率在 1%～3%，如俄罗斯为 1.6%、巴西为 2.5%、墨西哥为 2.1%，南非为 1.4%。因此，整体来看，经济增长率普遍不高。在这种形势下，2019 年全球大麦需求预计基本稳定，供求格局总体上将处于较为稳定的状态。

从国内大麦供求形势看，由于中国大麦产业缺乏国际竞争力，进口依存度上升显著，产业控制力持续减弱（谭琳元和李先德，2018a），国内大麦生产目前还满足不了市场需求，大量进口大麦的局面将继续存在。大麦

大量进口冲击了国内大麦产业，使大麦种植面积逐渐萎缩，大麦产量下降，并且国产大麦种植效益较低，农户种植大麦的积极性不高，预计2019年国内大麦产量小幅降低。在国内需求方面，巨大消费需求支撑仍然存在，中国大麦产业发展潜力巨大（国家大麦青稞产业技术体系，2016）。虽然国内玉米价格下跌会在一定程度上降低大麦在饲料原料方面的替代作用，但从长期来看，中国大麦仍将呈现刚性需求（贾娟琪等，2017）。因此，预计国内大麦供求形势依然整体趋紧，通过大量进口调节国内大麦供求平衡的局面将会长期存在。

从国内外大麦价格看，受全球谷物市场普遍供应充足等因素的影响，2019年国际大麦价格预计稳中有降。在影响中国大麦价格波动的因素中，国际大麦价格和大麦进口量是主要因素（贾小玲等，2018）。因此，在国际大麦价格稳中有降的预期下，国内大麦价格预计稳中有降。

从中国大麦贸易政策来看，自2018年底开始，澳大利亚大麦受中国商务部对其实行反补贴和反倾销立案调查的影响，中国从澳大利亚进口大麦的规模将有所下降。此外，为了更好地对进口货物进行管理，中国实行了自动进口许可管理政策，而大麦属于《2019年自动进口许可管理货物目录》货物。2019年，中国将继续对大麦实行自动进口许可管理政策（中国商务部，2018），这将有利于提高大麦进口的调控力度，缓解大麦大量进口问题，抑制大麦进口量大幅高于国内产需缺口的局面。

综上所述，在国内玉米市场继续“去库存”并逐渐与国际市场接轨的背景下，随着国内玉米价格的下跌，饲料大麦作为玉米的替代饲料粮之一，进口面临下行压力，从而影响大麦进口总量，2018年中国大麦进口量同比下降。在全球大麦供求稳定、国内大麦供求趋紧以及国内外大麦价格预计稳中有降背景下，短期内国产大麦品质与产量仍满足不了国内市场需求，中国对国际市场大麦较为强劲的需求仍将持续。然而，随着玉米“去库存”政策的继续实施，以及贸易保护主义和人民币汇率等因素的影响，中国饲料大麦进口量在今后几年将继续下降，导致大麦进口总量也将下降。因此，2019年的中国大麦进口规模预计稳中有降，大麦主要进口来源国变化不大，进口市场集中度较高的局面将继续存在。

第十章

2022年中国大麦进口形势及2023年展望

中国是世界主要大麦进口国之一。近年来，中国通过持续大量进口大麦弥补国内供给不足，但对国内大麦产业产生了不利影响，特别是大麦生产规模出现了持续萎缩。同时，随着贸易开放程度的不断提高，国内大麦市场已经充分融入国际市场，使得国内外市场大麦价格会直接且较为明显地影响中国大麦进口量。

一、2022 年中国大麦进口形势

（一）进口规模

2022 年中国大麦进口量同比大幅下降，且年内月度波动明显。从进口量看（图 10－1），2022 年中国大麦进口量为 576 万吨，比 2021 年下降 53.85%；从进口价格看，2022 年中国大麦平均进口价格为 356.30 美元/吨，较 2021 年的 284.52 美元/吨上涨 25.23%。

从月度进口看（图 10－2），2022 年中国大麦平均月度进口量为 45.07 万吨；其中，1—2 月小幅减少，从 69.42 万吨降至 48.12 万吨，3—4 月大幅增加，4 月达到全年最大月度进口量（80.48 万吨），5 月基本持平，此后连续下降，7 月骤降至 3.56 万吨，8—10 月较为平稳，11 月小幅增加至 53.17 万吨，12 月又有所回落。

（二）进口来源

2022 年，中国大麦主要进口来源国为阿根廷、加拿大和法国，从

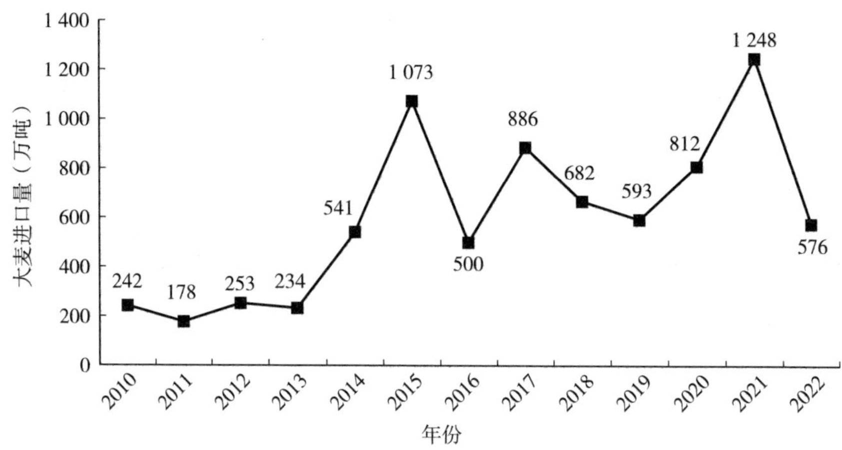

图 10－1　2010—2022 年中国大麦进口量

数据来源：海关总署。

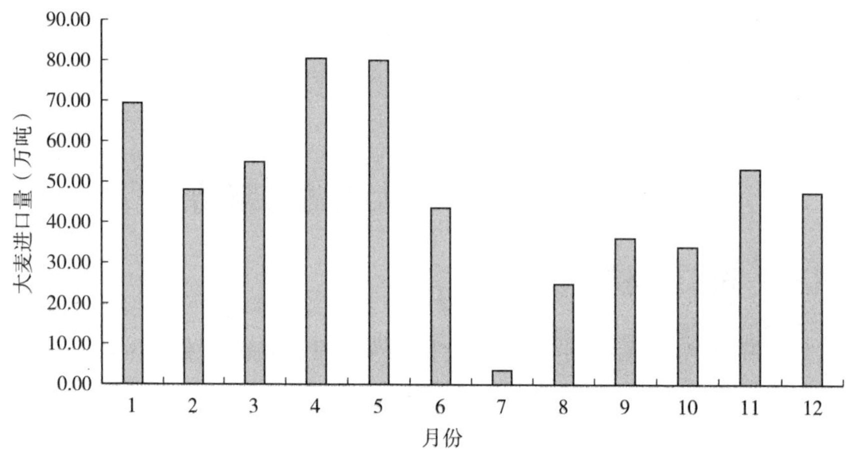

图 10－2　2022 年中国大麦月度进口量

数据来源：根据谷鸽久久网数据整理。

上述三国合计进口大麦 510.36 万吨，占中国当年总进口量的 88.64%（表 10－1）。其中，从阿根廷进口 238.90 万吨，居第一位，占总进口量的 41.49%，到岸价（CNF）为 353.78 美元/吨；从加拿大进口 173.10 万吨，居第二位，占总进口量的 30.07%，到岸价（CNF）为 368.55 美元/吨；从法国进口 98.36 万吨，居第三位，占总进口量的 17.08%，CNF 为 365.50 美元/吨；从乌克兰进口 24.66 万吨，占总进口量的 4.28%，CNF 为 319.20 美元/吨；从哈萨克斯坦进口 18.71 万吨，占总进口量的

3.25%，CNF 为 285.58 美元/吨；其他进口来源国还包括乌拉圭、俄罗斯和丹麦等，但进口量均相对较少。

表 10－1　2022 年中国大麦主要进口来源国

进口来源国	进口量（万吨）	进口量占比（%）	进口额（亿美元）	CNF（美元/吨）
阿根廷	238.90	41.49	8.45	353.78
加拿大	173.10	30.07	6.38	368.55
法国	98.36	17.08	3.60	365.50
乌克兰	24.66	4.28	0.79	319.20
哈萨克斯坦	18.71	3.25	0.53	285.58
乌拉圭	15.78	2.74	0.57	359.50
俄罗斯	5.74	1.00	0.17	301.78
丹麦	0.50	0.09	0.02	496.97

数据来源：根据谷鸽久久网数据整理。

（三）进口省份

从进口省份看（表 10－2），2022 年，中国进口大麦的省份共有 21 个。其中，进口量最多的是福建省，进口量为 125.78 万吨，占全国总进口量的 21.84%；其次是广东省，进口量为 107.50 万吨，占全国总进口量的 18.66%；再次为辽宁省，进口量为 74.06 万吨，占全国总进口量的 12.86%；江苏省进口量为 69.91 万吨，占全国总进口量的 12.14%；山东省和浙江省进口量分别为 45.95 万吨和 44.87 万吨，分别占全国总进口量的 7.98%和 7.79%；海南省和安徽省进口量分别为 35.01 万吨和 32.06 万吨，分别占全国总进口量的 6.08%和 5.57%；其他省份进口量均相对较少。

表 10－2　2022 年中国大麦主要进口省份

省份	进口量（万吨）	进口量占比（%）	进口额（亿美元）	进口均价（美元/吨）
福建省	125.78	21.84	4.20	333.72
广东省	107.50	18.66	3.88	360.97
辽宁省	74.06	12.86	2.82	380.97
江苏省	69.91	12.14	2.57	367.25

（续）

省份	进口量（万吨）	进口量占比（%）	进口额（亿美元）	进口均价（美元/吨）
山东省	45.95	7.98	1.80	390.75
浙江省	44.87	7.79	1.66	370.16
海南省	35.01	6.08	1.13	322.66
安徽省	32.06	5.57	1.14	356.38

数据来源：根据谷鸽久久网数据整理。

二、2022年国内外大麦价格

（一）国际大麦价格走势

法国是世界大麦主要生产国和中国大麦主要进口来源国，其大麦价格在国际大麦市场上具有较强的代表性。因此，以法国鲁昂港口饲料大麦FOB价格（离岸价格）为例（图10-3），分析2022年国际大麦价格走势。2022年法国鲁昂港口饲料大麦FOB价格为353.97美元/吨，价格总体上呈下降趋势。从价格月度变化情况看，1—5月整体呈上升趋势，6—9月转而呈下降趋势，10—11月整体呈平稳状态，但整体上一直处于相对高位。

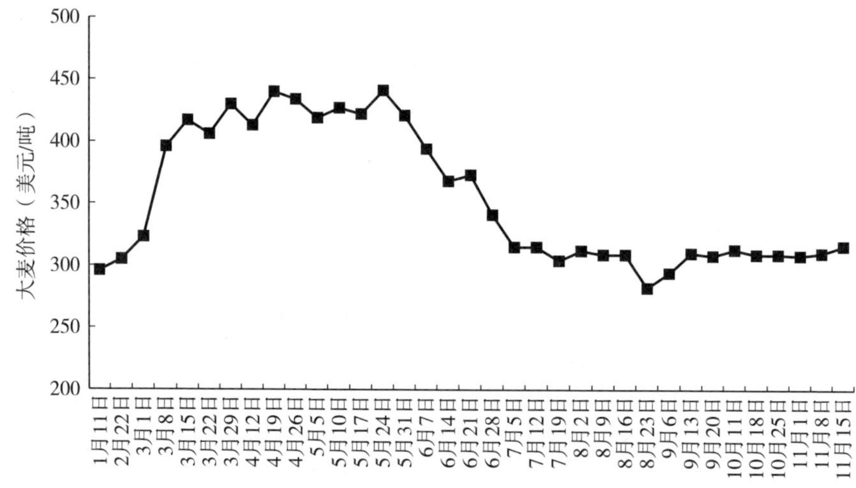

图10-3　2022年法国鲁昂港口饲料大麦价格走势

数据来源：根据谷鸽久久网数据整理。

（二）中国进口大麦价格走势

中国缺乏大麦进口价格定价权，主要受制于大麦出口国，被动接受市场价格。2022年，在全球大麦价格持续高位运行的背景下，中国进口大麦到岸价（CNF）为356.29美元/吨，较2021年的284.52美元/吨上涨了25.22%。从进口大麦CNF的月度变化趋势看，1—8月呈持续上涨趋势，从310.38美元/吨一直上涨至406.46美元/吨，8—9月小幅下跌，9—12月持续上涨，从406.46美元/吨增加至414.30美元/吨，达到全年最高水平（图10-4）。

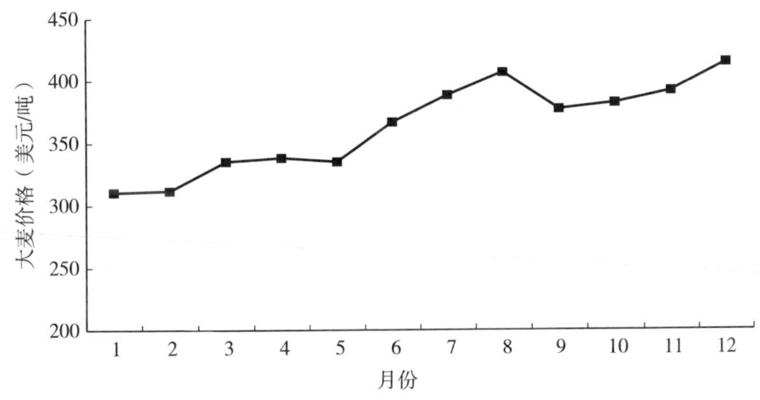

图10-4　2022年中国进口大麦CNF走势

数据来源：根据谷鸽久久网数据整理。

2022年中国进口大麦价格高位运行的主要原因包括：第一，国际市场不稳定性增强。在逆全球化背景下，全球贸易摩擦愈演愈烈，农业成为贸易保护主义蔓延的重要领域之一，与之相关的各类贸易摩擦接连不断，粮食武器化、政治化趋势越来越严重。2022年以来，俄乌冲突不断加剧，不仅对全球粮食供应链产生深远影响，还推动全球粮食价格上涨，大麦等主要粮食国际市场价格一度创下历史新高。根据世界银行在2022年4月发布的《大宗商品市场展望》报告，俄乌冲突对全球大宗商品市场造成重大冲击，全球贸易、生产和消费模式因此发生的变化将使全球大宗商品价格一直到2024年底都保持在历史高位[①]。第二，极端天气加剧。近年来，

① Commodity Markets Outlook，https：//openknowledge.worldbank.org/bitstream/handle/10986/37223/CMO-April-2022.pdf.

全球极端天气频发，联合国政府间气候变化专门委员会（IPCC）在 2022 年 2 月发布的《气候变化 2022：影响、适应和脆弱性》报告认为，全球变暖造成的气候危害不可逆转，其带来的影响和风险日益增长，升温形势会让全球在今后 20 年面临多重频发的气候危害①。在中国大麦进口依赖度较高的情况下，极端气候变化带来的全球大麦供给量不稳定，也推动了国际市场大麦价格高企。

三、2023 年中国大麦进口趋势展望

从全球供给看，根据法国农业部公布的法国大麦市场供需数据，预计 2022/2023 年度法国大麦产量将下降 0.6%，基本保持平稳。根据加拿大大麦市场供需平衡表，预计 2022/2023 年度加拿大大麦将实现增产，较上年度增加 43%。目前，阿根廷面临着极度的干旱与高温，会使其作物产量达到近 14 年以来的最低水平，预计短期内，这些地区的干旱仍将会持续，将会增加产量的不确定性。从全球需求看，据国际货币基金组织（IMF）预测，全球经济活动普遍放缓且比预期更为严重，全球经济增长率预计将从 2021 年的 6.0%下降至 2022 年的 3.2%和 2023 年的 2.7%②。如果不包括全球金融危机和新冠疫情最严重阶段，那么这将是 2001 年以来最为疲弱的增长表现。在这种形势下，2023 年全球大麦需求预计基本稳定，供求格局总体上将处于紧平衡状态。

从国内大麦供求看，由于农业自身的弱质性和产业恢复的长期性，大麦供给增长潜力受到较大制约，供给紧张的趋势仍会持续；随着居民收入水平的不断提高，城乡居民消费结构日益多元化，对营养和健康的进一步追求将会驱使肉蛋奶果蔬等产品在更广的范围、更深的层次上形成对口粮的替代，大大刺激饲用粮需求，大麦作为玉米饲用的主要替代品种，其需求也会随之增加，国内大麦供求形势紧平衡的态势将越来越紧，通过大量进口调节国内供求平衡的局面将长期存在。美国农业部*USDA Agricultural*

① Climate Change 2022：Impacts，Adaptation and Vulnerability，https：//www. ipcc. ch/report/sixth - assessment - report - working - group - ii/.

② 应对生活成本危机，https：//www. imf. org/zh/Publications/WEO/Issues/2022/10/11/world - economic- outlook - october - 2022。

Projections to 2031 报告也认为，预计从 2022/2023 年度到 2031/2032 年度，中国仍将是世界上最大的大麦进口国，饲用需求是预测期内进口的主要动力，同时也进口大麦麦芽用于啤酒生产①，这也反映了未来中国大麦仍将大量进口的事实。

从大麦价格看，目前及未来一段时期内，国内外大麦报盘已实现顺价，短期内，中国港口进口大麦价格下跌的可能性较大，进口量预计也将大幅度增加。近期，中澳在 WTO 框架下，就大麦“双反”措施争端进行了友好协商并达成共识；2023 年 4 月 14 日，中国商务部发布了《关于对原产于澳大利亚的进口大麦所适用反倾销和反补贴措施发起复审调查的公告》(2023 年第 12 号)，决定自 2023 年 4 月 15 日起对原产于澳大利亚的进口大麦所适用反倾销措施和反补贴措施进行复审。随着澳大利亚大麦重新进入中国市场的可能性增加，将会重新参与中国进口大麦市场的竞争，促使进口价格在 2022 年的高价基础上进一步回落。

① USDA Agricultural Projections to 2031，https：//www.ers.usda.gov/webdocs/outlooks.

03 第三篇

大麦青稞产业发展形势与展望

第十一章

中国大麦市场与产业调查分析①

中国大麦种植1/3分布在中东部农区，2/3分布在西部农牧结合区，具有生育期短、适应性强、用途广等特点，是国内酒类行业、食品行业和饲料行业的重要原料之一，是农牧区畜禽水产养殖的主要饲草料。大麦产业的持续健康发展，对于稳定相关加工行业原料供给和畜禽水产养殖业饲草料供应、促进产区农牧民就业增收脱贫都具有重要现实意义。

为掌握中国大麦产业发展情况，对大麦主要产区省份进行了实地调研，得到以下结论。从生产看，近年来中国大麦种植面积和产量均明显下降；产区分布较广、产业集中度较高、品种多，以农户小规模分散种植为主；生产成本持续攀升，种植收益连续亏损。从消费看，以啤用和饲用为主，消费量持续波动变化，啤用量稳中有降。从流通看，流通半径小且以区域内流通为主，流通模式多样；价格先跌后涨。从贸易看，进口量大幅增长且持续处在高位，出口量一直很低，呈现明显净进口。从发展前景看，预计2020年，中国啤酒大麦和饲料大麦的种植面积有望小幅恢复，价格将稳中有升。

一、大麦产业发展现状

（一）生产

1. 适应性强、用途广、品种多

大麦为草本植物，系禾本科大麦属，目前全世界约有30个种，其中

① 本章内容发表于《农产品市场》2021年第11期。

有栽培价值的只有普通大麦种。通常所说的大麦是指皮大麦，籽粒有颖壳包裹。大麦是中国原产作物之一，栽培历史悠久，远在新石器时代中期，古羌族在黄河上游就有种植，距今 5 000 多年。大麦生育期短、早熟、耐低温、抗旱、耐贫瘠、耐盐碱、营养丰富，具有饲用、酿酒、食用、医用等广泛用途。目前，中国各个大麦产区都有当地主栽品种；其中，啤酒大麦主栽品种有垦啤麦 9 号、甘啤 6 号、苏啤 4 号、扬农啤 7 号、云啤 2 号、浙大 9 号等，饲料大麦主栽品种有保大麦 8 号、鄂大麦 9 号、扬饲麦 3 号、云饲麦 3 号、驻大麦 4 号、浙皮 9 号等。

2. 种植面积和产量均明显下降

据国家大麦青稞产业技术体系调研，2014—2019 年，全国大麦种植面积从 1 209 万亩降为 957 万亩，降幅为 20.8%；全国大麦产量从 400 万吨降为 292 万吨，降幅为 27%；大麦单产稳定在 332 千克/亩左右。其中，啤酒大麦种植面积和产量分别从 620 万亩和 221 万吨降为 425 万亩和 127 万吨，降幅分别为 31.5%和 42.5%；饲料大麦种植面积和产量分别从 589 万亩和 179 万吨降为 532 万亩和 165 万吨，降幅分别为 9.7%和 7.8%。

3. 产区分布较广

按照生产、栽培类型和品种演变，可将中国大麦产区划分为 2 个大区 11 个生态区：一是春大麦区，包括东北平原春大麦区、晋冀北部春大麦区、内蒙古高原春大麦区、西北春大麦区和新疆干旱荒漠春大麦区，该区是啤酒大麦主产区，3 月下旬—4 月中旬种植、7 月下旬—9 月上旬收获；二是冬大麦区，包括黄淮冬大麦区、秦巴山地冬大麦区、长江中下游冬大麦区、四川盆地冬大麦区、西南高原冬大麦区和华南冬大麦区，该区除黄淮冬大麦区以啤酒大麦为主外，其余均以饲料大麦为主，11 月中旬种植、翌年 5 月中下旬收获。

4. 产业集中度较高

分省份看，据国家大麦青稞产业技术体系调研，2019 年，全国大麦种植面积在 50 万亩以上的主产省份（按种植面积由高到低）是云南、湖北、内蒙古、江苏、四川和甘肃，这 6 个主产省份的大麦种植面积合计占全国的 88.6%；全国大麦产量在 10 万吨以上的主产省份（按产量由高到低）是云南、湖北、江苏、甘肃、内蒙古、四川、河南和新疆，这 8 个主产省份的大麦产量合计占全国的 95.5%。

5. 生产模式以农户小规模分散种植为主

从啤酒大麦看，除了内蒙古、新疆和黑龙江等省份农户的啤酒大麦种植面积相对较大且较为集中（多数农户的大麦种植面积超过 45 亩）外，其他产区的啤酒大麦种植均以规模小且分散的农户为主体，例如，在甘肃，啤酒大麦种植面积低于 1 亩的小农户占全省种植户数量的 95%以上。从饲料大麦看，种植经营主体基本都是小规模农户。

6. 自给率不断下降

据海关总署数据，中国大麦进口量在 2014 年以前大多稳定在 200 万吨左右，从 2014 年起大幅增长且 2014—2019 年基本都高于 500 万吨；据联合国粮食及农业组织（FAO）在 2019 年 11 月发布的 *Food Outlook* 报告，2018/2019 年度中国大麦进口量占世界大麦总进口量的 22.8%，是仅次于沙特阿拉伯的世界大麦第二大进口国。与此同时，随着国内大麦产量持续下降，导致中国大麦自给率不断下降。按"自给率＝国内产量/(国内产量＋进口量－出口量)"计算，中国大麦自给率从 2014 年的 42.5%降为 2019 年的 33.0%。

(二) 消费

1. 消费用途以啤用和饲用为主

中国大麦消费以啤用和饲用为主，少量作为食用和种用。据国家粮油信息中心在 2019 年 12 月发布的《饲用谷物市场供需状况月报》第 239 期，2018/2019 年度（2018 年 6 月—2019 年 5 月）大麦啤用量和饲用量分别占总用量的 51.3%和 44.9%。在啤用方面，先将大麦加工成麦芽，再以麦芽为原料进行啤酒酿造。在饲用方面，主要以农户直接饲喂牲畜、水禽和水产等为主；近年来，随着畜牧业和饲料加工业发展，部分大麦被用于加工生产特种专用复合配方饲料，饲养高档肉牛和专业赛马。

2. 消费量持续波动变化

从消费量看，2014—2019 年，中国以表观消费量（产量＋进口量－出口量）表示的大麦总消费量分别为 942 万吨、1 496 万吨、837 万吨、1 197 万吨、969 万吨、885 万吨。从消费变化趋势看，近年来，中国畜产品消费需求快速增长，引起饲料大麦需求出现较快增长；近年来，中国啤酒行业进入调整趋稳期，产量有所下滑，导致以麦芽和啤酒生产为主的啤酒大麦需求稳中有降。

（三）加工流通

1. 啤用加工用量稳中有降

近年来，啤酒产量稳中有降。据国家统计局和中国酒业协会数据，2014—2019 年啤酒产量分别为 4 936 万千升、4 716 万千升、4 506 万千升、4 401 万千升、3 812 万千升、3 765 万千升；2014—2017 年为全部啤酒企业产量，2018—2019 年为年主营业务收入 2 000 万元以上啤酒企业产量。按照生产 1 千升啤酒约需要 0.1 吨啤酒大麦近似计算，2014—2017 年中国大麦的啤酒加工用量分别为 494 万吨、472 万吨、451 万吨和 440 万吨，占表观消费量的 52.4%、31.6%、53.9%和 36.8%，波动较大，主要原因是近年来进口量变化较大引起表观消费量波动较大。

2. 流通半径小且以区域内流通为主

国产啤酒大麦以自产自销为主，其流通具有“就近原则”。例如，黑龙江所产啤酒大麦主要流通于省内及邻近的内蒙古东北部，流通半径较小，相应流通环节较为简单；内蒙古所产啤酒大麦除了省内自销外，省外主要流通至邻近的河北和山西；江苏的啤酒大麦主要来自省内及湖北和上海等地，少量原料销往浙江。国产饲料大麦也主要用于满足当地市场需求，例如，湖北、安徽、浙江、云南、四川等省份产区所产饲料大麦基本都全部用于当地自销。

3. 流通模式多样

中国啤酒大麦的流通最初是由政府粮食部门统购统销完成，后来随着粮食购销制度的改革以及啤酒产业的发展，麦芽企业和啤酒企业开始逐步在产地建厂，依托农垦企业、合作经济组织或经销商直接在当地采购原料。目前啤酒大麦主要流通模式包括“农户＋农垦企业＋麦芽企业＋啤酒企业”“农户＋合作经济组织＋麦芽企业＋啤酒企业”和“农户＋经销商＋麦芽企业＋啤酒企业”，不同流通模式主要与当地啤酒产业发展程度有关。中国饲料大麦以农户自产自销为主，流向市场的饲料大麦主要流通模式是“农户＋经销商＋市场”。

（四）进出口

1. 进口快速增长、出口很少

据海关总署数据，从进口看，中国大麦进口量在1995—2013年保持在200万吨左右，2014年起大幅增长且2014—2019年基本都在500万吨以上，2019年为593万吨；2014—2019年，中国大麦进口额均在11亿美元以上，2019年为15.6亿美元。从出口看，1995年起（除2007年外）中国大麦出口量均低于2万吨，2015—2018年降至100吨以下，2019年为292吨；2014—2019年，中国大麦出口额均低于13万美元，2019年为12.9万美元。

2. 进出口市场集中度均较高

从进口来源国看，2014年和2016—2018年澳大利亚均是最大进口来源国，进口量占比均高于60%，2019年降为39.1%；法国在2015年是最大进口来源国，进口量占比为41.2%；加拿大和乌克兰也是重要进口来源国。2019年中国大麦主要进口来源国及进口量占比分别为澳大利亚39.1%、加拿大24.6%、法国20.0%、乌克兰14.7%。从出口目的地看，2014—2019年，美国和马来西亚一直是主要出口目的地，中国香港、泰国、加拿大等也是出口目的地。

（五）市场价格

以主产区江苏的大麦收购价为例，2014—2019年总体上先降后增：先从2014年的2.01元/千克持续下跌至2016年的1.49元/千克，2017年转而上涨，2019年提高至1.98元/千克。这主要是因为中国大麦进口依存度高，且进口关税仅为3%，随着2015年12月中澳自贸协定正式生效，中国取消对主要大麦进口来源国澳大利亚3%进口关税。国内大麦特别是啤酒大麦市场价格与国际市场价格联动性强，据FAO数据，2014—2016年全球多数大麦主产国的大麦均丰产且处于历史高位，国际市场大麦价格随之持续下行，导致国内大麦市场价格也出现下降；2017—2018年，全球多数大麦主产国都遭受了干旱、降水过多等极端天气影响，大麦产量出现不同程度下降，国际市场大麦价格随之上涨，引起国内大麦市场价格也出现上涨。

（六）成本收益

1. 成本持续攀升导致 2016—2018 年连续亏损

从成本看，随着种子、化肥、农药、土地、人工等方面成本的持续攀升，中国大麦每亩成本从 2014 年的 544.61 元提高到 2019 年的 643.01 元，增幅为 18.1%；从收益看，随着价格和产量的波动变化，中国大麦每亩产值总体上先降后增，但 2019 年仍比 2014 年减少了 5.5%。总体来看，成本和收益的变化导致大麦每亩收益由 2014—2015 年的盈利转为 2016—2018 年的亏损，2019 年又转为盈利。

2. 大麦的成本和产值均显著低于小麦

大麦的播种时间和小麦相同，收获时间则要早 2 周左右，小麦是大麦的主要竞争性作物。比较来看，2014—2017 年，中国大麦的每亩成本平均为小麦的 57.8%，这主要是因为大麦的各方面成本基本都低于小麦，特别是化肥费、人工费和灌溉费均显著低于小麦；中国大麦的每亩产值平均为小麦的 58.6%，这主要是因为大麦市场价格平均比小麦低 0.6 元/千克，且大麦单产平均比小麦低 81.6 千克/亩。总体来看，近年来，中国大麦的净利润在多数年份里都明显低于小麦。

二、大麦产业发展前景展望

（一）啤酒大麦价格将稳中有升，种植面积将稳中有增

江苏、甘肃、新疆、内蒙古等省份所产大麦主要是啤酒大麦，鉴于中国进口大麦以啤酒大麦为主，其国内价格容易受国际市场价格影响。据美国农业部 2020 年 5 月发布的 *Grain：World Markets and Trade*，2020/2021 年度，全球大麦产量预计为 1.54 亿吨，比上年度下降 1.2%，全球大麦消费量预计为 1.53 亿吨，增加 0.6%，偏紧的供需形势将引起国际市场大麦价格上涨；受其影响，预计 2020 年国内啤酒大麦价格稳中有升，种植面积也将稳中有增。

（二）饲料大麦价格将稳中有涨，种植面积将稳中有增

中国其他省份所产大麦主要作为饲料，这些大麦市场价格主要取决于

当地市场供需情况，受国际市场价格影响相对较小。随着生猪产能恢复，饲料消费总体趋旺，再加上玉米价格走强带动，预计 2020 年国内饲料大麦的价格稳中有涨，种植面积将稳中有增。

（三）大麦进口规模将有所下降，但仍将保持较高水平

中国商务部在 2018 年底对原产于澳大利亚的进口大麦发起反倾销和反补贴立案调查，2020 年 5 月 18 日发布最终裁定公告，认定原产于澳大利亚的进口大麦存在倾销和补贴，导致国内大麦产业受到实质损害，倾销和补贴与实质损害之间存在因果关系，决定自 2020 年 5 月 19 日起对原产于澳大利亚的进口大麦征收 73.6％的反倾销税和 6.9％的反补贴税。考虑到澳大利亚是中国大麦最大进口来源国，预计 2020 年中国大麦进口规模将有所下降；但鉴于国产大麦产量和品质短期内难以完全满足国内需求，预计 2020 年中国大麦进口量总体上仍将保持在较高水平。

三、贫困地区大麦产业发展情况

近年来，中国贫困地区大麦产业在发展过程中，通过技术示范带动、订单生产等多种模式，对当地农户的脱贫增收发挥了良好成效。

（一）技术示范带动模式

1. “科研机构＋农户”

根据高原高寒贫困地区对于大麦新品种和先进生产技术需求，当地科研机构大力开展粮草双高新品种展示和青饲大麦、大麦-家畜养殖、大麦-豆类混种、大麦-苜蓿混种、大麦-向日葵（秋菜）复种等“耕地用养结合、农牧一体”高效栽培和山区半机械化生产以及植物免疫蛋白制剂阿泰灵植保新技术等示范，加快新品种与新技术的生产应用。例如，在位于滇桂黔石漠化区的云南省师宗县，云南省农业科学院在烤烟收获后种植云饲麦 3 号，示范 600 多亩，不施追肥、不灌水，亩产 400 千克，较对照品种增产 27.5％。在云南省大理白族自治州贫困山区，大理白族自治州农业科学推广研究院示范种植粮草双高大麦品种凤 03－39 面积 7.8 万亩，亩

均产 520 千克、产值 1 040 元，较原栽培品种 V43 增产粮草 60 千克，每亩增收 120 元，总计增收 936 万元。

2. “科研机构＋示范基地＋贫困村、户”

科研机构与贫困村、户对接，建立示范基地进行技术试验示范和良种生产繁育，通过试验地租用、试验雇工和种子繁殖回收，以及为贫困户免费提供种子、化肥、农药等农资，进行直接帮扶精准脱贫。例如，在河南省驻马店市，驻马店市农业科学院在确山县崔楼村建设驻大麦 4 号高产示范基地 100 亩，针对当地贫困户多次开展技术培训，并为贫困户免费提供大麦种子和复合肥等农资；大麦平均亩产达 428 千克，较同期种植小麦增产 10％以上，生产出的大麦全部采用订单销售，大麦较小麦商品价加 10％收购，每亩增收 200 元以上，贫困户增产增收效益十分显著。在内蒙古自治区巴彦淖尔市，巴彦淖尔市农牧业科学研究院对乌拉特前旗小佘太镇大十份子村 11 家贫困户提供技术指导及免费农资支持，进行盐碱地种植饲用大麦技术租地试验。

（二）订单生产模式

在政府引导和支持下，大型种业企业或加工企业与合作社（农场）、农户进行联合，形成了“企业＋合作社（农场）＋农户”的啤酒大麦订单生产模式，促进了啤酒大麦新品种的推广利用以及啤酒大麦的销售和加工转化。例如，在湖北省襄阳市和麻城市，湖北农垦现代农业集团、襄阳市襄州金太阳种业科技有限公司、湖北楚旭万发种业科技有限公司、鄂州荣丰生态农业科技开发有限公司与襄阳市金太阳土地种植合作社和麻城禾旺种植合作社对接，进行啤酒大麦新品种和轻简化栽培示范 1 000 亩，平均每亩增产 25 千克，每亩增产与节本增效超过 70 元。在内蒙古呼伦贝尔市海拉尔区，呼伦贝尔春蕾麦芽有限公司、海拉尔麦多利啤酒原料有限公司、中粮麦芽（呼伦贝尔）有限公司等大型麦芽加工企业，与呼伦贝尔农垦集团有限公司建立了稳定的啤酒大麦原料产销关系；在相同市场价格下，麦芽加工企业优先采购当地农垦农场的啤酒大麦，解决了产后销售难题，实现了啤酒大麦规模生产与效益的有机统一，稳定了农垦农场职工的收入。

四、大麦产业发展存在的问题和面临的风险

（一）主要问题

1. 生产分散且规模化程度低

长期以来，大麦在中国并未列入主要粮食作物范围，通常被视为杂粮，农户在种植上栽培管理较为粗放。在政策上，大麦没有小麦、玉米等主要粮食作物的最低收购价、生产者补贴等农业支持保护政策支持，严重影响了农户的种植积极性，且大麦生产以小农户分散种植为主，难以进行标准化生产和生产过程控制，从而造成大麦品质不稳定、流通成本增加和市场价格波动性较大，在与国外大麦竞争中处于劣势。生产成本高和缺乏大面积规模化的原料生产基地，导致中国啤酒产业原料主要依赖进口啤酒大麦，自给率低。近年来，国外低价大麦持续大量进口，不仅压缩了国产大麦的市场空间，还抑制了国产大麦价格随国内生产成本攀升而合理上涨，最终导致中国大麦种植面积近年来持续下降。

2. 品质育种体系不完善

一是专用大麦资源创新与利用明显不足。与国外相比，中国对大麦资源的性状鉴定不够系统全面、研究内容不够细致深入、性状数据与系谱不够清晰，很难根据育种目标加以分类利用，对特异优良育种材料的创新更是缺乏；尤其缺乏对优质和高功能成分资源的鉴定、利用和创新，在啤酒大麦品质育种上更是主要依赖引进国外材料，对国内数量庞大的大麦资源的利用程度很低。二是专用大麦育种研究水平有待提高。与国外大麦研究先进国家相比，中国专用大麦育种技术研究基础薄弱，育种研究机构普遍存在规模小、学科单一、品质测试设备落后等问题，导致现有品种的综合抗病抗逆性不强，专用大麦品质较差。在国内整个育种程序中，由于设备缺乏等，很少进行必要的品质分析，通常在品种区试时才进行，这样品质育种事实上是一种品质鉴定，即对育成的高产品种（系）进行品质分析，明确其是否适合用于啤酒大麦生产。饲料大麦育种的情况同样如此，在育种程序中缺乏必要的营养成分分析。

3. 收获后处理加工技术较为落后

发达国家在大麦收获后均要进行处理，如啤酒大麦通常进行烘

干、去杂、分筛、抛光等处理，最终得到干净、光洁、籽粒均匀的产品，提高市场竞争力。而中国缺乏相关的设备与技术，最终进入市场的产品比较粗放。特别是在中国南方地区，收获季节时常遇到阴雨天气，农户缺乏烘干设备，大麦不能及时烘干而霉变，从而导致品质降低。此外，大麦功能和饲料加工利用研究深度不够，产品数量少，缺少先进有效的加工工艺，致使大麦利用率不高。目前，国内市场上的大麦保健产品只有麦绿素、麦苗粉、大麦茶等少数制品，饲料产品也只是简单粗加工，开发利用力度明显不足，加工利用潜力未能得到有效发掘。

4. 市场信息不畅通且权威市场信息缺乏

当前，中国大麦生产、加工、流通等方面的国内外市场信息不够畅通，尚无权威统一的市场信息发布机构和平台，使得大麦产业链各个主体的市场决策缺乏全面、系统、及时的数据基础。长期以来，大麦、麦芽、啤酒产业链各环节的信息存在不对称性，而这种不对称性又长期地误导着啤酒原料界对市场供需层面的认知，再加上进口啤酒大麦总量及国产啤酒大麦质量和总量的不确定性，引发了国内大麦种植主体的盲目性与投机性、产量的不稳定性、市场价格的波动性等问题，不利于国内大麦产业链的平稳健康发展。

（二）风险分析

1. 贸易保护风险

中国于1995年取消了大麦进口配额，2001年加入WTO以来主要实行最惠国税率、协定税率、特惠税率和普通税率，而根据这些关税的适用对象并结合近年来中国大麦进口来源市场结构可知，目前实际上能起到贸易保护作用的措施仅有3%的最惠国税率，贸易保护水平非常低。而与此同时，进入21世纪以来，随着中国农业生产成本的持续大幅攀升，国产大麦原有的价格优势不仅逐步丧失，而且已经高于国外价格，近年来即使按照3%的大麦进口关税征税，国内价格也高于进口税后价格；随着2015年12月中澳自贸协定正式生效，中国对主要大麦进口来源国澳大利亚大麦3%的进口关税立即取消，澳大利亚大麦在国内市场上更具竞争优势。国外低价大麦持续大量进口，不仅挤占了国产大麦市场空间，还抑制了国产大麦价格提高到与其生产成本快速攀升和国内需求受较快增长相匹配的水平，部分年份甚至出现下跌，造成农户大麦种植收益受损，大麦种植积极性下降。中国是世界啤酒消费第一大国，啤酒原料对进口大麦的依赖程度过高，如果国内啤酒大麦产区继续缩减，啤酒行业将失去基本的国内原料支持。

2. 市场供需风险

大麦市场供需风险来自供给和需求两个维度，主要包括：第一，以小农为主体的种植方式，容易使得生产出来的大麦原料难以满足标准化、规模化深加工产品需求。第二，中国大麦主要种植在冷凉地区，而下游消费主要在中东部发达地区，供应与需求的地域错位，会提高流通成本，加大不确定性。第三，大麦功能食品、优质饲料等方面虽然具有较大需求潜力，但社会认知程度还有待进一步提高。例如，大麦用作饲料可以很好地改善畜禽产品品质，但有些饲料厂为了动物快速出栏而少用或不用大麦原料；长期食用大麦有助于降低血糖、血脂和胆固醇，但大多数消费者不知道此功能，宣传推广成本较大。第四，大麦产业发展符合国家政策导向，但市场本身存在信息不对称问题。以粮改饲为例，全国目前粮改饲规模有多大、下游养殖业能消耗多少规模、市场能否实现充分的供需平衡，都存在较大的不确定性。

3. 市场价格波动风险

大麦作为一种小宗粮食作物，价格总体上是全面放开的，随行就市。由于国际市场大麦价格相对较低、农户基于大麦与小麦等竞争性作物的比价关系来调整种植结构、小麦有最低收购价保护，大麦价格总体偏低。大麦的市场价格风险主要取决于大麦产品本身，以及啤酒、食品、饲料加工等下游互补品行业，玉米、豆粕等替代品的市场供需形势等。例如，消费者对功能食品的认知程度明显提高，功能食品可能因为供不应求而出现价格大幅上涨；反之，若市场接受程度没有明显提升，大幅扩张产能可能会带来严重的供过于求并使市场价格降低。再如饲料大麦，包括下游大麦原料市场需求旺盛、玉米饲料价格偏高或相对稳定，通常意味着饲料大麦供需两旺，价格可以保持相对高位；反之，若因畜产品需求减少、玉米饲料价格下降，饲料大麦容易供过于求而价格下降。大麦用作啤酒和白酒酿造原料都存在类似规律。

五、政策措施建议

（一）政府

1. 立足国内，确保啤酒大麦合理产能

中国是世界啤酒第一大消费国，目前啤酒原料对进口啤酒大麦的依赖程度很高，如果国内啤酒大麦产区继续缩小，啤酒行业就将失去基本的国内原料支持。因此，必须立足国内，确保啤酒大麦合理产能。建议尽快制定全国啤酒大麦产业长期发展规划，科学规划和合理布局，重点支持啤酒大麦优势产区的发展并给予配套支持政策，稳定并提高啤酒大麦种植的比较效益，提高农户种植啤酒大麦的积极性。鼓励农户开展啤酒大麦适度规模化种植，支持啤酒大麦产销专业合作社的发展，对发展形势良好的合作社给予财政专项支持，并在技术、市场信息等方面加强指导和帮扶，支持合作社不断改善生产经营条件和逐步增强发展能力，更好地发挥对农户的带动作用。

2. 将饲料大麦纳入粮改饲和南方冬闲田开发利用范围

与主要粮食作物相比，大麦具有茬口适宜、投入低、适应性强、病虫害少等优势，且富含矿质元素、维生素、蛋白质和氨基酸等成分，是一种优质饲料粮。因此，建议将饲料大麦纳入粮改饲补贴范围，充分发挥财政资金引导作用，综合考虑各地区草食畜牧业发展现状和潜力，因地制宜推进适度规模种养，全面提升饲料大麦的种、收、贮、用综合能力和社会化服务水平，推动大麦饲草料品种专用化、生产规模化、销售商品化，持续提高饲料大麦种植收益、草食家畜生产效率和养殖效益。同时，针对近年来中国南方稻田复种指数持续下降且冬闲田面积越来越大的情况，建议开发利用南方冬闲田，在加强路、渠、电、水、田改造与土壤改良及对农户的技术培训与指导的基础上，利用大麦早熟和耐低温的优良特性，发展饲料大麦种植，解决当地畜牧业发展中的饲料和饲草短缺问题。

3. 加强市场监测，强化贸易调控措施运用

强化国内外大麦市场信息的监测、分析和前景研判工作，构建权威的市场信息发布平台并及时发布市场信息，为国内大麦产业链各个主体的决策提供更加准确可靠的市场信息。按照入世（WTO）承诺，目前中国大

麦进口关税仅为3%，贸易保护措施非常缺乏。据行业内估计，中国以啤酒大麦为主的大麦年产需缺口在200万～300万吨，而2014—2019年大麦净进口量持续显著高于该水平；国外低价大麦持续过度进口，对国内大麦产业发展产生了重度损害，是造成近年来大麦种植面积下降的主要原因之一。2020年5月18日中国商务部裁定原产于澳大利亚的进口大麦存在倾销和补贴，决定自5月19日起对原产于澳大利亚的进口大麦征收73.6%的反倾销税和6.9%的反补贴税。建议后续加强大麦进口规模调控，适时发布大麦进口预警通报，降低进口冲击；充分利用WTO赋予的权利，健全和完善大麦进口非关税壁垒措施，制定更加严格的大麦进口技术标准和卫生检验检疫措施。

（二）科研机构

针对中国大麦品质育种体系存在的问题，建议充分发挥国家大麦青稞产业技术体系的作用，重点加强大麦新种质与基因资源的发掘和利用、大麦分子育种平台建设、高效安全的现代大麦育种体系建设、大麦收后处理与品质测试技术和设备研发等方面研究。在啤酒大麦方面，重点开展优质高产多抗品种选育、优质高产配套栽培技术、优质高产病虫草害防控技术、优质高产机械化作业技术等的研发，提高国产啤酒大麦的品质和产量；在饲料大麦方面，重点开展新品种选育及其配套技术、大麦苗青贮饲料技术、大麦植株及秸秆在畜牧业中的利用技术等的研发，为畜牧业发展提供更加优质丰富的饲草料；在功能性大麦方面，提升深加工技术并加快研发新加工产品，在满足消费者多样化需求的同时，进一步拓宽加工用途，提高深加工产品附加值。

（三）加工企业和行业协会

从长远看，受酒类产品消费量逐步饱和、酿造工艺不断进步、消费日趋多样化等因素的共同影响，今后啤酒和特色大麦白酒的市场需求会趋于稳定，特别是中低端产品；随着畜牧业的快速发展，大麦饲料加工需求会平稳增长；随着人们健康理念的增强和膳食结构的优化，大麦特色功能食品的市场需求会快速增长。因此，建议以大麦为原料的酒类企业加快技术工艺升级和设备设施更新，重点加强对高端啤酒和特色大麦白酒产能的投入，生产高端化和个性化产品；大型食品加工企业和饲料加工企业可在大麦优势产区投资设厂，进行特色功能食品加工和饲料加工，并鼓励企业建立优质大麦原料生产基地；相关行业协会组织、麦芽企业、啤酒企业、特色大麦白酒酿造企业、食品加工企业、饲料加工企业等加快构建产业联盟，推动并加强科研、生产、流通、加工、消费等产前、产中、产后各个环节主体之间的合作，形成从优质品种到优质大麦、优质麦芽、优质啤酒、优质特色白酒、优质特色功能食品、优质饲料的产业链良性循环。

第十二章

中国青稞市场与产业调查分析①

青稞属禾本科大麦属，是中国原产作物，属于裸大麦，在青藏高原称青稞，在长江流域称元麦，在黄河流域称仁大麦，具有适应性强、营养成分丰富等特点。中国青稞主要分布在青藏高原地区，是当地藏族群众口粮。青稞产业的持续平稳发展，对于确保青藏高原地区粮食安全、维护边疆地区稳定、促进地区经济发展都具有重要现实意义。

为掌握中国青稞产业发展情况，对青稞主要产区省份进行了实地调研，得到以下结论：从生产看，近年来中国青稞种植面积和产量均有所扩大；产区分布集中、产业集中度高、品种多，以农户小规模种植为主；生产成本持续攀升，导致净利润趋于下降。从消费看，以食用为主，消费量稳步增长。从流通加工看，流通区域集中，流通模式多样；价格平稳上涨；加工用途多样，加工用量较低。从贸易看，完全国内生产、国内消费，没有对外进出口。从发展前景看，预计 2020 年，中国青稞种植面积将稳中有降，产量将随单产水平提升平稳增长；直接食用消费将趋于下降，加工消费将平稳增长；价格将小幅上涨。

一、青稞产业发展现状

（一）生产

1. 近年来种植面积和产量均有所扩大

据国家大麦青稞产业技术体系调研，2014—2018 年，全国青稞种植

---

① 本章内容发表于《农产品市场》2021 年第 15 期。

面积从 527 万亩增加到 579 万亩，增幅为 9.9%；青稞产量从 120 万吨增加到 139 万吨，增幅为 15.8%；青稞平均单产从 228 千克/亩提高到 239 千克/亩，增幅为 4.8%。

2. 适应性强、品种多样

青稞具有耐旱、耐瘠薄、易栽培、生育期短、适应性强、产量稳定等优异种性，在青藏高原地区具有悠久的栽培历史，距今已有 3 500 多年。目前，中国各个青稞产区一般都有当地的主栽品种，主要包括藏青系列、冬青系列、喜马拉系列、昆仑系列、柴青系列、北青系列、甘青系列、迪青系列、康青系列等。

3. 产区分布集中

中国青稞产区基本都位于青藏高原，包括西藏、青海、甘肃甘南藏族自治州、四川甘孜藏族自治州和阿坝藏族羌族自治州、云南迪庆藏族自治州等地区，是青藏高原最有特色的第一大粮食作物，新疆、江苏和湖北等省份也有少量种植。按照种植季节不同，青稞分为春青稞和冬青稞。春青稞一般 3 月中旬—4 月上旬播种、8 月下旬—9 月下旬收获，主要分布在海拔 2 500 米以上的山区；冬青稞一般 10 月上旬—11 月下旬播种、4 月上旬—5 月中旬收获，主要分布在海拔 2 500 米以下的河谷地区。

4. 产业集中度高

据国家大麦青稞产业技术体系调研，2018 年，全国青稞种植面积在 20 万亩以上的主产省份（按种植面积由高到低）是西藏、青海、四川、甘肃和云南，这 5 个主产省份的青稞种植面积合计占全国的 98.4%；全国青稞产量在 5 万吨以上的主产省份（按产量由高到低）是西藏、青海、甘肃、四川和云南，这 5 个主产省份的青稞产量合计占全国的 98.2%。西藏是中国青稞最大产区，2018 年其青稞种植面积和产量分别占全国的 53.2%和 58.1%。

5. 生产模式以农户小规模种植为主

据国家大麦青稞产业技术体系调研，目前中国青稞种植主体仍以小规模农户为主。例如，在西藏昌都，种植面积在 50 亩以上的农户有近 5 000 户，低于 10 亩的则有近 8 万户；在青海海北，有近 3 万户农户种植青稞，其中种植面积超过 45 亩的只有不到 450 户；在四川甘孜，共有近 12 万农户种植青稞，但绝大多数农户的种植面积都不到 10 亩。

（二）消费

1. 消费用途多样、以食用为主

青稞富含β-葡聚糖、膳食纤维、支链淀粉、稀有营养成分、微量元素等成分，主要作为藏族群众口粮，部分用作特色食品加工和特色白酒酿造的原料，少量作为饲料。青稞是中国青藏高原地区第一大粮食作物，食用一直是青稞消费结构中最主要用途，具体消费形式包括制成糌粑直接食用以及加工成食品、青稞酒等间接食用。据行业内估计，近年来中国青稞食用消费量约占总消费量的80%，其中直接食用约占70%、间接食用约占10%。青稞及其秸秆也是青藏高原地区畜牧业的主要饲料来源之一，青稞饲用消费量约占总消费量的5%；其余15%的青稞主要用作种子和储备粮。

2. 消费量平稳增长

从消费量看，由于中国青稞完全国内生产、国内供给，没有对外进出口贸易，因此，以表观消费量[①]表示的青稞总消费量在2014—2018年分别为120万吨、124万吨、136万吨、136万吨和139万吨。从消费变化趋势看，伴随着青稞总产量的变化，中国青稞总消费量在2014—2018年以增为主。这主要是因为，随着现代科技发展和青藏高原旅游业兴起，促使传统的青稞白酒（在各个青稞产区都有分布）加工快速扩展，青稞红酒（主要在云南省迪庆藏族自治州）和青稞啤酒（主要在西藏自治区）也应运而生；同时，居民膳食结构的变化，也使得具有天然、绿色、保健等特色的青稞食饮品加工产业迅速发展。青稞食饮品生产的发展，使得青稞加工原料用量持续增长。

（三）加工流通

1. 加工用途多样、加工用量较低

中国青稞加工用途多样：一是酿造饮品，如青稞白酒、青稞红酒、青稞啤酒、青稞汁、青稞露等；二是制成加工食品，如青稞挂面、青稞营养粉、青稞馒头、青稞麦片、青稞饼干、青稞沙琪玛等；三是加工高

---

① 因青稞没有国际贸易，所以实际的表观消费量等于总产量。

附加值营养保健品，如利用从青稞中提取的β-葡聚糖生产的藏稞红和利用青稞苗生产的青稞麦绿素。据行业内估计，近年来，中国用于加工的青稞消费量约占青稞产量的10%。按此进行估算，2014—2018年中国青稞加工消费量分别为12.0万吨、12.4万吨、13.6万吨、13.6万吨和13.9万吨。

2. 流通区域集中、以区域内流通为主

青稞作为在青藏高原地区种植并主要由当地藏族群众消费的区域性主粮，其供需大多发生在青藏高原地区，国内生产、国内消费，没有对外贸易，供求规模完全取决于青藏高原地区青稞产量。从流通区域看，中国青稞流通主要在与青藏高原地区毗邻的各青稞产区之间进行，以调剂各青稞产区的供求余缺；从流通方向看，中国青稞流通方向主要是从西藏以外的青海海西和青海海南等产区流向西藏，并且主要用途逐渐从弥补口粮需求不足转为满足加工原料供给缺口。

3. 流通模式多样

青稞在中国是藏族群众的主要口粮，主要是自产自销，主要流通模式包括：一是“农户＋市场”，这也是最普遍、占市场份额最大的流通模式，目前在西藏、四川、青海的青稞产区分别约有50%、85%、30%的青稞通过这种模式流通；二是其他流通模式，主要包括“农户＋中间商（零售商或批发商）＋市场”（在西藏、四川的青稞产区分别约有30%、10%的青稞通过这种模式流通）、“农户＋种植基地＋加工企业”（在西藏、青海的青稞产区分别约有10%、20%的青稞通过这种模式流通）、“农户＋合作经济组织＋加工企业”（在西藏、青海、四川的青稞产区都分别约有5%的青稞通过这种模式流通）等。

（四）市场价格

根据对产区典型种植主体进行调查获取的青稞市场价格均值可知，2014—2018年中国青稞市场价格总体上平稳上涨，从3.2元/千克增至3.3元/千克，增幅为3.1%。这主要是因为，一方面，近年来青稞市场消费需求总体上保持较快增长；另一方面，生态环境保护力度加大、耕地总面积较为有限等方面因素导致青稞市场供给增长一直较为缓慢。

（五）成本收益

1. 成本持续攀升导致净利润趋于下降

随着种子、化肥、农药、土地、人工等方面成本的持续攀升，2014—2018 年，中国青稞每亩成本从 710 元持续提高到 827 元，增幅为 16.5%；从成本构成看，人工费、机械作业费、土地租赁费位处前三位，2018 年分别占 41.6%、18.5%、15.1%；从成本项看，化肥费、农药费、灌溉费的增幅位处前三位，分别为 29.1%、24.6%、22.8%。从收益看，随着价格和产量的平稳增长，中国青稞每亩产值以增为主，增加 9.6%。总体上，青稞成本的增速高于收益的增速，导致每亩净利润趋于下降，减少 31.1%。

2. 青稞的成本和产值均低于小麦

青稞的播种时间和小麦相同，收获时间则要早 2 周左右，小麦是青稞的主要竞争性作物。比较来看，2014—2018 年，青稞的每亩成本平均为小麦的 22.7%，这主要是因为青稞的各方面成本大多低于小麦，特别是化肥费、人工费和灌溉费均显著低于小麦；青稞的每亩产值平均为小麦的 10.8%，这主要是因为虽然青稞市场价格高于小麦市场价格，但其单产则显著低于小麦，2014—2018 年青稞平均单产比小麦单产低 34.7%。近年来，青稞一直保持盈利，且净利润高于小麦。

二、青稞产业发展前景展望

（一）种植面积将稳中有降，产量将稳中有增

中国政府一直高度重视青藏高原的生态环境保护，完善了国家和省级层面的生态环境保护制度体系，建立了生态补偿机制，部署了类型多样的生态保育工程。目前，青藏高原已经建成各级自然保护区 155 个（其中国家级 41 个、省级 64 个），面积达 82.2 万平方公里，约占高原总面积的 31.6%。随着国家对青藏高原生态环境保护力度的不断加大，加上青藏高原地区耕地面积总量有限，预计 2020 年青稞种植面积将稳中有降；随着近年来青稞育种及配套栽培管理技术的持续研究开发与推广应用，青稞单产水平持续提升，预计 2020 年青稞产量将继续平稳小幅增长。

（二）直接食用消费将趋于下降

青稞在中国是区域性很强的自给消费型特色粮食作物，青藏高原地区藏族群众是其消费主体。随着藏族群众膳食结构的持续调整和改善，今后，对本地生产的青稞直接食用消费量预计将减少，对本地不能生产的大米消费量将增加，直接食用的青稞消费量占总消费量比重也将随之趋于下降。

（三）加工消费将平稳增长，青稞价格将小幅上涨

近年来，随着青藏高原地区旅游业的快速发展和人们对青稞保健功能的认同以及青稞加工技术研发的进步，青稞加工业发展迅速，青稞特色食品、青稞白酒等青稞加工产品销售逐渐转向青藏高原地区以外的消费市场，使得传统的青稞消费开始向非藏区或非藏族群体拓展。预计 2020 年青稞加工消费量及其占总消费量比重都将平稳增长，也将带动和促进青稞市场价格的小幅上涨。

三、贫困地区青稞产业发展情况

近年来，中国青藏高原地区青稞产业在发展过程中，形成了“科研＋企业＋基地＋农户”、龙头企业带动等多种发展模式，对当地农户脱贫增收发挥了良好成效。

（一）“科研＋企业＋基地＋农户”模式典型案例

1. 基本情况

云南省迪庆藏族自治州农业科学研究所以“国家青稞商品粮基地建设”“青稞良种繁育基地建设”“青稞高效栽培技术研究及产业化示范”“州级冬青稞高产创建”等科技项目的实施为依托，积极促进科研、推广、种植、加工、销售为一体的青稞产业链建设，促进对口帮扶的国家级贫困村组——香格里拉市金江镇新建村瓦金街一组、二组的贫困户在 2019 年全部实现脱贫。

2. 扶贫举措及实施效果

开展青稞新品种、新技术示范推广，建设 500 亩青稞良种繁育示范基

地、400 亩商品粮示范基地；加强对贫困户的科技培训，提供良种、有机肥等农资，提高其生产技能，保证良种质量及商品粮品质，促进贫困户增产增收。协调云南良禾种业有限公司迪庆分公司与农户签订青稞良种繁育回收合同，农户按良种繁育技术规程种植管理，企业对合格青稞种子按 5.0 元/千克回收；协调香格里拉藏雄青稞食品有限公司、迪庆香格里拉青稞资源开发有限公司、迪庆国家粮食储备库、香格里拉市粮油收储公司等与农户签订青稞商品粮收购合同，收购价为 3.2 元/千克。

通过创新青稞生产模式，引导企业及贫困户参与，有效带动了瓦金街一组、二组贫困户脱贫致富。2019 年，青稞良种繁育田平均亩产 285 千克，良种收购价为 5.0 元/千克，每亩经济效益 1 425 元，500 亩良种繁育基地共计 71.25 万元；商品青稞平均亩产 350 千克，商品青稞收购价为 3.2 元/千克，每亩经济效益 1 120 元，400 亩商品粮基地共计 44.8 万元。2017 年，瓦金街一组有贫困户 24 户、贫困人口 105 人，二组有贫困户 21 户、贫困人口 110 人；2018 年，瓦金街一组有贫困户 5 户、贫困人口 24 人，二组有贫困户 8 户、贫困人口 34 人；2019 年，两个村民小组人均纯收入达 3 760 元，贫困户全部实现脱贫。

（二）龙头企业带动模式典型案例

1. 基本情况

西藏自治区日喀则地区白朗县康桑农产品发展有限公司成立于 2006 年 6 月，主要生产“洛丹”牌青稞糌粑、青稞压缩饼干、青稞雪米饼、青稞馒头粉等青稞加工食品，生产的“洛丹”牌糌粑 2005 年被评为西藏名牌产品，2007 年被中国绿色产品发展中心认定为绿色食品 A 级产品，公司于 2014 年被农业部评为全国主食加工业示范企业。目前，企业已经在日亚公路等沿线形成“种植—生产—加工—销售”的青稞产业化经营体系。2017 年，企业加工青稞 0.6 万吨，生产优质糌粑 0.5 万吨，当年产值 4 029 万元、纯利润 491 万元。

2. 扶贫举措及实施效果

该企业积极通过以下方式，带动促进企业所在地白朗县嘎东镇贵热村及其周边村的贫困户脱贫增收：一是与农户签订青稞原料订单合同，以高于市场价 0.6 元/千克的价格进行收购，不仅确保了农户的青稞有稳定销路，还增加了农户青稞种植收益；2017 年，公司共收购青稞 600 万千克，辐射带动青稞种植户 2 600 余户，其中贫困户 1 896 户，受益群众达 6 370 余人，种植户每年增收 360 万元、户均增收约 1 400 元。二是积极吸纳贫困农户就业增收。目前，企业在职职工中有建档立卡贫困户 17 人，人均月工资 5 200 元。三是积极响应“百企帮百村”帮扶活动，出资 5.9 万元为嘎东镇贵热村 8 户贫困户修建住房，出资 25.7 万元为群众修建村里的排洪道等基础设施。

四、青稞产业发展存在的问题和面临的风险

（一）主要问题

1. 青稞种植管理技术水平较为落后

由于青藏高原地区农牧户的文化程度普遍不高，对于现代农业技术的接受能力还较为有限，导致青稞种植以及日常土水肥管理大多还处于较低水平。青稞大田生产技术落后，导致青稞单产水平低且不稳定，主要表现在科技普及程度不高，青稞播种、施肥、病虫草害防治等大田生产技术长期不受重视，良种良法不配套等问题普遍存在。青稞种植区基本上属于雨养农业区，水分调控完全依靠自然降水；肥料施用量少且基本上以氮肥为主，氮、磷、钾比例大多不平衡；播种前的土壤耕作不够精细，田间管理粗放落后。

2. 优质青稞资源与品种较为缺乏

通过几十年的育种工作，青稞育种取得很大进展。但是，由于青稞的功能认识和现代食品加工起步较晚，针对保健医药功效成分和加工特性的优良专用品种选育改良也是近些年才开始，目前相关优质资源与品种还较为缺乏。在青稞产区，过去的育种目标主要是围绕高产的农艺性状和抗逆性以及简单的品质性状遗传改良，对青稞特殊功效成分的品质特性关注较少，资源测试化验分析缺乏、种质资源保存利用不够，导致一些特殊成分或加工特性优良的原始农家青稞种质资源因产量低、抗性差等逐渐丢失，影响目前专用型品种培育亲本资源。

3. 青稞收获后加工技术及行业发展较为滞后

一是青稞加工研究力量较弱、研究技术薄弱、加工设备较为陈旧。青

稞加工大多仍然停留在初级产品加工阶段，高附加值的深加工产品较少。二是青稞保健功能与食品医药原料方面原创性研究相对较少。目前，针对青稞医药功效成分的深入研究还较为缺乏，关于青稞食用医药功效品质分析检测技术也较为薄弱。三是青稞食品安全保障、加工标准、技术规程不够完善。青稞食品生产加工目前还多以家庭、个体作坊和小型企业为主，大型龙头企业较少，也缺乏完整规范的生产标准和操作程序。

4. 青稞市场信息化程度不高且来源渠道单一

青稞在中国是一种地域性非常强的特色粮食作物，其生产、流通、加工、消费等各个产业链环节基本都在经济发展水平还相对较为落后的青藏高原地区进行，当地各方面基础设施条件较差、整体市场信息化建设较为滞后，导致青稞市场信息化程度不高。具体来看，青稞的商品流通体系不畅、市场体系不健全，生产、加工、流通等方面市场信息流不够畅通、市场信息服务提供主体较为单一，主要还是靠各级政府农口部门以及部分加工企业和农民合作社，其他的市场信息来源渠道很少，这也使得青稞产业链各主体的市场决策还缺乏全面、系统、客观、及时的数据基础，导致青稞的实际市场价值尚未得到有效体现，多数产区的青稞商品化程度不高。

（二）风险分析

1. 生态环境脆弱、地质灾害多发，制约青稞生产发展

一是青藏高原是中国黄河、长江、澜沧江、怒江、雅鲁藏布江五大水系发源地，这些河流流经高原边缘地区并产生强烈侵蚀作用，造成地形破碎，生态系统极易遭受破坏，天然植被一旦破坏，水土流失将十分严重并直接影响青稞等农作物生产发展。二是青藏高原土地辽阔，但土地类型以生产能力低下的高寒干旱土地为主，荒漠等难利用土地面积广阔，30%以上的土地几乎没有生产能力；同时，由于气温低、热量不足、土层发育年轻、土壤贫瘠、抗侵蚀能力弱，土地的自然生产能力低下、生产潜力有限，都不利于青稞单产提升。三是青藏高原仍处于隆升过程中，地质历史年轻，新构造运动活跃，特别是南部和东南部边缘区河流深切、地震频繁、地热活动剧烈；地势的继续隆升使其地貌外营力作用强烈，地表物质处于不断的侵蚀、搬运和堆积过程中，生态环境变迁剧烈，制约青稞生产的发展。

2. 天气灾害频发多发，危害青稞生产发展

一是青藏高原气候具有寒冷、少雨、多风、强太阳辐射等特点，容易导致地表寒冻风化和风蚀，占高原面积 60%的多年冻土区在周期性冻融的作用下，地表形态不断变化，冰川后退、湖泊萎缩、河流径流量下降，不合理地过多发展青稞等农作物生产，容易导致原本脆弱的生态环境进一步恶化，又会反过来影响青稞等农作物生产的发展。二是青藏高原是中国冰雹发生最多、范围最大的地区，年平均雹日一般有 10～20 天，局部达 30 天以上；大部分地区冰雹都出现在青稞等农作物抽穗至黄熟阶段的 4—10 月，还常与狂风、强降水相伴，对青稞等农作物的危害很大。三是青藏高原在冬春季节会经常出现频繁降雪天气，加之雪后强降温，很容易造成大面积雪灾，对青稞等农作物的危害非常严重。

3. 区域短缺与积压并存，影响青稞市场供求稳定

随着国家生态环境保护力度的加大，在青藏高原边缘地区持续实施退耕还林还牧政策，使得青海省海北藏族自治州、青海省海东市、甘肃省甘南藏族自治州、四川省阿坝藏族羌族自治州、四川省甘孜藏族自治州、云南省迪庆藏族自治州等以往主要外销区或自给区的青稞种植面积和产量出现不同程度下降，进而导致以往的流通调剂供给形式出现变化。海北藏族自治州和海东市的外销比例大幅下降，省内市场地位逐渐被海西蒙古族藏族自治州和海南藏族自治州取代，省外市场地位逐渐被甘肃河西和天祝等取代；甘南藏族自治州由外销区变为供销平衡区，阿坝藏族羌族自治州等转为短缺区。而在西藏，随着国家民族政策支持力度的不断加大，作为藏族群众口粮的青稞也获得了大力扶持，其种植面积和单产水平在改革开放以来明显提升，产量大幅增长，如产粮集中的“藏南河谷产区”等，但由于交通条件制约、生产目的偏重自给等，导致当地青稞出现大量积压，预计在 10 万吨左右。

五、政策措施建议

青稞是中国藏族群众的口粮，也是青藏高原地区的主要粮食作物之一，确保青稞产业持续平稳发展，对于确保青藏高原地区粮食安全、维护边疆地区稳定、促进民族地区经济发展均具有非常重要的现实意义。

（一）加强现代青稞育种体系建设，选育适合不同产区的优良新品种

充分发挥国家大麦青稞产业技术体系的作用，加强青稞新种质与基因资源特别是加工型种质与基因资源发掘和利用、青稞分子育种平台建设、青稞收后处理与品质测试技术和设备研发等方面研究。青稞育种要求品种抗寒性强，能在低温条件下正常成熟；青稞育种目标为春性，对光照敏感，耐低温，中秆抗倒伏，大穗大粒；青稞育种重点是进行青稞粮草双高型优良品种育种攻关，选育适合藏南河谷半干旱产区、青海中西部盆地台地灌溉产区、（青）海北-甘南草原旱地产区、川西藏东荒漠干旱产区等地种植的生物量大、抗倒伏性强、耐寒性好、抗病性广、籽粒和干草产量双高的青稞新品种。

（二）强化青稞技术推广与培训，扶持专业合作社发展

依托国家大麦青稞产业技术体系，充分发挥相关岗位科学家和综合试验站的作用，并动员地方农技部门工作人员，大力推广现有成熟青稞丰产优质栽培技术和优良品种，尽快改变青藏高原地区群众的落后传统观念，增强科技意识，提高种植管理技术水平，为后续推广应用新技术新品种奠定基础。积极扶持专业合作社的发展，充分发挥其在青稞产业链中的桥梁作用。对于发展形势良好且积极参与企业、科研机构和院校等开展育种及栽培等相关技术研发的合作社，给予税收减免、优惠信贷、财政专项等方面支持，并在生产和病虫草害防治技术、深加工技术和市场信息上加强指导和帮助，支持合作社不断改善生产经营条件，逐步增强发展能力，更好地发挥对于青稞种植农户的带动和促进作用。

（三）制定青稞加工业发展规划，引导行业快速发展

明确青稞食品加工发展方向，研究制定青稞加工业中长期发展规划。加强青稞原料及其加工生产的管理体制、政策法规、技术规范、生产规程、质量卫生、产品标准等的研究和立法。扶持一批现有优势青稞食品加工企业做大做强，同时从非青稞产区引进技术先进的规模化加工企业，适当倾斜，加大对优势食品加工生产企业和特色优势产品的扶持力度，促进

企业树立以质取胜理念。在青稞主产区筛选特殊地域和具有加工基础与传统优势的地区，建立绿色食品基地、现代青稞食品加工园区，以促进青稞加工业健康快速发展，进一步带动整个青稞产业可持续发展。充分发挥市场机制作用，解决不同省份和地区青稞市场供求余缺问题；建立健全跨省份跨地区青稞市场调度工作制度并适时启动，统筹兼顾调出区和调入区的利益关系，维护市场供求稳定。

（四）提高青稞流通效率，强化青稞市场监测

改善和提高青稞的仓储设备、物流技术和设施设备，提高青稞物流信息系统建设，提升青稞流通的物流服务水平。鼓励国有粮食企业和大型收购企业延伸经营链条，发展青稞的赊销、仓储、加工为一体的经营模式，提高抵御市场风险的能力和市场竞争力。进一步规范青稞流通中间商经营行为，充分发挥其在活跃青稞市场、方便种植主体售粮等方面优势。建立健全统一的青稞销售质量分级标准体系和青稞第三方质检验收制度。强化国内青稞市场信息的监测、分析、研判等方面工作，以青稞主产区的加工企业的收购价格信息为核心，通过各级信息中心、中介组织等，构建权威的市场信息发布平台并及时发布，为国内青稞产业链各主体的决策提供更加准确可靠的市场信息，防止青稞市场价格出现大幅波动。

（五）尽快建立产业联盟，促进一二三产业融合发展

目前，由于现代青稞食品加工还处在不断发展阶段，人们对其接受程度、消费的群体和范围需要不断扩大，并且影响青稞加工产业化的因素、环节很多，因此，需要尽快建立青稞产业联盟，建立产业利益联结机制。鼓励和引导龙头企业发挥产业组织优势，以“企业＋农民合作社＋农户”“企业＋农户”等形式，联手农民合作社、农户组建农业产业化联合体，示范引导农民合作社和农户从事标准化生产，实行产加销一体化经营和三产融合发展，实现青稞的原料生产、产品研发、生产加工、包装运输、营销各个环节环环相扣，形成产业“一条龙”，做大管理一体化和科学化，有效形成青稞原料产地、食品研发单位、生产企业、销售单位之间的相互配合，实现青稞产业可持续发展。

第十三章

中国与主要国家大麦产业比较分析

从劳动生产率、土地产出率和投入产出率三个视角，对中国与美国、澳大利亚、俄罗斯等世界大麦主要生产国进行比较，然后分析研判大麦产业的发展现状、薄弱环节和短板问题，进而明确科技的发力点和支撑点。

一、大麦产业国际比较

（一）大麦劳动生产率、土地产出率和投入产出率比较

中国大麦的土地产出率低于法国和德国，与美国较为接近，明显高于澳大利亚和俄罗斯（表 13-1），2016—2018 年，法国、德国分别是中国的 1.6 倍、1.7 倍。投入产出率自 2010 年以来稳中有降；2016—2018 年，美国是中国的 1.9 倍。下一步，中国应着力提高投入产出率。

表 13-1　大麦劳动生产率、土地产出率、投入产出率国际比较

指标	年份	中国	澳大利亚	法国	德国	俄罗斯	美国
劳动生产率［千克/(人·天)］	2004—2006						
	2007—2009						
	2010—2012						
	2013—2015						
	2016—2018						

（续）

指标	年份	中国	澳大利亚	法国	德国	俄罗斯	美国
土地产出率（千克/亩）	2004—2006	260.84	136.38	432.00	409.73	121.51	233.66
	2007—2009	239.70	90.51	426.17	401.36	147.37	234.45
	2010—2012	228.16	136.92	417.88	398.90	127.09	249.97
	2013—2015	244.64	146.13	446.20	469.00	140.52	254.57
	2016—2018	251.44	160.60	402.71	433.88	155.46	273.00
投入产出率（千克/元）	2004—2006						0.921
	2007—2009						0.818
	2010—2012	0.467					0.806
	2013—2015	0.447					0.781
	2016—2018	0.416					0.785

注：①劳动生产率指单位面积的产量比单位面积的用工量。②土地产出率主要体现为单产水平。③投入产出率指单位面积的产量比单位面积的总成本。④各国货币数据均按当年平均汇率折算为人民币，下同。

（二）大麦成本比较

从总成本看，2016—2018 年，中国大麦单位面积总成本 604.03 元/亩，远高于美国的 396.78 元/亩（表 13－2）。

表 13－2　中国与美国大麦生产成本比较

指标	年份	中国	美国
单位面积的总成本（元/亩）	2004—2006		281.65
	2007—2009		332.21
	2010—2012	488.87	357.61
	2013—2015	547.56	375.98
	2016—2018	604.03	396.78
单位面积的土地成本（元/亩）	2004—2006		62.31
	2007—2009		79.72
	2010—2012	110.28	82.42
	2013—2015	150.98	85.75
	2016—2018	194.03	93.01

（续）

指标	年份	中国	美国
单位面积的劳动力投入成本（元/亩）	2004—2006		34.48
	2007—2009		34.03
	2010—2012	67.43	34.78
	2013—2015	75.08	35.76
	2016—2018	80.44	43.92
单位面积的机械投入成本（元/亩）	2004—2006		97.23
	2007—2009		102.84
	2010—2012	108.39	106.17
	2013—2015	111.72	112.89
	2016—2018	113.45	130.58
单位面积的化肥投入成本（元/亩）	2004—2006		33.33
	2007—2009		53.83
	2010—2012	84.46	58.72
	2013—2015	85.32	60.91
	2016—2018	87.85	48.68
单位面积的农药投入成本（元/亩）	2004—2006		16.88
	2007—2009		16.17
	2010—2012	24.63	18.51
	2013—2015	24.63	20.78
	2016—2018	24.14	22.36
单位面积的种子投入成本（元/亩）	2004—2006		12.33
	2007—2009		14.85
	2010—2012	46.10	17.48
	2013—2015	49.82	23.06
	2016—2018	53.54	25.84
单位面积的其他投入成本（元/亩）	2004—2006		25.09
	2007—2009		30.77
	2010—2012	47.58	39.53
	2013—2015	50.01	36.83
	2016—2018	50.58	32.39

从总成本变化趋势看，中国与美国相比，要一直高于后者（图 13 - 1）；2016—2018 年，中国大麦单位面积总成本比美国大麦单位面积总成本要高 52.2%；中国与美国的大麦单位面积总成本均呈现出持续增长的变化趋势，且中国大麦单位面积总成本的增长率快于美国大麦；2016—2018 年与 2010—2012 年相比，中国大麦单位面积总成本增加了 23.6%，美国大麦单位面积总成本增加了 11.0%。

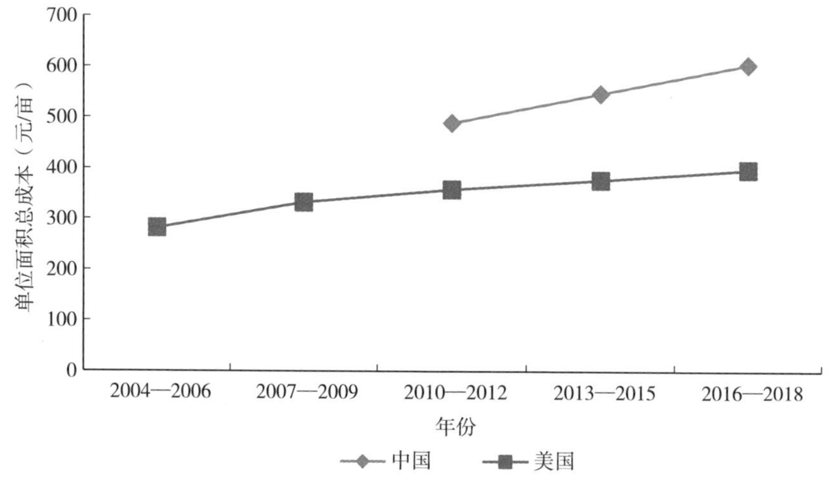

图 13 - 1　中国与美国大麦单位种植面积的总成本变化趋势

从成本构成看（图 13 - 2），2016—2018 年中国大麦单位面积的生产成本由高到低依次为土地成本、机械投入成本、化肥投入成本、劳动力投入成本、种子投入成本、其他投入成本、农药投入成本，占比分别为 32.1%、18.8%、14.5%、13.3%、8.9%、8.4%、4.0%；美国由高到低依次为机械投入成本、土地成本、化肥投入成本、劳动力投入成本、其他投入成本、种子投入成本、农药投入成本，占比分别为 32.9%、23.4%、12.3%、11.1%、8.2%、6.5%、5.6%。中国土地成本及其占比均显著高于美国，土地成本是美国的 2.1 倍，种子投入成本比美国高 107.2%，劳动力投入成本比美国高 83.2%，化肥投入成本比美国高 80.5%，农药投入成本比美国高 8.0%，机械投入成本比美国低 13.1%。下一步，中国应着力降低大麦生产的土地成本、种子投入成本、劳动力投入成本，增加机械和技术服务等投入。

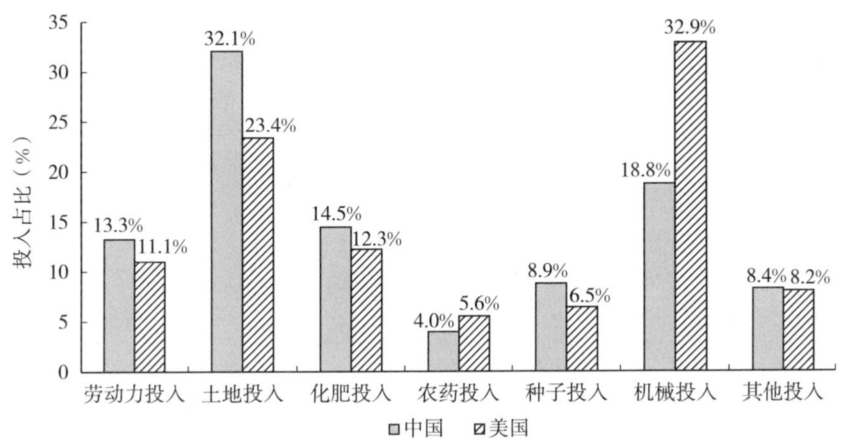

图 13-2　2016—2018 年中国与美国大麦单位种植面积的投入结构

注：图中数值为该投入的占比（%）。

（三）大麦产量比较

根据国家大麦青稞产业技术体系调研数据，从单产看，2004 年以来中国大麦青稞单产总体上稳步提升，2018 年达到 298.90 千克/亩，要高于联合国粮食及农业组织（FAO）的统计数据（251.44 千克/亩）。在中国，中东部产区种植大麦的耕地大多质量较好，大麦单产也较高；而在西部产区，特别是在西藏，耕地质量大多较差，在一定程度上影响了当地大麦青稞单产提升。根据联合国粮食及农业组织（FAO）数据，从主要生产国家看（表 13-3、图 13-3），2004—2018 年，基本各个国家的大麦单产都出现了不同程度的提升，德国和法国明显高于其他国家。这主要是因为，在德国和法国，种植大麦的耕地质量都较好，再加上大麦品种优良且耕、种、收、储等环节机械化水平很高，使得大麦单产也均较高；而在澳大利亚、俄罗斯、乌克兰、哈萨克斯坦等国家，大麦种植大多为广种薄收，投入水平不高且管理较为粗放，导致大麦单产普遍相对不高。比较来看，近年来，中国大麦单产低于德国和法国，而明显高于澳大利亚、加拿大、俄罗斯等其他主要大麦种植国家，也明显高于世界平均单产。

表 13-3 大麦青稞单产国际比较

国家	年份	平均单产（千克/亩）	基础地力单产（千克/亩）	单产与基础地力单产的差值（千克/亩）
中国	2004—2006	260.84	317.64	56.80
	2007—2009	239.70	318.03	78.33
	2010—2012	228.16	326.11	97.95
	2013—2015	244.64	328.87	84.23
	2016—2018	251.44	323.34	71.90
澳大利亚	2004—2006	136.38		
	2007—2009	90.51		
	2010—2012	136.92		
	2013—2015	146.13		
	2016—2018	160.60		
法国	2004—2006	432.00		
	2007—2009	426.17		
	2010—2012	417.88		
	2013—2015	446.20		
	2016—2018	402.71		
德国	2004—2006	409.73		
	2007—2009	401.36		
	2010—2012	398.90		
	2013—2015	469.00		
	2016—2018	433.88		
俄罗斯	2004—2006	121.51		
	2007—2009	147.37		
	2010—2012	127.09		
	2013—2015	140.52		
	2016—2018	155.46		
美国	2004—2006	233.66		
	2007—2009	234.45		
	2010—2012	249.97		
	2013—2015	254.57		
	2016—2018	273.00		

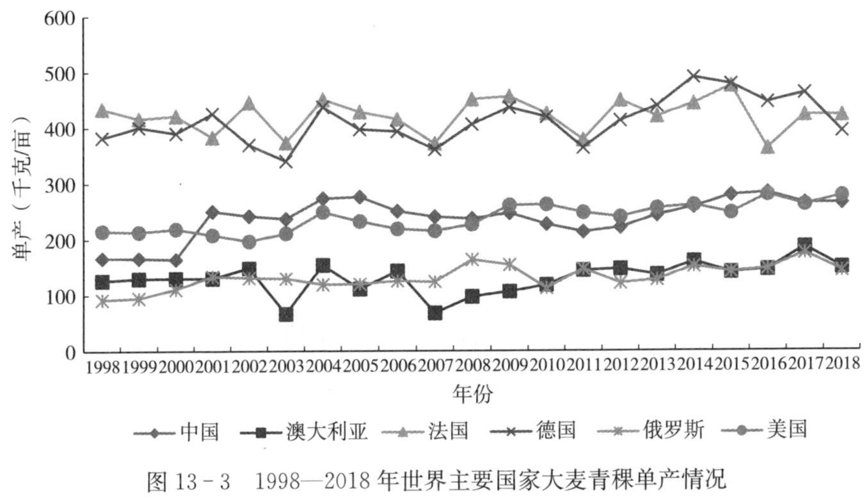

图 13-3　1998—2018 年世界主要国家大麦青稞单产情况

二、中国大麦青稞产业突出短板和薄弱环节

（一）技术

从科研经费看，大麦青稞产业科研经费投入明显低于大宗作物。从育种技术看，大麦青稞产业仍以常规育种为主，部分采用了小孢子育种等现代育种技术，但还很少采用基于基因组学的分子定向育种技术等现代前沿育种技术，这也延缓了大麦青稞新品种培育进度。从栽培技术看，大麦青稞种植范围广，生态环境条件迥异，且大多栽培在环境极端与土壤肥力低下的西部地区，非生物胁迫严重，导致产量与品质稳定性不高。从加工利用技术看，在大麦青稞原料加工营养品质测定分析与资源筛选、大麦青稞食品和饲料功能营养成分代谢基础以及大麦青稞籽粒、绿苗、秸秆饲料加工原料和产品质量关系与加工技术优化等方面都还存在不足。

（二）政策

从生产与流通看，大麦青稞在中国属于小宗粮食作物，除西藏青稞曾纳入国家良种补贴范围并实施一些地方性支持政策外，在国家层面和多数产区省份一直缺乏强有力的产业支持政策，也缺乏产业长期发展规划，再加上近年来生产成本持续攀升，导致与小麦等大宗粮食作物相比，大麦青稞种植比较效益较低，农民种植大麦青稞的积极性不高。从贸易看，加入世界贸易组织（WTO）以来，中国大麦进口关税仅为3%，保护力度很弱、保护措施缺乏，而近年来国际市场大麦价格持续低于国内价格，导致国外低价大麦持续大量进口，严重影响和冲击了国内大麦产业的正常发展。

（三）管理

除青海等少数大麦青稞产区省份在近年来成立了省级大麦青稞产业发展联盟外，在多数产区省份都还存在产业化水平不高的问题，当地农户与啤酒、麦芽、食品、饲料和饲草加工及畜牧、水产养殖等产业链环节龙头企业之间尚未形成紧密的利益联结机制，不利于产业的持续健康发展。

三、大麦产业科技主攻方向

综上所述，近年来，中国大麦青稞产业处于中等偏上水平，本产业生产技术在国际上处于由跟跑向并跑转变的过渡阶段。中国大麦青稞在单产、品种等方面初具优势，但与德国、法国、美国等国家相比，中国大麦青稞的成本、生产技术等仍有潜力可挖。中国大麦青稞生产的最大潜力是提高投入产出率，关键在于通过提高生产技术水平来提升各种投入要素的使用效率，降低和减少投入要素浪费。

（一）针对提高土地产出率，重点开展大麦青稞个性化育种技术研发与种质创制

应用遗传学、基因组学、分子生物学方法，开展大麦青稞个性化育种目标性状基因定位、克隆、功能解析，发掘重要育种目标性状的优异基因，创制分子标记包，并与已成熟的小孢子培养和夏繁冬播、冬繁春播及穿梭育种技术相结合，建立大麦青稞个性化目标性状的分子定向育种技术，提高育种效率；重点创制耐旱、耐盐、耐重金属污染、抗条纹病、抗白粉病、抗赤霉病、抗根腐病、高麦芽浸出率、高蛋白质含量、高淀粉含量、高营养成分等育种材料。

（二）针对提高劳动生产率，重点开展大麦青稞机械化高效生产技术及装备集成创制

围绕“双减”（减少化肥、农药用量）、节水等目标，根据丘陵山区、高寒藏区等产业发展的需要，针对生产全程机械化技术集成与应用和区域高效机械化生产关键技术、特色种植和机械化生产技术等核心技术，集成创制高效精准、轻简化的耕、种、管、收等技术和装备，筛选土壤机械化保育技术，提升劳动生产率，为农业增产和农民增收及促进产业的可持续发展提供技术和装备支撑。

（三）针对提高投入产出率，重点开展提质降本生产技术集成与示范

通过革新种植方式与养分调施精准化、病虫草害防控一体化、栽培方法轻简化、农艺操作机械化等研究与集成，制定生产技术规程、规范和标准，开展生产示范和技术培训，提升大麦青稞劳动生产率。以创制的新品种、新技术和新产品为支撑，联合区域内外的啤酒、麦芽、食品、饲料和饲草加工及畜牧、水产养殖等龙头企业，帮助组建农民生产合作社，结合技术示范建设专用加工原料生产基地，通过订单生产销售，进行专业化生产和规模化经营，创建“市场牵龙头→龙头带基地→基地连农户”的产业化模式，促进新品种新技术在生产实践中的推广应用，提升种植环节的良种化率和种植管理技术水平，提高大麦投入产出率。

第十四章

2019年大麦青稞产业发展形势与2020年展望

一、2019 年大麦青稞产业发展情况

（一）2019 年世界大麦产业概况

从大麦生产看（表 14-1），根据美国农业部预测数据[①]，2019/2020 年度全球大麦收获面积预计为 5 185 万公顷，比上年度增加 360 万公顷；其中，俄罗斯、哈萨克斯坦、加拿大、土耳其和伊朗的大麦收获面积增加绝对量较为明显。2019/2020 年度全球大麦平均单产预计为 3.02 吨/公顷，比上年度增加 0.13 吨/公顷；其中，大麦单产提升绝对量处在前两位的主产区是乌克兰和欧盟，分别从 2018/2019 年度的 2.96 吨/公顷和 4.54 吨/公顷提高到 2019/2020 年度的 3.52 吨/公顷和 5.03 吨/公顷。由于 2019/2020 年度全球大多数大麦产区的大麦收获面积和单产预计都将出现不同程度增长，2019/2020 年度全球大麦总产量预计将增加到 1.57 亿吨，比上年度提高 1 721 万吨，增幅为 12.33%。

从大麦需求看，根据联合国粮食及农业组织（FAO）的预测数据[②]，2019/2020 年度全球大麦利用量预计为 1.45 亿吨，比上年度增加 640 万吨；其中，利用量位处前 6 位的国家或地区是欧盟（5 610 万吨）、俄罗斯（1 310 万吨）、土耳其（780 万吨）、加拿大（720 万吨）、沙特阿拉伯（720 万吨）和中国（600 万吨）。

---

① USDA，World Agricultural Production，https：//downloads. usda. library. cornell. edu/usda-esmis/files/5q47rn72z/cf95js84f/2f75rq88n/production. pdf。

② FAO，Food Outlook，http：//www. fao. org/3/CA6911EN/CA6911EN. pdf。

表 14-1 2018/2019 年度和 2019/2020 年度世界及主要国家或地区大麦生产情况

世界及主要国家或地区	收获面积（百万公顷）		单产（吨/公顷）		产量（百万吨）	
	2018/2019	2019/2020*	2018/2019	2019/2020*	2018/2019	2019/2020*
世界	48.25	51.85	2.89	3.02	139.59	156.80
中国	0.45	0.47	4.11	4.15	1.85	1.95
欧盟	12.31	12.38	4.54	5.03	55.90	62.25
俄罗斯	7.78	8.40	2.15	2.38	16.74	20.00
澳大利亚	3.72	2.70	2.23	2.13	8.31	5.75
土耳其	3.60	3.80	1.94	2.08	7.00	7.90
乌克兰	2.57	2.70	2.96	3.52	7.60	9.50
加拿大	2.40	2.70	3.50	3.85	8.38	10.40
哈萨克斯坦	2.52	2.95	1.58	1.32	3.97	3.90
伊朗	1.55	1.70	1.81	2.12	2.80	3.60
阿根廷	1.20	1.20	4.22	3.92	5.06	4.70
美国	0.80	0.88	4.17	4.18	3.34	3.69

数据来源：美国农业部（USDA），World Agricultural Production，2019 年 12 月。

注：* 为 2019 年 12 月预测数据；市场年度是指当年 7 月至翌年 6 月。

从大麦贸易看，根据 FAO 预测数据，2019/2020 年度全球大麦贸易量预计为 2 620 万吨，比上年度增加 210 万吨，主要是由于沙特阿拉伯、伊朗和摩洛哥等国大麦进口量增加造成的。2019/2020 年度，大麦出口量位处前 5 位的国家或地区预计依次为欧盟（550 万吨）、俄罗斯（520 万吨）、乌克兰（500 万吨）、澳大利亚（450 万吨）和阿根廷（250 万吨）；大麦主要进口国预计分别为沙特阿拉伯（770 万吨）、中国（550 万吨）、伊朗（300 万吨）、日本（130 万吨）和利比亚（100 万吨）。

从大麦库存看，根据 FAO 预测数据，2019 年全球大麦期末库存量预计为 2 700 万吨，比上年减少 70 万吨；其中，期末库存量位处前 4 位的国家或地区是欧盟（750 万吨）、中国（220 万吨）、沙特阿拉伯（210 万吨）和美国（190 万吨）。

从大麦价格看（图 14-1），2019 年 1—10 月，澳大利亚南部州饲料大麦的月度价格以降为主，法国鲁昂饲料大麦的月度价格在 1—9 月持续下降，10 月转而上涨；2019 年 1—10 月，法国鲁昂饲料大麦和澳大利亚南部州饲料大麦的平均价格分别为 193 美元/吨和 241 美元/吨，比上年同期（221 美元/吨和 251 美元/吨）分别减少了 28 美元/吨和 10 美元/吨，降幅分别为 12.67%和 3.98%。

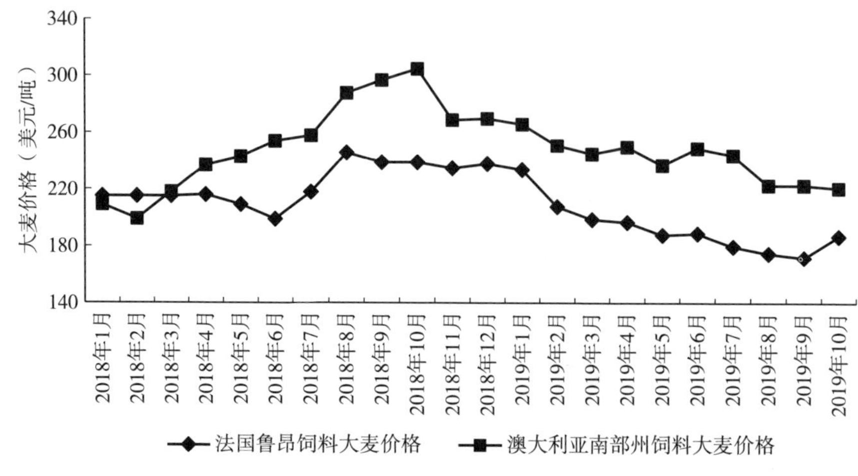

图 14-1　2018 年 1 月—2019 年 10 月法国鲁昂饲料大麦和澳大利亚南部州饲料大麦的月度价格

数据来源：Food Outlook，2019 年 11 月。

（二）2019 年中国大麦青稞产业概况

从生产看（表 14-2），根据国家大麦青稞产业技术体系的统计，2019 年中国大麦青稞的总收获面积为 101.89 万公顷，较上年减少 0.81 万公顷；总产量为 427.51 万吨，较上年增加 1.01 万吨；平均单产为 4.20 吨/公顷，较上年增加 0.05 吨/公顷。其中，大麦（即皮大麦，包括啤酒大麦和饲料大麦）的收获面积为 63.80 万公顷，较上年减少 0.35 万公顷；产量为 291.76 万吨，较上年增加 4.13 万吨；平均单产为 4.57 吨/公顷，较上年增加 0.09 吨/公顷。青稞（即裸大麦）的收获面积为 38.09 万公顷，较上年减少 0.49 万公顷；产量为 135.75 万吨，较上年减少 2.83 万吨；平均单产为 3.56 吨/公顷，较上年减少 0.03 吨/公顷。

从进口量看（图 14-2），2019 年中国大麦进口量为 592.87 万吨，较上年的 681.53 万吨减少了 88.66 万吨，降幅为 13.01%；其中，从澳大利亚进口 231.57 万吨且较上年下降 44.58%，从加拿大进口 145.95 万吨且较上年下降 13.12%，从法国进口 118.29 万吨且较上年增加 105.97%，从乌克兰进口 87.39 万吨且较上年增加 128.65%。从进口价格看（图 14－3），2019 年中国大麦进口平均价格为 263.3 美元/吨，较上年的 248.03 美元/吨上涨了 15.27 美元/吨，涨幅为 6.16%；从月度进口价格变化趋势看，2019 年 1—2 月继续上年上涨趋势，3—9 月转而下跌，10—12 月又持续上涨。

表 14－2　2019 年中国大麦青稞生产情况

省份	大麦青稞			啤酒大麦			饲料大麦			青稞		
	总面积（万公顷）	单产（吨/公顷）	总产（万吨）	面积（万公顷）	单产（吨/公顷）	总产（万吨）	面积（万公顷）	单产（吨/公顷）	总产（万吨）	面积（万公顷）	单产（吨/公顷）	总产（万吨）
内蒙古	6.40	3.69	23.64	5.67	3.15	17.85	0.73	7.89	5.79			
黑龙江	0.19	4.36	0.85	0.14	4.29	0.60	0.04	4.50	0.18	0.01	4.65	0.07
江苏	6.58	5.94	39.05	5.49	6.00	32.92	0.70	5.85	4.10	0.39	5.25	2.03
安徽	1.33	5.25	7.00				1.33	5.25	7.00			
浙江	1.05	4.80	5.05				1.05	4.80	5.05			
上海	0.03	6.63	0.19	0.01	6.25	0.05	0.02	6.75	0.14			
河南	2.53	6.22	15.76	0.07	5.85	0.39	2.45	6.24	15.30	0.01	5.40	0.07
湖北	12.00	5.25	62.97				11.80	5.25	61.95	0.20	5.10	1.02
四川	10.33	3.73	38.52	0.40	3.90	1.56	4.93	4.20	20.72	5.00	3.25	16.24
云南	22.88	3.60	82.12	9.67	3.61	34.94	12.17	3.56	43.25	1.04	3.78	3.93
甘肃	7.87	4.91	38.66	4.73	5.85	27.69	0.27	4.05	1.08	2.87	3.45	9.89
新疆	2.73	5.05	13.80	2.13	5.25	11.20				0.60	4.33	2.60
青海	7.67	2.40	18.40							7.67	2.40	18.40
西藏	20.30	4.01	81.50							20.30	4.01	81.50
总计	**101.89**	**4.20**	**427.51**	**28.31**	**4.49**	**127.20**	**35.49**	**4.64**	**164.56**	**38.09**	**3.56**	**135.75**

数据来源：国家大麦青稞产业技术体系。

从国内价格看（图 14－4），以国内产区平均收购价格为例，2019 年的平均价格为 2.05 元/千克，比上年的 1.88 元/千克上涨了 9.04%；从月度价格变化趋势看，2019 年总体上呈现先涨后跌，其中 1—5 月持续上涨，6—12 月转而下跌。

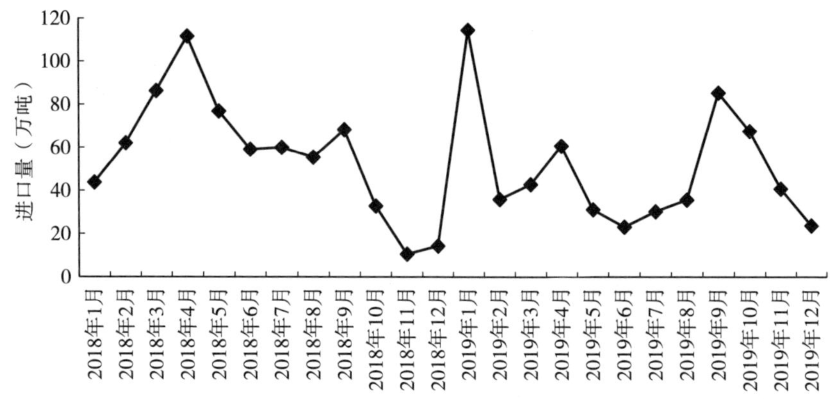

图 14－2　2018 年 1 月—2019 年 12 月中国大麦月度进口量

数据来源：海关总署。

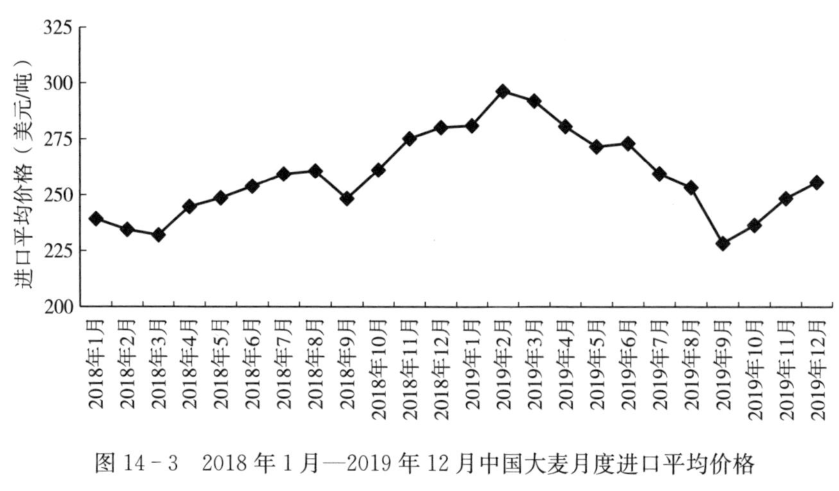

图 14－3　2018 年 1 月—2019 年 12 月中国大麦月度进口平均价格

数据来源：海关总署。

二、2020 年大麦青稞产业发展形势展望

（一）2020 年世界大麦产业发展形势展望

2020 年，全球大麦产量预计将有所增长。这主要是因为北美、亚洲、黑海地区和欧洲等地区的作物生长条件预计非常适宜，使得欧盟、俄罗斯、加拿大、乌克兰等大麦主产区的大麦单产在 2020 年都将比上年出现

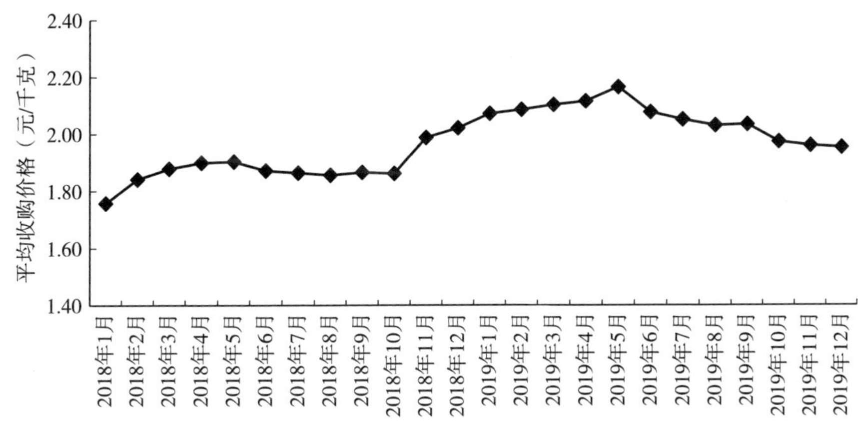

图 14-4　2018 年 1 月—2019 年 12 月中国大麦国内产区月度平均收购价格

数据来源：谷鸽久久网。

恢复性增长[①]。

2019 年，由于主要大麦出口国的大麦大多出现减产和国际市场大麦价格高位运行，导致全球大麦消费需求比上年下降。2020 年，全球大麦消费需求预计将有所增长，这主要得益于多数主要大麦出口国的大麦产量将出现增长和亚洲地区啤酒消费需求预计增长。

进入 2018 年以来，美国政府频繁基于国内法律对很多贸易伙伴实施贸易干预措施，力图利用美国经济体量大的优势迫使贸易伙伴做出让步以获取更大贸易利益，引发了逆全球化浪潮特别是贸易保护主义的复苏，成为制约国际农产品贸易持续平稳发展的重大风险因素。受其影响，2020 年主要大麦进出口市场之间的大麦贸易关系将受到一定影响，但全球大麦贸易量将有所增长。鉴于 2020 年全球大麦产量和需求预计都将有所增长，国际市场大麦价格在 2020 年将逐渐稳中有涨。

（二）2020 年中国大麦青稞产业发展形势展望

中国啤酒大麦产地主要位于江苏、甘肃、新疆、内蒙古等省份，其价格相对较易受到国际市场价格的影响，2020 年啤酒大麦的价格预计将从

① 资料来源：FAO，Food Outlook；FAO，Crop Prospects and Food Situation；USDA，World Agricultural Production；ABARES，Agricultural Commodities Forecasts and Outlook。

2019年下半年下降趋势转为趋于稳定，种植面积和产量预计稳中有降；其他省份所产大麦主要作为畜牧业饲料或其加工原料、特色大麦白酒酿造原料和特色食品加工原料，市场价格主要取决于当地市场供求情况。近年来，中国畜牧业以及相关酒类行业和食品加工业发展较为迅速，2020年中国饲料大麦和食用、加工专用大麦的价格预计将稳中有涨，种植面积和产量预计稳中有增。

近年来，随着青藏高原地区旅游业的快速发展和人们对青稞保健功能的认同以及青稞加工技术研发的进步，青稞特色食品、青稞白酒等青稞加工行业发展迅速，青稞加工产品不断走出青藏高原地区，消费群体不断扩大，青稞市场需求保持增长。由于青藏高原地区耕地面积有限、生态环境保护力度加大等，2020年中国青稞种植面积和产量预计将基本稳定，青稞市场价格则会随需求的增长而稳中有升。

鉴于近年来澳大利亚一直是中国大麦最大进口来源国且澳大利亚大麦持续大量进口对中国大麦产业发展已经造成了很大冲击，2018年11月和12月，中国商务部对原产于澳大利亚的进口大麦先后正式发起反倾销和反补贴立案调查①②，2019年11月和12月又先后发布公告将调查期限均延长6个月③④。受多方面因素共同影响，2019年中国对澳大利亚大麦进口量比上年大幅下降44.58%，大麦进口总量也出现下降。美国东部时间2020年1月15日，中美双方在美国华盛顿签署《中华人民共和国政府和美利坚合众国政府经济贸易协议》（以下简称《协议》）。根据《协议》文本内容，基于市场价格和商业考虑，中国在《协议》签署后的两年内（即2020年和2021年），在2017年基数的基础上，扩大从美国采购和进口不少于2 000亿美元的制成品、农产品、能源产品和服务，其中2020年、2021年分别不少于767亿美元、1 233亿美元；从农产品看，中国增加对

① 商务部公告2018年第89号，关于对原产于澳大利亚的进口大麦进行反倾销立案调查的公告，http://www.mofcom.gov.cn/article/b/e/201811/20181102807700.shtml。

② 商务部公告2018年第99号，关于对原产于澳大利亚的进口大麦进行反补贴立案调查的公告，http://www.mofcom.gov.cn/article/b/e/201812/20181202818864.shtml。

③ 商务部公告2019年第49号，商务部关于对原产于澳大利亚的进口大麦反倾销调查的延期公告，http://trb.mofcom.gov.cn/article/cs/201911/20191102913510.shtml。

④ 商务部公告2019年第58号，商务部关于对原产于澳大利亚的进口大麦反补贴调查的延期公告，http://trb.mofcom.gov.cn/article/cs/201912/20191202922939.shtml。

美国油料种子、肉类、谷物、棉花、水海产品和其他农产品的采购和进口，其中2020年、2021年分别不少于125亿美元、195亿美元[①]。在此背景下，2020年，中国对美国玉米、饲料等与饲料大麦存在用途替代关系的农产品进口规模会增加，中国饲用大麦进口规模预计将因此出现下降；同时，由于中国大麦产量与品质短期内难以完全满足国内需求，今后较长时期内中国对国外大麦特别是国外啤用大麦仍有较为强劲的需求。因此，综合来看，预计2020年中国大麦进口量较上年会有所增加。

① 中华人民共和国政府和美利坚合众国政府经济贸易协议，http：//www.gov.cn/guowuyuan/2020-01/16/5469650/files/0637e57d99ea4f 968454206af8782dd7.pdf。

第十五章

2020年大麦青稞产业发展形势与2021年展望

一、2020 年大麦青稞产业发展情况

（一）2020 年世界大麦产业概况

从大麦生产看（表 15－1），根据美国农业部的预测数据[①]，2020/2021 年度全球大麦收获面积预计为 5 154 万公顷，比上年度减少 29 万公顷；其中，欧盟、澳大利亚和加拿大的大麦收获面积增加绝对量将较为明显。2020/2021 年度全球大麦平均单产预计为 3.05 吨/公顷，比上年度增加 0.03 吨/公顷；其中，大麦单产提升绝对量处在前两位的主产区是阿根廷和澳大利亚，预计分别从 2019/2020 年度的 3.39 吨/公顷、2.22 吨/公顷提高到 2020/2021 年度 4.04 吨/公顷、2.50 吨/公顷。由于 2020/2021 年度全球大麦单产的增幅预计将高于收获面积的降幅，2020/2021 年度全球大麦产量将增加到 1.57 亿吨，比上年度提高 61 万吨，增幅为 0.39%。

从大麦需求看，根据联合国粮食及农业组织（FAO）的预测数据[②]，2020/2021 年度全球大麦利用量预计为 1.53 亿吨，比上年度增加 530 万吨；其中，利用量位处前 6 位的国家或地区是欧盟（5 090 万吨）、俄罗斯（1 470 万吨）、土耳其（810 万吨）、加拿大（800 万吨）、沙特阿拉伯（720 万吨）和英国（670 万吨）。

从大麦贸易看，根据 FAO 预测数据，2020/2021 年度全球大麦贸易

---

① USDA，World Agricultural Production，https：//apps.fas.usda.gov/psdonline/circulars/production.pdf。

② FAO，Food Outlook，http：//www.fao.org/3/cb1993en/cb1993en.pdf。

量预计为2 850万吨，比上年度增加200万吨，主要是由沙特阿拉伯、欧盟、伊朗等国家或地区大麦进口量预计增加造成。2020/2021年度，大麦主要进口国家或地区预计为沙特阿拉伯（700万吨）、中国（530万吨）、伊朗（350万吨）、摩洛哥（160万吨）和欧盟（150万吨）；大麦主要出口国家或地区预计为欧盟（650万吨）、俄罗斯（550万吨）、乌克兰（450万吨）、澳大利亚（450万吨）和阿根廷（250万吨）。

表15-1 2019/2020年度和2020/2021年度世界及主要国家或地区大麦生产情况

世界及主要国家或地区	收获面积（百万公顷）		单产（吨/公顷）		产量（百万吨）	
	2019/2020	2020/2021*	2019/2020	2020/2021*	2019/2020	2020/2021*
世界	51.83	51.54	3.02	3.05	156.58	157.19
中国	0.26	0.26	3.46	3.46	0.90	0.90
欧盟	12.37	12.78	5.11	4.94	63.22	63.10
俄罗斯	8.40	8.00	2.37	2.58	19.94	20.60
澳大利亚	4.05	4.40	2.22	2.50	9.00	11.00
土耳其	3.80	3.80	2.08	2.13	7.90	8.10
乌克兰	2.78	2.60	3.42	3.08	9.53	8.00
加拿大	2.73	2.81	3.81	3.82	10.38	10.74
哈萨克斯坦	2.98	2.70	1.29	1.41	3.83	3.80
伊朗	1.70	1.70	2.12	2.21	3.60	3.75
阿根廷	1.12	0.92	3.39	4.04	3.80	3.70
美国	0.90	0.86	4.18	4.17	3.76	3.60

数据来源：美国农业部（USDA），World Agricultural Production，2021年1月。

注：*为2021年1月预测数据；市场年度是指当年7月至翌年6月。

从大麦库存看，根据FAO预测数据，2021年全球大麦期末库存量预计为3 590万吨，比上年增加280万吨；其中，期末库存量位处前4位的国家或地区是欧盟（800万吨）、澳大利亚（590万吨）、俄罗斯（260万吨）和英国（190万吨）。

从大麦价格看（图15-1），2020年1—10月，澳大利亚南部州饲料大麦月度价格在1—8月以降为主，此后转而上涨，法国鲁昂（Rouen）饲料大麦月度价格在1—4月较为稳定，此后以涨为主；2020年1—10月，法国鲁昂（Rouen）饲料大麦和澳大利亚南部州饲料大麦的平均价格分别为184美元/吨和204美元/吨，比上年同期（191美元/吨和241美元/

吨）分别下跌 7 美元/吨和 37 美元/吨，跌幅分别为 3.66%和 15.35%。

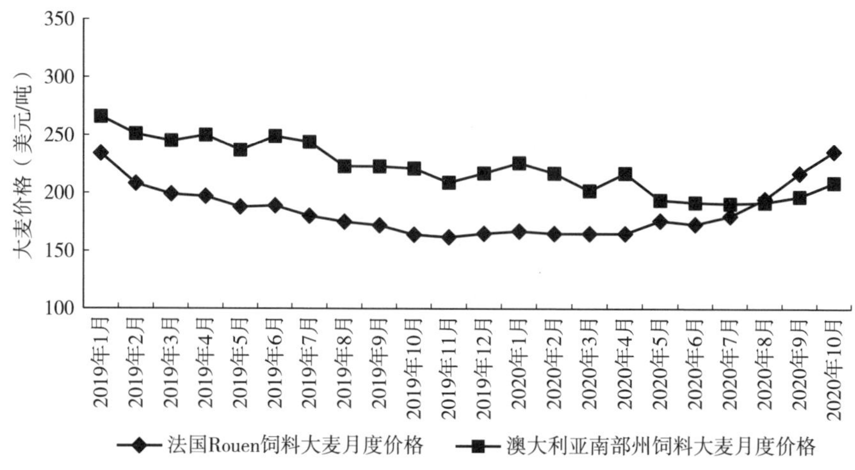

图 15-1　2019 年 1 月—2020 年 10 月法国鲁昂（Rouen）饲料大麦和澳大利亚南部州饲料大麦的月度价格

数据来源：FAO，Food Outlook，2020 年 11 月。

（二）2020 年中国大麦青稞产业概况

从生产看（表 15-2），根据国家大麦青稞产业技术体系的统计，2020 年中国大麦青稞的总收获面积为 102.87 万公顷，较上年增加 0.98 万公顷；总产量为 405.41 万吨，较上年减少 22.10 万吨；平均单产为 3.94 吨/公顷，较上年减少 0.06 吨/公顷。其中，大麦（即皮大麦，包括啤酒大麦和饲料大麦）的收获面积为 64.39 万公顷，较上年增加 0.59 万公顷；产量为 271.71 万吨，较上年减少 20.05 万吨；平均单产为 4.22 吨/公顷，较上年减少 0.35 吨/公顷。青稞（即裸大麦）的收获面积为 38.48 万公顷，较上年增加 0.39 万公顷；产量为 133.70 万吨，较上年减少 2.05 万吨；平均单产为 3.47 吨/公顷，较上年减少 0.09 吨/公顷。

从进口量看（图 15-2），2020 年中国大麦进口量为 807.94 万吨，较上年同期的 592.87 万吨增加了 215.07 万吨，增幅为 36.28%；其中，从澳大利亚进口 149.15 万吨且较上年同期下降 35.59%，从乌克兰进口 226.34 万吨且较上年同期增加 159.00%，从加拿大进口 201.84 万吨且较上年同期增加 38.29%，从法国进口 175.87 万吨且较上年同期增加 48.68%。

表 15-2　2020 年中国大麦青稞生产情况

省份	大麦青稞			啤酒大麦			饲料大麦			青稞		
	总面积（万公顷）	单产（吨/公顷）	总产（万吨）	面积（万公顷）	单产（吨/公顷）	总产（万吨）	面积（万公顷）	单产（吨/公顷）	总产（万吨）	面积（万公顷）	单产（吨/公顷）	总产（万吨）
内蒙古	4.14	3.49	14.43	3.31	2.45	8.11	0.83	7.65	6.32			
黑龙江	0.05	3.86	0.18	0.05	3.86	0.18						
江苏	6.56	6.06	39.79	5.49	6.14	33.67	0.70	5.97	4.18	0.37	5.20	1.94
安徽	1.67	2.10	3.50				1.67	2.10	3.50			
浙江	1.08	4.47	4.82				1.08	4.47	4.82			
上海	0.01	6.00	0.08	0.01	6.00	0.08						
河南	2.59	6.04	15.66	0.02	6.00	0.12	2.57	6.04	15.54			
湖北	12.20	5.59	68.19				12.00	5.60	67.14	0.20	5.25	1.05
四川	10.39	3.87	40.25	0.43	4.06	1.76	4.93	4.28	21.09	5.03	3.46	17.40
云南	21.11	3.45	72.87	9.02	3.46	31.19	10.92	3.48	38.02	1.17	3.12	3.66
甘肃	8.04	4.82	38.73	4.87	5.70	27.74	0.37	4.20	1.54	2.80	3.38	9.45
新疆	0.87	4.65	4.03	0.87	4.65	4.03						
青海	7.47	2.64	19.70							7.47	2.64	19.70
西藏	26.69	3.82	83.18				5.25	0.51	2.68	21.44	3.75	80.50
总计	**102.87**	**3.94**	**405.41**	**24.07**	**4.44**	**106.88**	**40.32**	**4.09**	**164.83**	**38.48**	**3.47**	**133.70**

数据来源：国家大麦青稞产业技术体系。

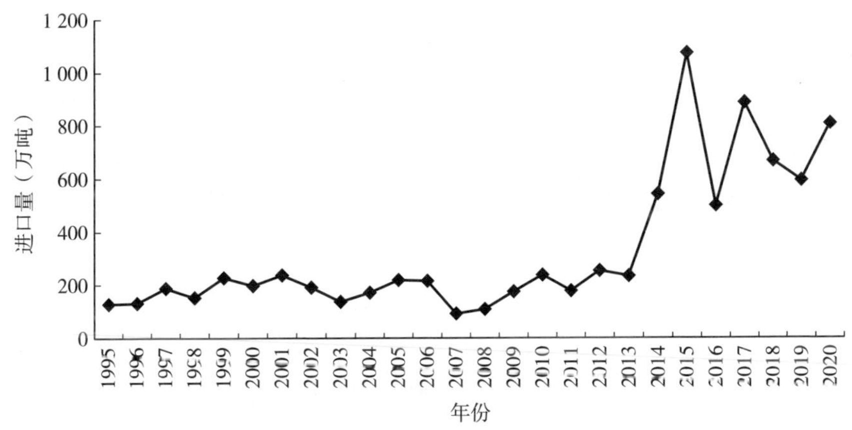

图 15-2　1995—2020 年中国大麦进口量（万吨）

数据来源：海关总署。

从进口价格看（图 15－3），2020 年 1—7 月中国大麦进口平均价格为 241.97 美元/吨，较上年同期的 279.35 美元/吨下降了 37.38 美元/吨，降幅为 13.38%；从月度进口价格变化趋势看，总体上以降为主。从国内价格看（图 15－4），根据国家大麦青稞产业技术体系调研数据，2020 年啤酒大麦、饲料大麦和青稞的平均市场价格分别为 2.33 元/千克、2.16 元/千克和 2.91 元/千克，分别比 2019 年上涨了 4.10%、11.08% 和 1.65%。

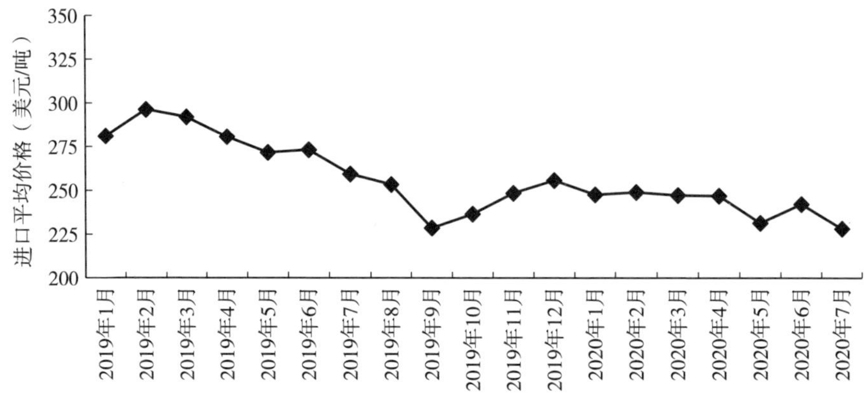

图 15－3　2019 年 1 月—2020 年 7 月中国大麦月度进口平均价格

数据来源：海关总署。

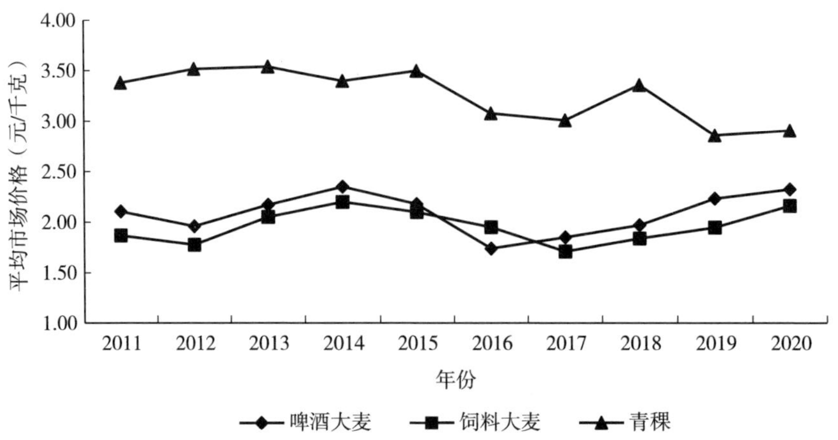

图 15－4　2011—2020 年中国啤酒大麦、饲料大麦和青稞市场价格

数据来源：国家大麦青稞产业技术体系。

二、2021 年大麦青稞产业发展形势展望

（一）2021 年世界大麦产业发展形势展望

全球新冠疫情目前虽仍在持续，但未对国际大麦市场形势产生明显影响。气候和自然灾害、国际能源价格、国际大宗谷物价格、主产国政府调控政策和国际市场大麦供需及价格预期等是影响国际大麦市场形势的主要因素。2021 年，全球大麦产量预计将有所增长，这主要是因为澳洲、黑海地区、亚洲和南美洲等地区作物生长的气候条件预计均非常适宜，使得澳大利亚、俄罗斯、伊朗、加拿大、阿根廷等大麦主产区的大麦单产在 2021 年都将比上年出现增长①。

2021 年，全球大麦消费需求预计将有所增长，这主要得益于欧盟、中国、摩洛哥、巴西、阿根廷、土耳其等地区或国家的饲料大麦需求预计都将出现较为明显的增长。

中国商务部在 2020 年 5 月对澳大利亚进口大麦反倾销反补贴立案调查作出最终裁定，2020 年 5 月 19 日起对澳大利亚进口大麦分别征收 73.6%反倾销税、6.9%反补贴税，实施期限 5 年；近年来，俄罗斯已经成为全球大麦主要生产国和出口国之一，但为了应对近期持续高位运行的国内市场价格，俄罗斯政府在 2020 年 12 月宣布对大麦、小麦等谷物和油料及其制品的出口实行贸易限制措施，出口配额合计为 1 750 万吨，实施期限为 2021 年 2 月 15 日—6 月 30 日。受其影响，2021 年国际市场大麦贸易量将出现下降，国际市场价格则将有所上涨。

（二）2021 年中国大麦青稞产业发展形势展望

中国啤酒大麦产区主要位于江苏、甘肃、内蒙古、云南等省份，其价格相对较易受到国际市场价格的影响，2021 年预计将延续 2020 年的上涨势头继续稳中上扬，种植面积和产量预计都将随之出现恢复性增长；其他省份所产大麦主要作为畜牧业饲料或其加工原料、特色大麦白酒酿造原料

---

① 资料来源：FAO，Food Outlook；FAO，Crop Prospects and Food Situation；USDA，World Agricultural Production；ABARES，Agricultural commodities forecasts and outlook。

和特色食品加工原料，市场价格主要取决于当地市场供求情况。近年来，中国畜牧业以及相关酒类行业和食品加工业发展较为迅速，加上近期国内玉米价格持续上涨，2021 年中国饲料大麦和食用、加工专用大麦的价格预计也将稳中有涨，种植面积和产量预计稳中有增。

中国青稞种植面积和产量一直较为稳定。由于青藏高原地区耕地面积有限、生态环境保护力度加大等，2021 年中国青稞种植面积和产量预计将基本稳定，青稞市场价格则会随需求的增长而稳中有升。

2020 年，中国对美国玉米、饲料等与饲料大麦存在用途替代关系的农产品进口规模明显增加。2020 年 5 月，中国商务部裁定从 2020 年 5 月 19 日起对澳大利亚进口大麦分别征收 73.6％反倾销税、6.9％反补贴税，实施期限 5 年。受上述因素影响，2020 年中国大麦进口量又出现增长。鉴于中国大麦产量与品质短期内难以完全满足国内需求，今后较长时期内中国对国外大麦特别是国外啤用大麦仍有较为强劲的需求。综合来看，预计 2021 年中国大麦进口量会较上年进一步增长。

第十六章

2021年大麦青稞产业发展形势与2022年展望

一、2021 年大麦青稞产业发展情况

（一）2021 年世界大麦产业概况

从大麦生产看（表 16－1），根据美国农业部的预测数据[①]，2021/2022 年度全球大麦收获面积预计为 4 959 万公顷，比上年度减少 197 万公顷；其中，欧盟、哈萨克斯坦和俄罗斯的大麦收获面积减少绝对量将较为明显。2021/2022 年度全球大麦平均单产预计为 2.97 吨/公顷，比上年度减少 0.14 吨/公顷；其中，大麦单产下降绝对量处在前两位的主产区是土耳其和加拿大，预计分别从 2020/2021 年度的 2.13 吨/公顷、3.82 吨/公顷下降到 2021/2022 年度的 1.22 吨/公顷、2.31 吨/公顷。由于 2021/2022 年度全球大麦的单产和收获面积都将出现下降，2021/2022 年度全球大麦产量将降为 1.47 亿吨，比上年度减少 1 348 万吨，降幅为 8.40%。

从大麦利用看（表 16－2），根据联合国粮食及农业组织（FAO）预测数据[②]，2021/2022 年度全球大麦利用量预计为 1.52 亿吨，比上年度减少 470 万吨；其中，利用量位处前 6 位的国家或地区是欧盟（4 830 万吨）、俄罗斯（1 570 万吨）、中国（1 090 万吨）、土耳其（760 万吨）、沙特阿拉伯（680 万吨）和加拿大（640 万吨）。

---

① USDA，World Agricultural Production，http：//apps. fas. usda. gov/psdonline/circulars/production. pdf。

② FAO，Food Outlook，https：//www. fao. org/3/cb7491en/cb7491en. pdf。

表 16-1　2020/2021 年度和 2021/2022 年度世界及主要国家或地区大麦生产情况

世界及主要国家或地区	收获面积（百万公顷）		单产（吨/公顷）		产量（百万吨）	
	2020/2021	2021/2022*	2020/2021	2021/2022*	2020/2021	2021/2022*
世界	51.56	49.59	3.11	2.97	160.53	147.05
中国	0.51	0.51	4.00	3.92	2.04	2.00
欧盟	11.04	10.40	4.91	5.07	54.23	52.75
俄罗斯	8.16	7.65	2.53	2.29	20.63	17.50
澳大利亚	4.40	4.30	2.98	3.02	13.10	13.00
土耳其	3.80	3.70	2.13	1.22	8.10	4.50
乌克兰	2.58	2.67	3.08	3.82	7.95	10.20
加拿大	2.81	3.00	3.82	2.31	10.74	6.95
哈萨克斯坦	2.73	2.20	1.34	1.14	3.66	2.50
伊朗	1.60	1.70	2.25	1.59	3.60	2.70
阿根廷	1.09	1.25	4.13	3.84	4.50	4.80
美国	0.90	0.79	4.15	3.25	3.72	2.56

数据来源：美国农业部（USDA），World Agricultural Production，2022 年 1 月。

注：* 为 2022 年 1 月预测数据；市场年度是指当年 7 月至翌年 6 月，下同。

表 16-2　2020/2021 年度和 2021/2022 年度世界及主要国家或地区大麦利用、贸易和期末库存情况

世界及主要国家或地区	利用量（百万吨）		进口量（百万吨）		出口量（百万吨）		期末库存量（百万吨）	
	2020/2021	2021/2022*	2020/2021	2021/2022*	2020/2021	2021/2022*	2021	2022*
世界	156.9	152.2	33.8	31.5	33.8	31.5	31.9	24.6
中国	11.1	10.9	11.3	10.5	—	—	1.3	1.6
欧盟	49.3	48.3	1.2	1.2	7.1	7.5	7.0	5.2
俄罗斯	15.2	15.7	—	—	6.3	4.3	2.3	0.9
澳大利亚	5.0	5.5	—	—	6.9	7.0	2.4	2.4
土耳其	8.3	7.6	0.7	0.8	0.1	0.1	2.1	1.0
乌克兰	3.7	3.7	—	—	4.2	5.5	1.3	1.6
加拿大	7.8	6.4	0.3	0.1	3.7	1.0	0.7	0.5
哈萨克斯坦	2.4	2.4	0.1	—	1.1	1.0	0.5	0.2

（续）

世界及主要国家或地区	利用量（百万吨）		进口量（百万吨）		出口量（百万吨）		期末库存量（百万吨）	
	2020/2021	2021/2022*	2020/2021	2021/2022*	2020/2021	2021/2022*	2021	2022*
伊朗	4.9	5.0	2.5	2.3	—	—	1.2	1.0
沙特阿拉伯	7.1	6.8	7.0	6.5	—	—	1.7	1.5
阿根廷	1.4	1.4	—	—	2.7	3.3	0.5	0.4
美国	3.8	2.7	0.1	0.2	0.3	0.2	1.6	1.3

数据来源：FAO，Food Outlook，2021年11月。

注：*为2021年11月预测数据；市场年度是指当年7月至翌年6月。

从大麦贸易看，根据FAO预测数据，2021/2022年度全球大麦贸易量预计为3 150万吨，比上年度减少230万吨，主要是由摩洛哥、沙特阿拉伯等国家大麦进口量预计减少造成。2021/2022年度，大麦主要进口国家或地区预计为中国（1 050万吨）、沙特阿拉伯（650万吨）、伊朗（230万吨）、日本（120万吨）和欧盟（120万吨）；大麦主要出口国家或地区预计为欧盟（750万吨）、澳大利亚（700万吨）、乌克兰（550万吨）、俄罗斯（430万吨）和阿根廷（330万吨）。

从大麦库存看，根据FAO预测数据，2022年全球大麦期末库存量预计为2 460万吨，比上年减少730万吨；其中，期末库存量位处前4位的国家或地区是欧盟（520万吨）、澳大利亚（240万吨）、乌克兰（160万吨）和中国（160万吨）。

从大麦价格看（图16-1），2021年1—10月，法国鲁昂（Rouen）饲料大麦和澳大利亚南部州饲料大麦的月度价格均以涨为主，涨幅分别为10.48%和19.20%；2021年1—10月，法国鲁昂（Rouen）饲料大麦和澳大利亚南部州饲料大麦的平均价格分别为268美元/吨和242美元/吨，比上年同期（183美元/吨和204美元/吨）分别上涨85美元/吨和38美元/吨，涨幅分别为46.45%和18.63%。

（二）2021年中国大麦青稞产业概况

从生产看（表16-3），根据国家大麦青稞产业技术体系的统计，2021年中国大麦青稞的总收获面积为97.22万公顷，较上年减少5.65万

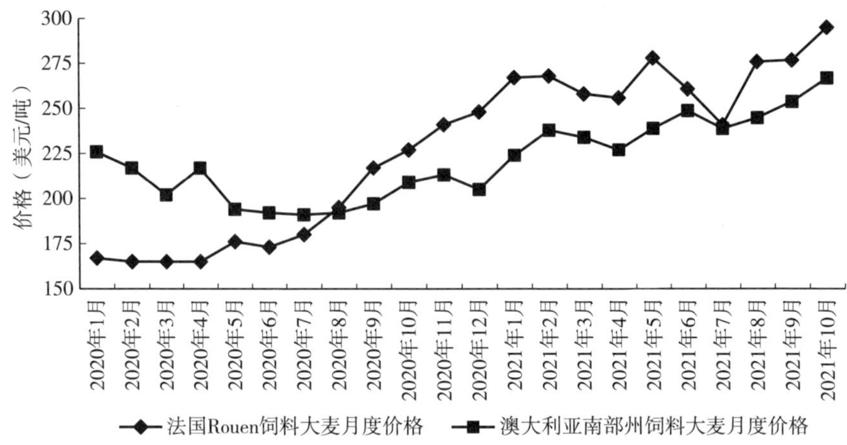

图 16-1 2020 年 1 月—2021 年 10 月法国鲁昂（Rouen）饲料大麦和澳大利亚南部州饲料大麦的月度价格

数据来源：FAO，Food Outlook，2021 年 11 月。

公顷；总产量为 377.31 万吨，较上年减少 28.10 万吨；平均单产为 3.88 吨/公顷，较上年减少 0.06 吨/公顷。其中，大麦（即皮大麦，包括啤酒大麦和饲料大麦）的收获面积为 57.75 万公顷，较上年减少 6.64 万公顷；产量为 249.49 万吨，较上年减少 22.22 万吨；平均单产为 4.32 吨/公顷，较上年增加 0.10 吨/公顷。青稞（即裸大麦）的收获面积为 39.47 万公顷，较上年增加 0.99 万公顷；产量为 127.82 万吨，较上年减少 5.88 万吨；平均单产为 3.24 吨/公顷，较上年减少 0.23 吨/公顷。

表 16-3 2021 年中国大麦青稞生产情况

省份	大麦青稞			大麦			青稞		
	总面积（万公顷）	单产（吨/公顷）	总产（万吨）	面积（万公顷）	单产（吨/公顷）	总产（万吨）	面积（万公顷）	单产（吨/公顷）	总产（万吨）
内蒙古	3.27	5.25	17.15	3.27	5.25	17.15			
黑龙江	0.07	4.05	0.27	0.07	4.05	0.27			
江苏	8.00	6.25	50.00	8.00	6.25	50.00			
安徽	1.53	2.74	4.20	1.53	2.74	4.20			
浙江	0.73	4.20	3.07	0.73	4.20	3.07			
上海	0.02	5.74	0.13	0.02	5.74	0.13			

（续）

省份	大麦青稞			大麦			青稞		
	总面积（万公顷）	单产（吨/公顷）	总产（万吨）	面积（万公顷）	单产（吨/公顷）	总产（万吨）	面积（万公顷）	单产（吨/公顷）	总产（万吨）
河南	2.92	5.85	17.08	2.92	5.85	17.08			
湖北	12.73	3.99	50.81	12.73	3.99	50.81			
四川	10.20	2.45	25.00	5.00	2.50	12.50	5.20	2.40	12.50
云南	20.92	3.45	72.22	19.68	3.47	68.33	1.24	3.15	3.89
甘肃	5.18	5.37	27.78	2.80	7.50	21.00	2.38	2.85	6.78
新疆	1.43	4.81	6.90	1.00	4.95	4.95	0.43	4.53	1.95
青海	8.38	2.41	20.20				8.38	2.41	20.20
西藏	21.84	3.78	82.50				21.84	3.78	82.50
总计	**97.22**	**3.88**	**377.31**	**57.75**	**4.32**	**249.49**	**39.47**	**3.24**	**127.82**

数据来源：国家大麦青稞产业技术体系。

从进口量看（图 16－2），2021 年中国大麦进口量为 1 248.23 万吨，较上年同期的 807.94 万吨增加了 440.29 万吨，增幅为 54.50%；其中，从法国进口 364.75 万吨且较上年同期增加 107.40%，从加拿大进口 356.23 万吨且较上年同期增加 76.49%，从乌克兰进口 321.41 万吨且较上年同期增加 42.00%，从阿根廷进口 173.54 万吨且较上年同期增加 343.04%。受到中澳经贸关系持续恶化，特别是中国商务部从 2020 年 5 月 19 日起连续五年对澳大利亚进口大麦征收 73.6%反倾销税、6.9%反补贴

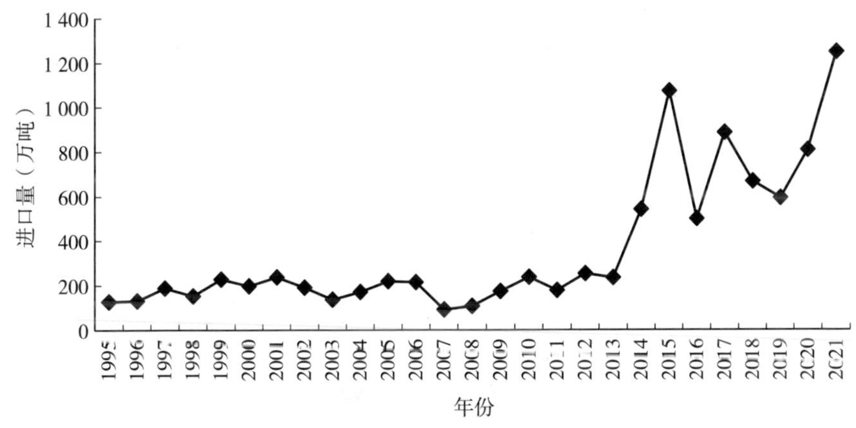

图 16－2　1995—2021 年中国大麦进口量

数据来源：海关总署。

税的影响，中国从 2020 年 12 月起不再从澳大利亚进口大麦。

从进口价格看（图 16 - 3），2021 年 1—12 月中国大麦进口平均价格为 282.88 美元/吨，较上年同期 236.27 美元/吨上涨了 46.61 美元/吨，涨幅为 19.73%；从月度进口价格变化趋势看，总体上以增为主。从国内价格看（图 16 - 4），根据国家大麦青稞产业技术体系调研数据，2021 年中国大麦和青稞的平均市场价格分别为 2.23 元/千克和 3.30 元/千克，分别比 2020 年上涨了 7.73%和 13.40%。

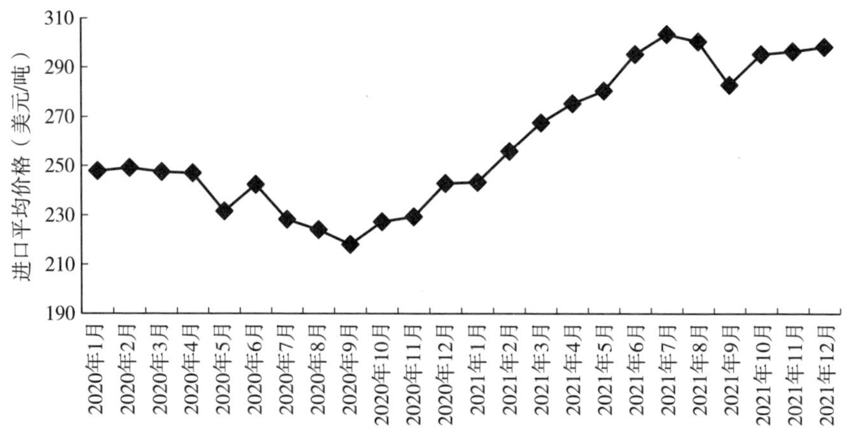

图 16 - 3　2020 年 1 月—2021 年 12 月中国大麦月度进口平均价格

数据来源：海关总署。

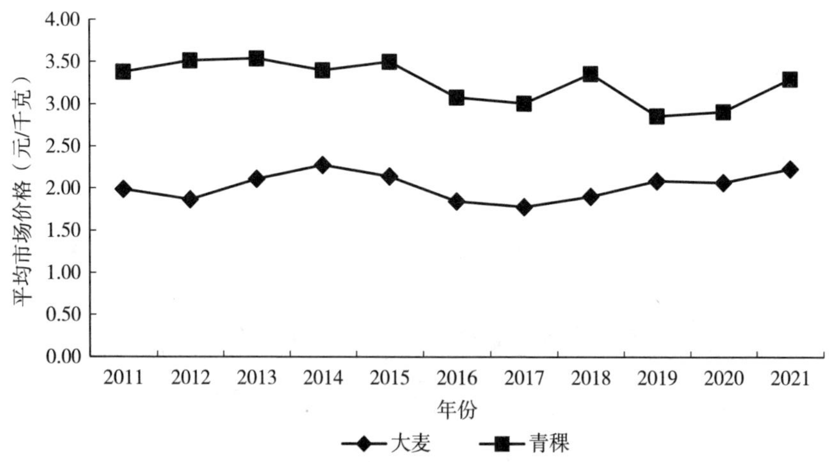

图 16 - 4　2011—2021 年中国大麦和青稞市场价格

数据来源：国家大麦青稞产业技术体系。

二、2022 年大麦青稞产业发展形势展望

（一）2022 年世界大麦产业发展形势展望

全球新冠疫情目前虽仍在持续，但未对国际大麦市场形势产生明显影响。气候和自然灾害、国际能源价格、国际大宗谷物价格、主产国政府调控政策和国际市场大麦供需及价格预期等是影响国际大麦市场形势的主要因素。2022 年，全球大麦播种面积和产量预计都将有所增长。从北半球看，在总体良好的天气条件下，各国 2022 年冬大麦作物播种已完成。其中，欧盟作物播种条件良好，特别是东欧国家的降雨缓解了早先对土壤水分不足的担忧，大麦播种面积预计将高于上年；在俄罗斯和乌克兰，虽然缺水和土壤墒情影响了种植进度，但大麦播种面积预计仍将高于其各自近五年平均水平①。从南半球看，总体有利的天气前景和持续高企的市场价格将提振阿根廷、澳大利亚等国家的大麦生产预期。根据国际谷物理事会（IGC）预测数据，2022/2023 年度全球大麦产量预计为 1.53 亿吨②。

2022 年，全球大麦消费需求预计将有所增长，这主要得益于欧盟、中国、摩洛哥、沙特阿拉伯、阿根廷、土耳其、墨西哥等地区或国家对饲料大麦预计都仍将保持较为强劲的需求。根据国际谷物理事会（IGC）预测数据，2022/2023 年度全球大麦利用量预计为 1.55 亿吨。

受到全球大麦供应紧张与价格高企的双重影响，特别是中国从 2020 年 5 月 19 日起对澳大利亚进口大麦连续 5 年征收 73.6%反倾销税、6.9%反补贴税导致澳大利亚大麦出现积压、库存增加，2021/2022 年度全球大麦贸易量出现下降。2022/2023 年度，得益于全球大麦供应紧张形势有望得到改善，以及《全面与进步跨太平洋伙伴关系协定》（CPTPP）生效后澳大利亚对墨西哥等协定其他成员国大麦出口面临的关税从 2022 年 1 月 1 日起立即降为 0，全球大麦贸易量预计将有所增长。受其影响，2022/2023 年度国际市场大麦价格预计将稳中有降。

---

① 资料来源：FAO，Food Outlook，https：//www.fao.org/3/cb7491en/cb7491en.pdf；FAO，Crop Prospects and Food Situation，https：//www.fao.org/3/cb7877en/cb7877en.pdf。

② 资料来源：IGC，IGC Five-year baseline projections of supply and demand，http：//www.igc.int/en/markets/marketinfo-forecasts.aspx#。

（二）2022 年中国大麦青稞产业发展形势展望

中国啤酒大麦产区主要位于江苏、甘肃、内蒙古、云南等省份，其价格相对较易受到国际市场价格的影响，2022 年啤酒大麦的价格预计将延续 2021 年的上涨势头继续稳中上扬，种植面积和产量预计都将随之出现恢复性增长；其他省份所产大麦主要作为畜牧业饲料或其加工原料、特色大麦白酒酿造原料和特色食品加工原料，市场价格主要取决于当地市场供求情况。预计 2022 年中国饲料大麦和食用、加工专用大麦的价格也将稳中有涨，种植面积和产量预计稳中有增。

由于青藏高原地区耕地面积有限、生态环境保护力度加大等，2022 年中国青稞种植面积和产量预计将基本稳定，青稞市场价格则会随需求增长而稳中有升。

受国内生猪产能快速恢复引发饲料需求大幅增加和国内玉米库存下降且产需缺口扩大的影响，2020—2021 年中国大麦进口量又连续出现了较快增长。鉴于中国大麦产量与品质短期内难以完全满足国内需求，今后较长时期内中国对国外大麦特别是国外啤用大麦仍有较为强劲的需求。综合来看，预计 2022 年中国大麦进口量会较上年有所下降，但总体上仍将保持在较高水平。

第十七章

2022年大麦青稞产业发展形势与2023年展望

一、2022 年大麦青稞产业发展情况

（一）2022 年世界大麦产业概况

从生产看（表 17－1），根据美国农业部的预测数据[①]，2022/2023 年度全球大麦收获面积预计为 4 725 万公顷，比上年度减少 138 万公顷；其中，乌克兰、加拿大和澳大利亚的大麦收获面积减少绝对量将较为明显。2022/2023 年度全球大麦平均单产预计为 3.15 吨/公顷，比上年度增加 0.16 吨/公顷；其中，大麦单产增加绝对量处在前 4 位的主产区是加拿大、土耳其、美国和俄罗斯，分别增加 1.50 吨/公顷、0.73 吨/公顷、0.60 吨/公顷和 0.48 吨/公顷。由于全球大麦单产的增幅大于收获面积的降幅，2022/2023 年度全球大麦产量将达到 1.49 亿吨，比上年度增加 348 万吨，增幅为 2.39%。

从利用看（表 17－2），根据联合国粮食及农业组织（FAO）的预测数据[②]，2022/2023 年度全球大麦利用量预计为 1.45 亿吨，比上年度减少 280 万吨；其中，利用量位处前 8 位的国家或地区是欧盟（4 570 万吨）、俄罗斯（1 470 万吨）、中国（1 120 万吨）、土耳其（880 万吨）、伊朗（630 万吨）、加拿大（600 万吨）、沙特阿拉伯（480 万吨）和澳大利亚（470 万吨）。

---

① USDA，World Agricultural Production，https：//apps. fas. usda. gov/psdonline/circulars/grain. pdf。

② FAO，Food Outlook，https：//www. fao. org/3/cc2864en/cc2864en. pdf。

表 17-1　2021/2022 年度和 2022/2023 年度世界及主要国家或地区大麦生产情况

世界及主要国家或地区	收获面积（百万公顷）		单产（吨/公顷）		产量（百万吨）	
	2021/2022	2022/2023*	2021/2022	2022/2023*	2021/2022	2022/2023*
世界	48.63	47.25	2.99	3.15	145.52	149.00
中国	0.51	0.51	3.92	3.92	2.00	2.00
欧盟	10.31	10.50	5.05	4.89	52.05	51.30
俄罗斯	7.69	7.60	2.28	2.76	17.51	21.00
澳大利亚	4.42	4.20	3.15	3.02	13.91	12.70
土耳其	3.70	3.80	1.22	1.95	4.50	7.40
乌克兰	2.68	1.90	3.70	3.37	9.92	6.40
加拿大	3.01	2.60	2.31	3.81	6.96	9.90
哈萨克斯坦	2.16	2.15	1.10	1.26	2.37	2.70
伊朗	1.70	1.65	1.59	1.82	2.70	3.00
阿根廷	1.34	1.35	3.96	3.33	5.30	4.50
英国	1.15	1.12	6.05	6.37	6.96	7.10
美国	0.81	0.99	3.25	3.85	2.62	3.80

数据来源：USDA，World Agricultural Production，2022 年 11 月。

注：* 为 2022 年 11 月预测数据；市场年度指当年 7 月至翌年 6 月。

表 17-2　2021/2022 年度和 2022/2023 年度世界及主要国家或地区大麦利用、贸易和库存情况

世界及主要国家或地区	利用量（百万吨）		进口量（百万吨）		出口量（百万吨）		期末库存量（百万吨）	
	2021/2022	2022/2023*	2021/2022	2022/2023*	2021/2022	2022/2023*	2022	2023*
世界	147.7	144.9	32.3	27.9	32.3	27.9	31.4	32.1
中国	12.9	11.2	10.6	9.0	—	—	3.7	2.0
欧盟	46.1	45.7	1.0	1.0	7.3	7.0	4.5	4.7
俄罗斯	14.7	14.7	—	—	3.6	4.3	2.1	5.2
澳大利亚	4.7	4.7	—	—	8.1	6.5	5.7	5.7
土耳其	8.6	8.8	2.9	0.5	0.2	0.2	2.0	2.0
乌克兰	3.7	3.4	—	—	5.7	2.5	1.3	0.9
加拿大	4.8	6.0	0.2	0.1	1.9	2.2	0.5	0.6

（续）

世界及主要国家或地区	利用量（百万吨）		进口量（百万吨）		出口量（百万吨）		期末库存量（百万吨）	
	2021/2022	2022/2023*	2021/2022	2022/2023*	2021/2022	2022/2023*	2022	2023*
哈萨克斯坦	2.3	2.3	0.1	—	0.4	0.6	0.3	0.4
伊朗	5.7	6.3	2.7	2.7	—	—	1.8	1.0
沙特阿拉伯	4.5	4.8	4.2	4.7	—	—	1.5	1.5
美国	3.4	3.5	0.4	0.3	0.1	0.2	0.9	1.4
阿根廷	1.6	1.9	—	—	3.5	3.2	0.6	0.6
日本	1.4	1.4	1.3	1.2	—	—	0.2	0.2

数据来源：FAO，Food Outlook，2022 年 11 月。

注：* 为 2022 年 11 月预测数据；市场年度指当年 7 月至翌年 6 月。

从贸易看，根据 FAO 预测数据，2022/2023 年度全球大麦贸易量（以进口量表示）预计为 2 790 万吨，比上年度减少 440 万吨，主要是由中国、土耳其等国家大麦进口量预计减少造成。2022/2023 年度，大麦主要进口国家或地区预计为中国（900 万吨）、沙特阿拉伯（470 万吨）、伊朗（270 万吨）、日本（120 万吨）和欧盟（100 万吨）；大麦主要出口国家或地区预计为欧盟（700 万吨）、澳大利亚（650 万吨）、俄罗斯（430 万吨）、阿根廷（320 万吨）、乌克兰（250 万吨）和加拿大（220 万吨）。

从库存看，根据 FAO 预测数据，2023 年全球大麦期末库存量预计为 3 210 万吨，比上年增加 70 万吨；其中，期末库存量位处前 5 位的国家或地区是澳大利亚（570 万吨）、俄罗斯（520 万吨）、欧盟（470 万吨）、中国（200 万吨）和土耳其（200 万吨）。

从价格看（图 17－1），2022 年 1—10 月，法国鲁昂（Rouen）饲料大麦和澳大利亚南部州饲料大麦的月度价格均先涨后跌，分别在 1—4 月和 1—6 月上涨了 43.62%和 43.87%，此后均以跌为主，到 10 月仍比 1 月分别高 4.36%和 10.41%；2022 年 1—10 月，法国鲁昂（Rouen）饲料大麦和澳大利亚南部州饲料大麦的平均价格分别为 347 美元/吨和 326 美元/吨，比上年同期（268 美元/吨和 242 美元/吨）分别上涨 79 美元/吨和 84 美元/吨，涨幅分别为 29.48%和 34.71%。

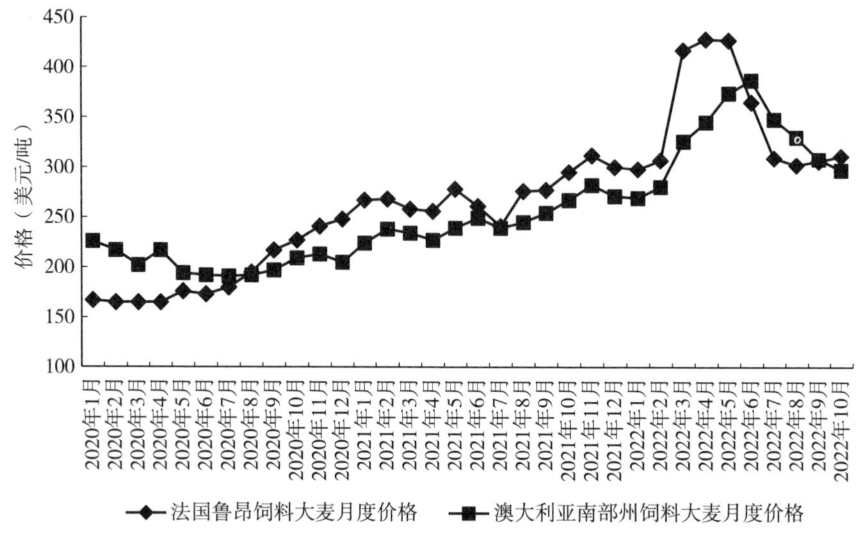

图 17－1　2020 年 1 月—2022 年 10 月法国鲁昂（Rouen）饲料大麦和澳大利亚南部州饲料大麦的月度价格

数据来源：FAO，Food Outlook，2022 年 11 月。

（二）2022 年中国大麦青稞产业概况

从生产看（表 17－3），根据国家大麦青稞产业技术体系的统计，2022 年中国大麦青稞的总收获面积为 100.17 万公顷，较上年增加 2.95 万公顷；总产量为 430.72 万吨，较上年增加 53.41 万吨；平均单产为 4.30 吨/公顷，较上年增加 0.42 吨/公顷。其中，大麦（即皮大麦，包括啤酒大麦和饲料大麦）的收获面积为 61.50 万公顷，较上年增加 3.75 万公顷；产量为 302.09 万吨，较上年增加 52.60 万吨；平均单产为 4.91 吨/公顷，较上年增加 0.59 吨/公顷。青稞（即裸大麦）的收获面积为 38.67 万公顷，较上年减少 0.80 万公顷；产量为 128.63 万吨，较上年增加 0.81 万吨；平均单产为 3.33 吨/公顷，较上年增加 0.09 吨/公顷。

从进口量看，2022 年 1—11 月中国大麦进口量为 528.38 万吨，较上年同期（1 146.52 万吨）减少了 618.14 万吨，降幅为 53.91%；其中，从阿根廷进口 236.21 万吨（占 44.70%），从加拿大进口 142.38 万吨（占 26.95%），从法国进口 91.76 万吨（占 17.37%），从乌克兰进口 20.97 万吨（占 3.97%），从乌拉圭进口 15.78 万吨（占 2.99%）。受到中澳经贸关系持续恶化，特别是中国商务部从 2020 年 5 月 19 日起连续 5 年对澳大利亚进口大麦征收 73.6％反倾销税、6.9％反补贴税的影响，中国从 2020 年 12 月起不再从澳大利亚进口大麦。同期，中国大麦出口量仅为 14 吨。

表 17－3　2022 年中国大麦青稞生产情况

省份	大麦青稞			啤酒大麦			饲料大麦			青稞		
	总面积（万公顷）	单产（吨/公顷）	总产（万吨）	面积（万公顷）	单产（吨/公顷）	总产（万吨）	面积（万公顷）	单产（吨/公顷）	总产（万吨）	面积（万公顷）	单产（吨/公顷）	总产（万吨）
内蒙古	3.36	4.04	13.58	3.33	4.05	13.50				0.03	2.85	0.08
黑龙江	0.09	4.27	0.37	0.09	4.27	0.37						
江苏	10.33	7.73	79.85	8.67	7.80	67.60	1.33	7.50	10.00	0.33	6.75	2.25
安徽	1.57	5.78	9.05				1.57	5.78	9.05			
浙江	0.99	4.20	4.16				0.99	4.20	4.16			
上海	0.06	6.71	0.38	0.06	6.71	0.38						
河南	3.14	5.59	17.52	0.08	5.50	0.44	3.06	5.59	17.08			
湖北	13.16	4.12	54.13	1.09	4.25	4.62	12.07	4.10	49.51			
四川	11.58	4.56	52.78	2.77	5.25	14.53	4.00	6.00	24.00	4.81	2.96	14.25
云南	19.03	3.37	64.19	8.95	3.30	29.51	9.11	3.47	31.64	0.97	3.14	3.04
甘肃	4.79	4.80	22.99	2.67	6.30	16.80	0.33	6.30	2.10	1.79	2.28	4.09
新疆	1.73	5.03	8.72	1.33	5.10	6.80				0.40	4.80	1.92
青海	9.13	2.35	21.50							9.13	2.35	21.50
西藏	21.21	3.84	81.50							21.21	3.84	81.50
总计	**100.17**	**4.30**	**430.72**	**29.04**	**5.32**	**154.55**	**32.46**	**4.55**	**147.54**	**38.67**	**3.33**	**128.63**

数据来源：国家大麦青稞产业技术体系。

从进口价格看（图 17－2），2022 年 1—11 月中国大麦进口平均价格为 360.18 美元/吨，较上年同期（281.48 美元/吨）上涨了 78.70 美元/吨，涨幅为 27.96％；从月度进口价格变化趋势看，1—8 月持续上涨，9 月转而下跌，10—11 月又上涨。从国内价格看（图 17－3），根据国家大麦青稞产业技术体系调研数据，2022 年中国啤酒大麦、饲料大麦和青稞的平均市场价格分别为 2.68 元/千克、2.66 元/千克和 3.89 元/千克，分别比 2021 年上涨了 17.89％、15.70％和 17.88％。

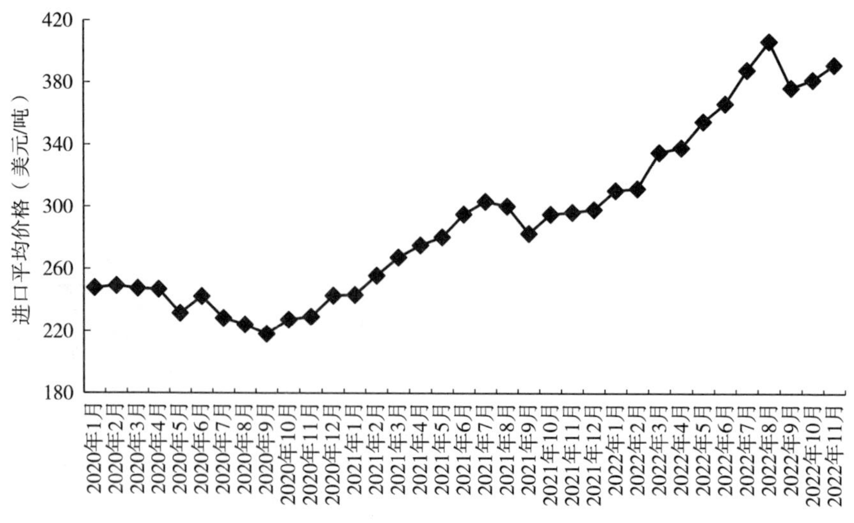

图 17－2　2020 年 1 月—2022 年 11 月中国大麦月度进口平均价格

数据来源：海关总署。

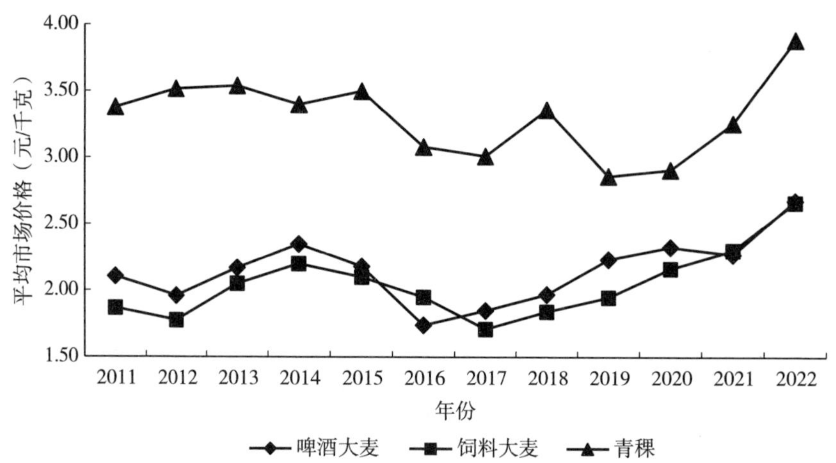

图 17－3　2011—2022 年中国大麦（啤酒大麦和饲料大麦）和青稞市场价格

数据来源：国家大麦青稞产业技术体系。

二、2023 年大麦青稞产业发展形势展望

（一）2023 年世界大麦产业发展形势展望

全球新冠疫情目前仍在持续，叠加俄乌冲突，对国际大麦市场形势产

生一定影响。气候和自然灾害、国际能源价格、国际大宗谷物价格、主产国政府调控政策、国际市场大麦供需及价格预期等是影响国际大麦市场形势的主要因素。2023 年，全球大麦播种面积和产量预计都将稳中有降。从北半球看，在总体良好的天气条件下，大多数国家或地区 2023 年冬大麦作物播种已完成。其中，欧盟、加拿大、俄罗斯、土耳其等国家作物播种条件良好，但鉴于 2022 年国际市场的高价抑制了需求，大麦播种面积和产量预计将保持稳定；作为主要农作物种植区的乌克兰东部目前直接受到俄乌冲突的持续影响，大麦等农作物的种植难以进行，大麦播种面积和产量预计将显著下降①。从南半球看，持续高位运行的国际市场价格将稳定阿根廷、澳大利亚等国家的大麦生产预期。

2023 年，全球大麦消费需求预计将有所下降，这主要是因为当前的国际市场大麦价格仍处在历史高位，会对欧盟、中国、摩洛哥、沙特阿拉伯、阿根廷、土耳其、墨西哥等饲料大麦主要消费地区或国家的需求产生抑制作用。

受到全球大麦供应紧张与价格高企、俄乌冲突等因素的影响，特别是中国从 2020 年 5 月 19 日起对澳大利亚进口大麦连续 5 年征收 73.6%反倾销税、6.9%反补贴导致澳大利亚大麦出现积压、库存增加，2021/2022 年度全球大麦贸易量出现下降。2022/2023 年度，得益于全球大麦供应紧张形势有望得到改善，以及《全面与进步跨太平洋伙伴关系协定》（CPTPP）生效后澳大利亚对墨西哥等协定其他成员国大麦出口面临的关税从 2022 年 1 月 1 日起立即降为 0，全球大麦贸易量预计将有所增长，国际市场大麦价格预计将延续目前的势头而稳中有降。

（二）2023 年中国大麦青稞产业发展形势展望

中国啤酒大麦产区主要位于江苏、甘肃、内蒙古、云南等省份，其价格相对较易受到国际市场价格的影响，2023 年啤酒大麦的价格预计将延续 2022 年的上涨势头继续稳中上扬，种植面积和产量预计都将随之继续出现恢复性增长；其他省份所产大麦主要作为畜牧业饲料或其加工原料、

① 联合国粮食及农业组织（FAO），Food Outlook，https：//www.fao.org/3/cc2864en/cc2864en.pdf；联合国粮食及农业组织（FAO），Crop Prospects and Food Situation，https：//www.fao.org/3/cc3233en/cc3233en.pdf。

特色大麦白酒酿造原料和特色食品加工原料，市场价格主要取决于当地市场供求情况。近年来，中国畜牧业以及相关酒类行业和食品加工业发展较为迅速，加上 2022 年 3 月以来玉米的国际价格持续高于国内价格[①]，考虑到替代品之间的价格传导作用，2023 年中国饲料大麦的价格预计将稳中有涨，种植面积和产量预计将稳中有增。

近年来，青稞特色食品、青稞白酒等青稞加工行业发展迅速，青稞加工产品不断走出青藏高原地区，青稞市场需求保持增长。受到青藏高原地区耕地面积有限、生态环境保护力度加大等因素影响，2023 年中国青稞种植面积和产量预计将基本稳定，青稞市场价格则会随需求增长而稳中有升。

受国内生猪产能快速恢复引发饲料需求大幅增加和国内玉米库存下降且产需缺口扩大的影响，2020—2021 年中国大麦进口量又持续较快增长。在中国政府政策调控下，2021—2022 年中国玉米产能逐渐恢复，产量预计超过 2.7 亿吨[②]，导致中国大麦进口量在 2022 年 1—11 月同比出现了明显回落。鉴于中国大麦产量与品质短期内难以完全满足国内需求，今后较长时期内中国对国外大麦特别是啤酒大麦仍有较强需求。综合来看，预计 2023 年中国大麦进口量将恢复增长势头。

---

① 农业农村部市场与信息化司，2022 年 9 月大宗农产品供需形势分析月报，http：//www. moa. gov. cn/ztzl/nybrl/rlxx/202210/P020221025405311969330. pdf。

② 国家粮油信息中心，饲用谷物市场供需状况月报（第 274 期）。

第十八章

2023年大麦青稞产业发展形势与2024年展望

一、2023 年大麦青稞产业发展情况

（一）2023 年世界大麦产业变化

从大麦生产看（表 18－1），据美国农业部预测[①]，2023/2024 年度全球大麦收获面积预计为 4 737 万公顷，比上年度增加 0.28％；其中，哈萨克斯坦、澳大利亚和加拿大的大麦收获面积增加绝对量将较为明显。2023/2024 年度全球大麦平均单产预计为 3.00 吨/公顷，比上年度减少 6.54％；其中，大麦单产下降绝对量处在前 4 位的主产区是澳大利亚、加拿大、英国和哈萨克斯坦，分别减少 1.12 吨/公顷、0.83 吨/公顷、0.47 吨/公顷和 0.43 吨/公顷。由于全球大麦单产的降幅大于收获面积的增幅，2023/2024 年度全球大麦产量将达到 1.42 亿吨，比上年度减少 926 万吨，降幅为 6.11％。

从大麦利用看（表 18－2），据联合国粮食及农业组织（FAO）预测数据[②]，2023/2024 年度全球大麦利用量预计为 1.44 亿吨，比上年度减少 270 万吨；其中，利用量位处前 8 位的国家或地区是欧盟（4 440 万吨）、俄罗斯（1 470 万吨）、中国（990 万吨）、土耳其（940 万吨）、澳大利亚（580 万吨）、伊朗（580 万吨）、加拿大（530 万吨）和沙特阿拉伯（480 万吨）。

---

① USDA，World Agricultural Production，https：//apps. fas. usda. gov/psdonline/circulars/production. pdf。

② FAO，Food Outlook，https：//www. fao. org/3/cc8589en/cc8589en. pdf。

表 18－1　2022/2023 年度和 2023/2024 年度世界及主要国家或地区大麦生产情况

世界及主要国家或地区	收获面积（百万公顷）		单产（吨/公顷）		产量（百万吨）	
	2022/2023	2023/2024*	2022/2023	2023/2024*	2022/2023	2023/2024*
世界	47.24	47.37	3.21	3.00	151.54	142.28
中国	0.51	0.50	3.92	4.00	2.00	2.00
欧盟	10.30	10.32	5.02	4.69	51.69	48.35
俄罗斯	7.75	7.65	2.77	2.68	21.50	20.50
澳大利亚	4.13	4.20	3.43	2.31	14.14	9.70
土耳其	3.80	3.70	1.95	2.16	7.40	8.00
加拿大	2.64	2.70	3.79	2.96	9.99	8.00
英国	1.10	1.13	6.69	6.22	7.39	7.00
乌克兰	1.95	1.70	3.13	3.62	6.10	6.15
阿根廷	1.57	1.40	2.88	3.57	4.50	5.00
美国	0.99	1.03	3.85	3.90	3.81	4.03
伊朗	1.65	1.65	1.82	1.82	3.00	3.00
哈萨克斯坦	2.18	2.50	1.51	1.08	3.29	2.70

数据来源：USDA，World Agricultural Production，2023 年 11 月。

注：* 为 2023 年 11 月预测数据；市场年度是指当年 7 月至翌年 6 月。

表 18－2　2022/2023 年度和 2023/2024 年度世界及主要国家或地区大麦利用、贸易和期末库存情况

世界及主要国家或地区	利用量（百万吨）		进口量（百万吨）		出口量（百万吨）		期末库存量（百万吨）	
	2022/2023	2023/2024*	2022/2023	2023/2024*	2022/2023	2023/2024*	2023	2024*
世界	146.4	143.7	29.4	28.8	29.4	28.8	31.9	31.7
中国	9.4	9.9	7.4	8.3			2.0	2.1
欧盟	45.9	44.4	2.0	1.5	6.5	7.0	5.7	4.6
俄罗斯	14.7	14.7			4.4	5.0	6.0	6.4
土耳其	10.0	9.4	2.2	1.0	0.2	0.2	2.4	2.4
澳大利亚	5.7	5.8			7.6	6.3	2.6	2.0
伊朗	6.2	5.8	2.5	2.8			1.0	1.0
加拿大	5.8	5.3	0.1	0.2	3.2	2.8	0.7	0.6

（续）

世界及主要国家或地区	利用量（百万吨）		进口量（百万吨）		出口量（百万吨）		期末库存量（百万吨）	
	2022/2023	2023/2024*	2022/2023	2023/2024*	2022/2023	2023/2024*	2023	2024*
沙特阿拉伯	5.2	4.8	5.0	4.7			1.4	1.4
美国	3.9	4.0	0.5	0.4		0.1	1.3	1.5
乌克兰	3.3	3.2			2.7	2.5	0.9	1.1
哈萨克斯坦	2.3	2.3			0.6	0.6	0.7	0.4
阿根廷	1.9	1.9			2.7	3.0	0.6	0.6
日本	1.5	1.4	1.3	1.2			0.2	0.2

数据来源：FAO，Food Outlook，2023 年 11 月。

注：* 为 2023 年 11 月预测数据；市场年度是指当年 7 月至翌年 6 月。

从大麦贸易看，据 FAO 预测数据，2023/2024 年度全球大麦贸易量（以进口量表示）预计为 2 880 万吨，比上年度减少 60 万吨，主要是由土耳其、欧盟、沙特阿拉伯等国家或地区大麦进口量预计减少造成。2023/2024 年度，大麦主要进口国家或地区预计为中国（830 万吨）、沙特阿拉伯（470 万吨）、伊朗（280 万吨）、欧盟（150 万吨）和日本（120 万吨）；大麦主要出口国家或地区预计为欧盟（700 万吨）、澳大利亚（630 万吨）、俄罗斯（500 万吨）、阿根廷（300 万吨）、加拿大（280 万吨）和乌克兰（250 万吨）。

从大麦库存看，据 FAO 预测数据，2024 年全球大麦期末库存量预计为 3 170 万吨，比上年减少 20 万吨；其中，期末库存量位处前 4 位的国家或地区是俄罗斯（640 万吨）、欧盟（460 万吨）、土耳其（240 万吨）和中国（210 万吨）。

从大麦价格看（图 18－1），2023 年 1—10 月，法国鲁昂饲料大麦月度价格以跌为主，降幅为 23.08%；澳大利亚南部州饲料大麦月度价格在 1—6 月以跌为主，6—10 月持续上涨，总体上 10 月比 1 月下跌了 11.64%。2023 年 1—10 月，法国鲁昂饲料大麦和澳大利亚南部州饲料大麦的平均价格分别为 258 美元/吨和 261 美元/吨，比上年同期（347 美元/吨和 326 美元/吨）分别下跌 89 美元/吨和 65 美元/吨，跌幅分别为 25.65%和 19.94%。

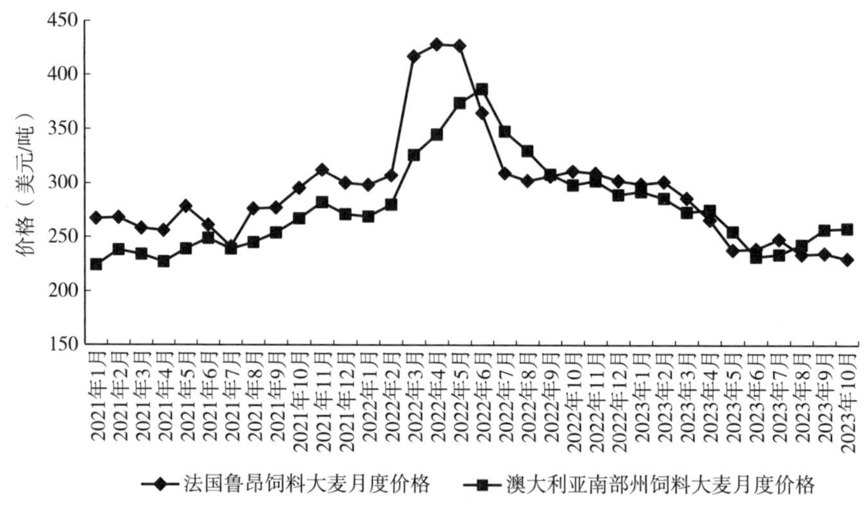

图 18-1　2021 年 1 月—2023 年 10 月法国鲁昂饲料大麦和澳大利亚南部州饲料大麦的月度价格

数据来源：FAO，Food Outlook，2023 年 11 月。

（二）2023 年中国大麦青稞产业变化

从生产看（表 18-3），据国家大麦青稞产业技术体系统计，2023 年中国大麦青稞的总收获面积为 104.05 万公顷，较上年增加 3.88 万公顷；总产量为 442.26 万吨，较上年增加 11.54 万吨；平均单产为 4.25 吨/公顷，较上年减少 0.05 吨/公顷。其中，大麦（即皮大麦，包括啤酒大麦和饲料大麦）的收获面积为 64.21 万公顷，较上年增加 2.71 万公顷；产量为 310.20 万吨，较上年增加 8.11 万吨；平均单产为 4.83 吨/公顷，较上年减少 0.08 吨/公顷。青稞（即裸大麦）的收获面积为 39.84 万公顷，较上年增加 1.17 万公顷；产量为 132.06 万吨，较上年增加 3.43 万吨；平均单产为 3.31 吨/公顷，较上年减少 0.02 吨/公顷。

从进口量看，2023 年 1—10 月中国大麦进口量为 844.71 万吨，较上年同期（462.82 万吨）猛增 381.89 万吨，增幅为 82.51%；其中，从法国进口 311.04 万吨（占 36.82%），从阿根廷进口 185.96 万吨（占 22.01%），从加拿大进口 184.76 万吨（占 21.87%），从哈萨克斯坦进口 60.05 万吨（占 7.11%），从澳大利亚进口 31.37 万吨（占 3.71%）。根据国内市场形势变化，中国商务部在2023年8月4日发布《关于原产于澳大利亚的进口大麦所适用反倾销措施和反补贴措施复审裁定的公告》，决定自2023年8月5日起终止对原产于澳大利亚的进口大麦征收反倾销税和反补贴税，2023年10月起中国恢复进口澳大利亚大麦。2023年1—10月中国出口大麦13.58吨，同比增加4.33%；其中83%出口到美国。

表18-3　2023年中国大麦青稞生产情况

省份	大麦青稞			啤酒大麦			饲料大麦			青稞		
	总面积（万公顷）	单产（吨/公顷）	总产（万吨）	面积（万公顷）	单产（吨/公顷）	总产（万吨）	面积（万公顷）	单产（吨/公顷）	总产（万吨）	面积（万公顷）	单产（吨/公顷）	总产（万吨）
内蒙古	3.22	4.52	14.57	3.20	4.54	14.54				0.02	1.35	0.03
黑龙江	0.40	3.75	1.50	0.40	3.75	1.50						
江苏	11.62	6.21	72.15	7.33	6.55	48.00	4.00	6.00	24.00	0.29	0.52	0.15
安徽	1.59	5.85	9.28				1.59	5.85	9.28			
浙江	0.73	4.20	3.08				0.73	4.20	3.08			
上海	0.04	6.69	0.29	0.04	6.69	0.29						
河南	3.26	5.86	19.11	0.06	5.75	0.35	3.20	5.86	18.76			
湖北	13.07	4.33	56.54	1.15	4.34	4.98	11.92	4.33	51.56			
四川	11.81	4.57	53.99	2.77	5.25	14.57	4.00	6.00	24.00	5.04	3.06	15.42
云南	20.22	3.42	69.19	8.93	3.43	30.68	10.29	3.45	35.51	1.00	3.00	3.00
甘肃	5.49	5.23	28.75	3.33	6.75	22.50	0.27	6.75	1.80	1.89	2.35	4.45
新疆	1.33	4.76	6.35	1.00	4.80	4.80				0.33	4.65	1.55
青海	9.27	2.53	23.46							9.27	2.53	23.46
西藏	22.00	3.82	84.00							22.00	3.82	84.00
总计	**104.05**	**4.25**	**442.26**	**28.21**	**5.04**	**142.21**	**36.00**	**4.67**	**167.99**	**39.84**	**3.31**	**132.06**

数据来源：国家大麦青稞产业技术体系。

从进口价格看（图18-2），2023年1—10月中国大麦进口平均价格为352.85美元/吨，较上年同期（357.05美元/吨）下降了4.20美元/吨，降幅为1.18%；从月度进口价格变化趋势看，从2023年1月的413.24美元/吨持续下跌至10月的292.86美元/吨，跌幅达29.13%。从国内价格看（图18-3），据国家大麦青稞产业技术体系统计，2023年中国啤酒大麦和饲料大麦的平均市场价格均为2.58元/千克，同比下跌了3.73%和

3.01%，青稞的平均市场价格为 4.05 元/千克，同比上涨了 4.11%。

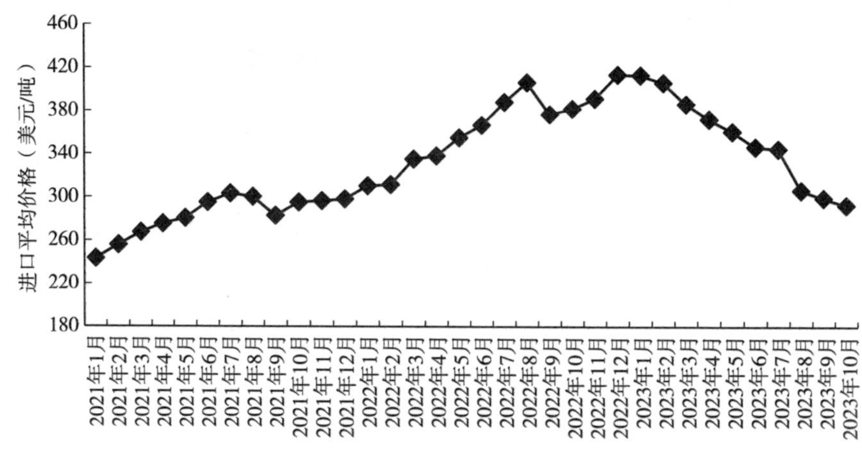

图 18 - 2　2021 年 1 月—2023 年 10 月中国大麦月度进口平均价格

数据来源：海关总署。

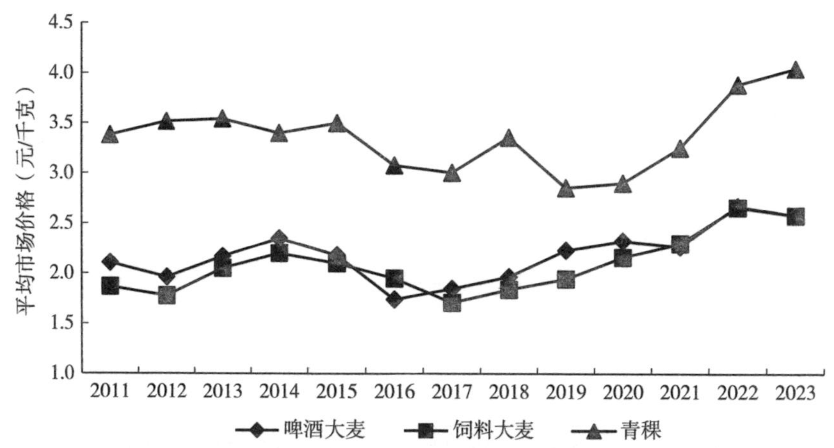

图 18 - 3　2011—2023 年中国大麦（啤酒大麦和饲料大麦）和青稞市场价格

数据来源：国家大麦青稞产业技术体系。

二、2024 年大麦青稞产业发展形势展望

（一）2024 年世界大麦产业发展形势展望

据 2023 年 11 月联合国粮食及农业组织（FAO）发布的《作物前景与

粮食形势》（*Crop Prospects and Food Situation*）[①]，从北半球看，当前正在种植 2024 年冬大麦，由于大麦价格稳中有跌，2024 年的大麦种植面积和产量增长可能有限。在欧盟，虽然中部地区的种植条件普遍有利，但北部和西部地区却因为过度潮湿而影响了播种和作物早期生长；在乌克兰，受到俄乌冲突持续的影响，农场交货价格低和投入品成本高导致农民经济能力下降，这些挑战可能会进一步导致 2024 年大麦种植面积收缩；在俄罗斯，10 月南部地区曾出现降雨不足，但随着天气条件改善，冬大麦种植在 11 月下旬已基本完成，2024 年大麦产量将有所增加；在美国，据 2023 年 11 月美国农业部（USDA）发布的《饲用谷物展望》（*Feed Outlook*）[②]，由于当季天气条件较好，2024 年大麦产量会增加。从南半球看，在阿根廷，虽然先前出现干旱，但近期降水量的增加提高了土壤水分水平，预计高于平均水平的降水可能会持续，因此阿根廷大麦产量在 2024 年预计会出现反弹；在澳大利亚，据 2023 年 12 月澳大利亚农业、渔业和林业部发布的《2023 年 12 月农产品报告》（*Agricultural Commodities Report*：*December quarter 2023*）[③]，受厄尔尼诺现象加剧影响，澳大利亚将出现持续的炎热干燥气候条件，虽然比小麦适应性更强的大麦种植面积将增加，但产量预计下降。总体来看，2024 年全球大麦产量将稳中有降。

当前，国际大麦价格仍处在历史高位，会对欧盟、中国、摩洛哥、沙特阿拉伯、阿根廷、土耳其、墨西哥等大麦主要消费地区或国家的需求产生一定抑制作用，预计 2024 年全球大麦消费需求将有所下降。

受到全球大麦供应紧张与价格高企、俄乌冲突持续等不利因素影响，特别是中国从 2020 年 5 月 19 日起对澳大利亚进口大麦连续 5 年征收 73.6%反倾销税、6.9%反补贴税导致澳大利亚大麦出现积压、库存增加，2022 年和 2023 年全球大麦贸易量连续下降。2024 年，虽然中国在 2023 年 8 月终止对原产于澳大利亚的进口大麦征收反倾销税和反补贴税并从

① FAO，Crop Prospects and Food Situation，https：//www.fao.org/3/cc8566en/cc8566en.pdf。

② USDA，Feed Outlook，https：//www.ers.usda.gov/webdocs/outlooks/107870/fds－23k.pdf?v=9491.7。

③ Australian Bureau of Agricultural and Resource Economics and Sciences，Agricultural Commodities Report：December quarter 2023，https：//daff.ent.sirsidynix.net.au/client/en_AU/search/asset/1035303/0。

2023 年 10 月起恢复进口澳大利亚大麦，但由于全球供应紧张局面仍将持续，会拖累全球大麦贸易量进一步下降，国际大麦价格预计将延续目前稳中有降的势头。

（二）2024 年中国大麦青稞产业发展形势展望

中国啤酒大麦产区主要位于江苏、甘肃、内蒙古、云南等省份，其价格易受到国际市场影响。2024 年中国啤酒大麦价格预计稳中有降，种植面积和产量预计基本稳定。其他省份所产大麦主要作为畜牧业饲料或其加工原料、特色大麦白酒酿造原料和特色食品加工原料，市场价格主要受当地市场供求情况影响。近年来，中国畜牧业以及相关酒类行业和食品加工业发展较为迅速，预计 2024 年中国饲料大麦价格继续保持高位，种植面积和产量预计稳中有增。

中国以啤酒行业为主导的大麦加工需求较为稳定，畜产品消费需求持续增长引起的饲料大麦需求则增长较快。2020—2021 年，中国大麦进口量持续较快增长。在国家政策调控下，2021—2023 年玉米产能逐渐恢复，产量均超过 2.7 亿吨，导致 2022 年大麦进口量明显回落，但 2023 年又显著增长。鉴于中国大麦产量与品质短期内难以完全满足国内需求，今后较长时期内对国外大麦特别是啤酒大麦仍有较强需求。综合来看，预计 2024 年中国大麦进口量仍将保持在高位。

由于青藏高原地区耕地面积总量有限和中国政府近年来不断加大青藏高原生态环境保护力度，特别是从 2023 年 9 月 1 日起正式施行的《青藏高原生态保护法》明确提出了青藏高原的“生态保护红线、环境质量底线、资源利用上线”，2024 年中国青稞种植面积和产量预计基本稳定，青稞市场价格将会随需求增长而稳中有升。

第十九章

2023年全球及主要国家大麦产业发展形势展望

一、澳大利亚对 2023 年国内外大麦产业形势展望

2023 年 9 月，澳大利亚农业、渔业和林业部（Department of Agriculture，Fisheries and Forestry）下属的澳大利亚农业与资源经济科学局（Australian Bureau of Agricultural and Resource Economics and Sciences，ABARES）发布了 2023 年第 3 期《农产品报告》（*Agricultural Commodities Report*）①，对 2023/2024 年度澳大利亚以及全球的大麦市场形势和前景进行了分析，主要内容及观点如下。

（一）2023/2024 年度澳大利亚大麦市场形势展望

1. 2023/2024 年度澳大利亚大麦产值将趋于下降

预计 2023/2024 年度，澳大利亚大麦产值将达到 32 亿美元，但同比下降 29%（图 19－1）。主要因为，当前国际市场大麦价格出现震荡下行，以及 2023/2024 年度澳大利亚大麦产量相较于 2022/2023 年度的创纪录产量水平将出现下降。2023 年 9 月发布的 2023/2024 年度澳大利亚大麦产值预测结果比 2023 年 6 月高出约 3 亿美元。这主要是得益于 2023 年 6 月澳大利亚南方大麦种植区降雨高于预期，轻微上调了澳大利亚大麦产量，以及对大麦市场价格稍微更高的预测。

---

① Agricultural Commodities Report，https：//daff. ent. sirsidynix. net. au/client/en _ AU/search/asset/1035021/0.

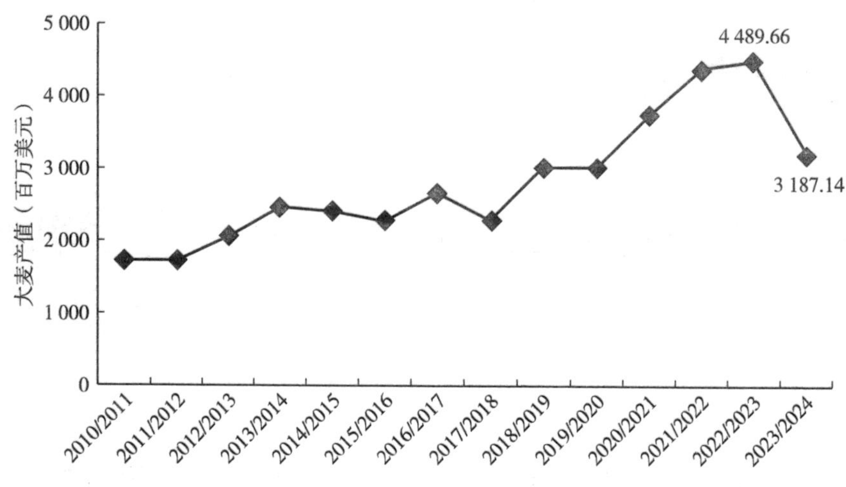

图 19-1　2010/2011—2023/2024 年度澳大利亚大麦产值

资料来源：Agricultural Commodities Report，2023 年 9 月。

2. 2023/2024 年度澳大利亚大麦出口额和出口量将明显下降

2023/2024 年度，澳大利亚大麦出口额预计将下降 19%，降至 27 亿美元，这反映了出口价格下跌和出口量减少（图 19-2）。2020 年 5 月，中国政府宣布对澳大利亚进口大麦征收反倾销税和反补贴税，导致澳大利亚大麦出口转向中东和亚洲其他地区。随着 2023 年 8 月中国政府取消对澳大利亚进口大麦征收反倾销税和反补贴税，预计中国对澳大利亚酿造大麦的进口将于 2023 年底恢复。这可能会支撑澳大利亚大麦的出口价格稳定在高位。受到大麦产量将下降的影响，预计 2023/2024 年度澳大利亚大麦出口量将下降 10%，降至 687 万吨。

3. 国际玉米供应充足将导致 2023/2024 年度澳大利亚大麦价格下跌

澳大利亚国内和全球大麦产量预计都下降，2023/2024 年度澳大利亚国内大麦价格预计也将下跌（表 19-1）。主要是由于全球玉米供应增加推动全球粗粮供应增加，预计将对包括大麦在内的所有粗粮的国际市场价格产生下行压力。从澳大利亚看，2023/2024 年度，吉朗（Geelong）饲料大麦价格预计下降 4%，平均为 308 澳元/吨，吉朗（Geelong）酿造大麦价格预计下降 1%，平均为 370 澳元/吨。

预计 2023/2024 年度澳大利亚大麦出口价格相对于国际市场将有所提高。2020 年 7 月以来，澳大利亚大麦出口一直以相对折扣的价格在世界

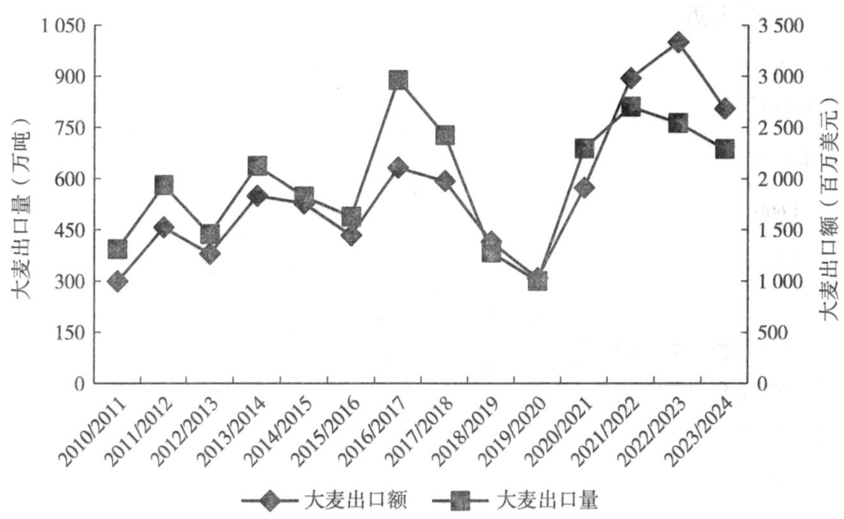

图 19-2　2010/2011—2023/2024 年度澳大利亚大麦出口量和出口额

资料来源：Agricultural Commodities Report，2023 年 9 月。

粗粮市场交易。这在一定程度上是由于中国政府对澳大利亚大麦征收高反倾销税和反补贴税。预计取消这些关税将导致中国对澳大利亚酿造大麦的需求增加，提高澳大利亚大麦在全球市场上相对于竞争对手的价格，特别是考虑到澳大利亚与中国地理接近，为其提供了相对于其他竞争对手的更低的运费优势。

表 19-1　2021/2022—2023/2024 年度澳大利亚大麦市场形势

项目	2021/2022	2022/2023	2023/2024
种植面积（万公顷）	509.45	412.70	423.70
产量（万吨）	1 437.73	1 413.68	1 049.00
国内利用量（万吨）	578.57	569.26	582.44
出口量（万吨）	810.54	762.36	686.58
期末库存量（万吨）	242.27	261.71	198.29
饲料大麦价格（澳元/吨）	307.629	322.346	308.380
酿造大麦价格（澳元/吨）	330.596	374.100	370.497

资料来源：Agricultural Commodities Report，2023 年 9 月。

4. 2023/2024 年度澳大利亚大麦产量将下降

预计 2023/2024 年度，澳大利亚大麦产量将下降 26%，降至 1 049 万吨，低于过去近10年的平均水平（图19-3）。主要是由于气候条件预计较为干燥，导致澳大利亚主要产区的大麦产量降低。然而，由于2023年6月降雨超出预期，南澳大利亚州和维多利亚州的大麦种植区域内土壤湿度充足，将有助于大麦生长。

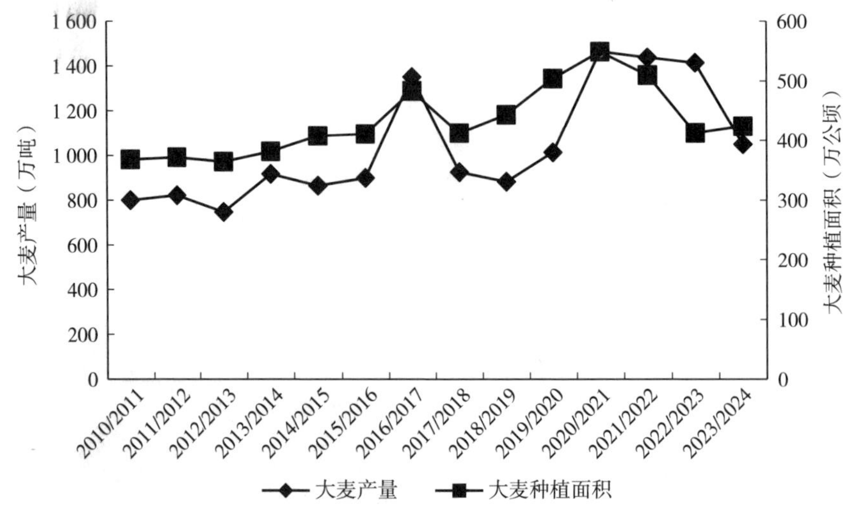

图19-3 2010/2011—2023/2024年度澳大利亚大麦产量和种植面积

资料来源：Agricultural Commodities Report，2023年9月。

预计2023/2024年度，澳大利亚大麦种植面积将增加3%，达到424万公顷。这主要是因为与小麦和油菜相比，大麦更能抵御较为干燥的气候条件，被农场主们作为首选农作物。

（二）2023/2024年度全球大麦市场形势展望

从全球看，预计2023/2024年度，全球大麦产量将下降6%，达到1.43亿吨。主要是由于全球大麦种植面积预计将减少，以及欧盟、俄罗斯、乌克兰和澳大利亚等主要产区的大麦产量预计都将下降，超过阿根廷大麦产量的增加量。从主要产区看，在欧盟，持续的干燥天气影响了南部地区的大麦生产前景，预计大麦产量将下降6%，降至4 800万吨。2023年7月下旬，欧洲中北地区的大雨也将对大麦生产产生不利影响。在俄罗斯，由于大麦种植面积预计减少，产量将随之下降11%，降至1 900万吨。在乌克兰，大麦产量仍受到俄乌冲突持续的影响，预计将下降7%，降至570万吨。在阿根廷，大麦产量预计将增加18%，达到540万吨，得益于主要种植省份布宜诺斯艾利斯省的土壤湿度较好。

2023/2024年度，全球大麦库存预计较为紧张。欧盟、俄罗斯和澳大利亚的大麦库存将处在较低水平，这也使得对澳大利亚大麦有更强劲的需求。受到供给减少的影响，2023/2024年度全球大麦消费量预计将下降4%。

从全球看，2023/2024年度，以法国鲁昂大麦离岸价表示的全球大麦价格预计将下跌10%，平均为262美元/吨。尽管预计将出现下降，但2023/2024年度全球大麦价格仍将保持在较高水平，比截至2022/2023年度的近10年平均水平高17%。主要是因为近年来全球大麦产量减少和需求稳定，使得全球大麦库存预计将较为紧张。

（三）机遇与挑战：干燥的气候条件和厄尔尼诺现象的发展

根据澳大利亚气象局（Bureau of Meteorology）在2023年8月发布的2023年9—11月降雨展望报告，受到厄尔尼诺现象的影响，澳大利亚主要种植区在2024年春季的降雨可能会偏少，气候条件较为干燥，不足以恢复土壤湿度，影响作物生长，导致大麦产量降低。在大多数土壤湿度较低的地区，大麦生产前景不容乐观。在降雨较多的大麦种植区，由于缺少足够的肥料，也可能会影响大麦产量。

二、加拿大对2023/2024年度国内外大麦产业形势展望

2023年11月，加拿大统计局（Statistics Canada，STC）和加拿大农业及农业食品部（Agriculture and Agri－Food Canada，AAFC）联合发布了*Outlook for Principal Field Crops*①，对2023/2024年度加拿大以及全球的大麦市场形势及前景进行了分析，主要内容及观点如下。

（一）2023/2024年度加拿大大麦市场形势展望

根据加拿大统计局在2023年9月14日发布的基于模型的单产和产量

① Outlook for Principal Field Crops，https：//agriculture.canada.ca/en/sector/crops/reports－statistics/canada－outlook－principal－field－crops－2023－11－21.

估计报告，2023/2024 年度加拿大大麦产量预计为 784 万吨，同比下降 21%（表 19－2），比近 5 年平均水平高 16%。尽管如此，西加拿大地区的"草原三省"——阿尔伯塔省（Alberta）、萨斯喀彻温省（Saskatchewan）和曼尼托巴省（Manitoba）的省政府发布的 2023 年种植季的最终作物报告显示，大麦产量好于预期。2023 年"草原三省"的大麦单产详情如下（括号外为省政府估计数据，括号内前一数据为加拿大统计局的估计数据，后一数据为近 5 年平均产量）：阿尔伯塔省 3.30 吨/公顷（3.28 吨/公顷，3.62 吨/公顷），萨斯喀彻温省 2.99 吨/公顷（2.42 吨/公顷，3.22 吨/公顷），曼尼托巴省 4.04 吨/公顷（3.44 吨/公顷，3.89 吨/公顷）。根据"草原三省"省政府发布的报告，大麦质量总体上都较好。阿尔伯塔省大麦的麦芽等级估计为 26.2%；萨斯喀彻温省大部分大麦的质量都高于 10 年来的平均水平，属于前两级；曼尼托巴省大麦作物的质量很好。

表 19－2　加拿大大麦供给和利用情况

项目	2021/2022 年度	2022/2023 年度	2023/2024 年度
播种面积（千公顷）	3 368	2 851	2 963
收获面积（千公顷）	3 011	2 636	2 662
单产（吨/公顷）	2.32	3.79	2.95
产量（千吨）	6 984	9 987	7 842
进口量（千吨）	228	26	200
总供给量（千吨）	7 923	10 556	8 751
出口量（千吨）	2 673	3 882	2 730
食品和工业用途（千吨）	284	115	319
饲料、废料和扣除量（千吨）	4 178	5 596	4 901
总国内使用量（千吨）	4 707	5 965	5 471
期末库存（千吨）	543	709	550
平均价格（美元/吨）	432	417	350

资料来源：Outlook for Principal Field Crops，2023 年 11 月 21 日。

尽管 2023/2024 年度预计大麦期初库存和进口量将增加，但产量的大幅下降将导致加拿大的大麦供应量仅为 875 万吨，大幅低于去年和近 5 年平均供应量，是有记录以来的第二低水平。预计 2023/2024 年度大麦需求同比将下降，这与饲料使用量和出口量下降以及供应量减少有关。预计 2023/

2024 年度大麦库存量为 55 万吨，接近 2021/2022 年度创下的历史低点。

根据加拿大谷物委员会（Canadian Grain Commission）公布的每周统计数据，2023 年 10 月，加拿大出口 59 万吨大麦，明显低于去年和前年同期，也低于过去 5 年的平均水平。到 2023 年 10 月，加拿大大麦最大出口目的地是中国，其次是美国。根据加拿大统计局公布的月度贸易数据，麦芽出口保持相对稳定，主要目的地是美国、日本、墨西哥和韩国。

2023/2024 年度，莱斯布里奇（Lethbridge）大麦平均价格预计为 350 美元/吨，低于前两年的历史高点，主要受到 2023/2024 年度美国玉米价格下跌和出口放缓的影响。尽管如此，该价格水平仍远高于近 5 年平均水平。

（二）2023/2024 年度全球大麦市场形势展望

根据美国农业部（USDA）估计，2023/2024 年度全球大麦产量预计为 1.42 亿吨，略高于 2023 年 10 月的估计，但仍明显低于 2022/2023 年度和近 5 年平均水平。在主要大麦出口国中，与 2023 年 10 月的估计相比，俄罗斯和乌克兰的大麦产量预计将增加，阿根廷和欧盟的大麦产量预计将减少，澳大利亚的大麦产量预计持平。尽管食品和工业消费增加，但由于饲料使用量减少，2023/2024 年度全球大麦需求将降至近 5 年的最低水平。2023/2024 年度全球大麦库存将跌至历史低点。

三、美国对 2023 年主要国家和全球大麦产业形势展望

2023 年 11 月，美国农业部（USDA）下属的海外农业服务局（Foreign Agricultural Service）和经济研究服务局（Economic Research Service）分别发布了 *Grain：World Markets and Trade* [①] 和 *Feed Outlook* [②]，对 2023/2024 年度主要国家和全球的大麦市场形势及前景进行了分析，主要内容及观点如下。

---

① USDA，Grain：World Markets and Trade，https：//downloads. usda. library. cornell. edu/usda - esmis/files/zs25x844t/n296zh705/4f16dn46k/grain. pdf.

② USDA，Feed Outlook，https：//downloads. usda. library. cornell. edu/usda - esmis/files/44558-d29f/jh345c00k/cf95kw758/FDS - 23k. pdf.

（一）2023/2024 年度沙特阿拉伯大麦进口形势展望

1978/1979 年度以来，沙特阿拉伯进口的主要饲料谷物一直是大麦，其中在 2015/2016 年度达到 1 000 多万吨的峰值。然而，截至 2023 年 9 月，沙特阿拉伯已进口近 330 万吨玉米，但仅进口 310 万吨大麦。主要进口品种从大麦向玉米的转变是玉米价格下降、加工饲料需求增加和全球大麦供应减少的结果。

2023 年，全球玉米市场供应增加将导致进口玉米价格下跌。根据美国农业部海外农业服务局（FAS）驻沙特利雅得农业事务办公室发布的信息，沙特阿拉伯玉米进口价格（包括成本和运费）将下降 60 美元/吨，降至 240 美元/吨，大麦进口价格（包括成本和运费）则没有明显放缓，徘徊在 250 美元/吨左右。加上政府补贴带来的进口成本下降，玉米已成为沙特阿拉伯饲料进口商的首选，进口玉米的价格比进口大麦便宜 35%。

沙特阿拉伯国内不断变化的需求驱动因素也支持玉米进口高于大麦。饲料需求的大部分增长来自不断扩大的家禽行业。Almarai 等主要家禽养殖企业已投资 18 亿美元，以便到 2028 年将家禽产量翻一番。沙特阿拉伯 60%的家禽口粮是用进口玉米制成的，这意味着随着家禽产量的增加，对以玉米为主的饲料粮的进口需求将继续增长。而进口大麦主要供绵羊和山羊养殖主体使用，近年来，由于全球大麦价格高企，估计其中 30%的养殖主体已经出清了牛群。绵羊和山羊养殖主体还可以在条件良好的牧场上放牧，完全避免购买大麦等饲料粮。

2023/2024 年度全球大麦供应趋紧也支持玉米进口增加。欧盟和乌克兰大麦产量持续下降，导致供应紧张。同时，澳大利亚和中国之间的大麦贸易关系恢复，使俄罗斯成为唯一能在短期内满足沙特阿拉伯大麦进口需求的主要供应国。相比之下，预计 2023/2024 年度可出口的玉米供应量将保持高位。2023/2024 年度沙特阿拉伯预计将进口 490 万吨玉米，而同期大麦进口量只有 410 万吨。

（二）中国取消对澳大利亚进口大麦征收反倾销税反补贴税的影响

2023 年 8 月，中国政府宣布取消对澳大利亚大麦征收 80.5%的反倾销税和反补贴税，标志着两国农业贸易关系的重大转折。中国商务部表示，此举反映了“中国大麦市场形势的变化”，并且“不再需要继续对原产于澳大利亚的进口大麦征收反倾销税和反补贴税”。该关税于2020年5月实施，实际上停止了澳大利亚大麦对中国的出口。在过去3个销售年度中，中国大麦进口量平均超过870万吨，预计2023/2024年度为750万吨（表19-3）。中国进口大麦主要用于饲料，一小部分用于酿造。然而，2023/2024年度全球大麦供应趋紧，对中国进口需求构成障碍。

2023年8月初以来，国际谷物理事会（IGC）谷物和油籽指数（GOI）大麦分项指数所反映的大麦出口总价环比下降了3%。在对澳大利亚进口大麦征收反倾销税和反补贴税期间，中国大麦主要自法国和阿根廷进口，2023年8月两国大麦价格均跌至235美元/吨，分别下跌3%和4%。相比之下，同期澳大利亚大麦出口价格上涨8%，达到255美元/吨，可能是因为取消反倾销税和反补贴税后，中国对澳大利亚大麦进口需求预计将增加。

中国取消对澳大利亚进口大麦征收反倾销税和反补贴税，不会使中国与澳大利亚大麦贸易量立即恢复到2016/2017年度的高水平。与2016/2017年度相比，当前澳大利亚大麦供应更加有限，澳大利亚在过去几年里开拓了新的大麦出口市场，沙特阿拉伯、泰国和其他主要进口国现在将与中国争夺有限的澳大利亚大麦供应。

（三）2023/2024年度全球大麦市场形势展望

2023/2024年度，全球大麦产量预计为1.42亿吨，比上年下降6.5%，为2018/2019年度以来的最低水平。预计2023/2024年度包括欧盟、俄罗斯和加拿大在内的全球主要产区和出口来源地的大麦产量都将下降。虽然预计澳大利亚大麦产量也将下降，但由于其大麦库存量在连续3年的丰收之后保持在较高水平，预计澳大利亚大麦出口量仍将达到520万吨（表19-3）。

在2023/2024年度（美国大麦市场年度为当年6月至翌年5月）的前4个月（6—9月），美国大麦价格涨幅超出预期。预计2023/2024年度，美国大麦平均价格同比将上涨7.87美元/吨，达到283.45美元/吨。根据2023年11月美国国家农业统计局（NASS）发布的 *Agricultural Prices*，2023年9月啤酒大麦的平均价格为301.56美元/吨，饲料大麦价格为205.90

表 19-3　世界及主要国家或地区大麦出口量和进口量（千吨）

出口量	2021/2022	2022/2023	2023/2024	进口量	2021/2022	2022/2023	2023/2024
欧盟	6 362	6 500	6 500	中国	8 282	8 582	7 500
俄罗斯	3 100	5 400	5 300	沙特阿拉伯	4 700	3 100	4 100
澳大利亚	8 233	7 084	5 200	伊朗	1 700	1 700	2 200
阿根廷	3 765	2 908	3 400	欧盟	1 239	2 200	1 400
加拿大	1 974	2 900	2 300	日本	1 184	1 227	1 250
乌克兰	2 710	2 700	1 800	约旦	1 023	1 200	1 000
英国	785	1 150	900	突尼斯	798	767	800
哈萨克斯坦	563	1 250	850	阿尔及利亚	688	200	700
土耳其	215	121	250	摩洛哥	760	850	700
塞尔维亚	125	120	150	土耳其	2 036	1 967	500
美国	70	57	75	巴西	734	652	500
世界	28 497	30 504	26 971	世界	28 497	30 504	26 971

资料来源：USDA，Grain：World Markets and Trade，2023 年 11 月。

美元/吨。对于饲料大麦，2023/2024 年度的前 4 个月的平均价格比近 3 年同期的平均价格高 20%。此外，啤酒大麦的平均价格同比上涨 23.62 美元/吨。

04 第四篇

大麦青稞产业政策

第二十章

国家大麦青稞产业技术体系服务县域经济发展的机制与对策①

现代农业产业体系是农业科技创新和应用的主要供给主体，是提高农业生产效率、加快农业现代化、促进农业农村产业发展的重要抓手，对于促进农业科技支撑县域经济发展发挥着重要作用。现代农业产业体系在实践中不断探索农业科技服务县域经济发展的新机制和方法，形成了一批卓有成效的农业技术推广模式。以下将以国家大麦青稞产业技术体系为例，探究农业科技服务县域经济的内在机制，并在此基础上提出政策建议。

一、现状及成效

国家大麦青稞产业技术体系自 2008 年建立以来一直高度重视农业科技支撑县域经济发展的工作，取得了明显成效。2020 年，体系围绕基础科研创新和产业发展需求，提供生产应用品种和技术 136 项；为各级政府提交产业发展和政策研究报告 132 篇；开展科技服务培训 115 场、现场会 66 次、应急服务 39 次，为各级生产者主体提供技术资料 22 111 份和技术咨询 1 864 人次，培训基层技术人员 1 680 人，培训种养大户 1 263 户，培训农民 17 848 人，为中国大麦青稞产业高质量发展提供了有效的科技支撑。

① 本章内容发表于《中国农业科学院农业经济与发展研究所研究简报》2022 年第 1 期。

二、大麦青稞农业科技支撑县域经济发展的重要性

（一）提升农业生产效率，促进农民增产增收

围绕大麦青稞产业发展需求，培育优质、高产的大麦品种，通过良种推广、技术示范等工作，提高了大麦青稞生产效率，促进了农民增产和增收。例如在甘肃永昌县推广啤酒大麦新品种和宽幅匀播节水技术，每亩增产48千克、节约种子5～10千克、节水60米^3，氮、磷、钾肥利用率平均提高40%。

（二）有效延长产业链价值链，推进产业提质增效

通过贯通产业链上下游，种养加生产对接解决了大麦青稞种植与加工消费市场供需不匹配的问题，协助建立了多个大麦青稞加工园区，保障了加工业和养殖业的优质原料供应。适度规模种植培育了新型生产经营主体。同时，先进生产加工技术的应用助力加工企业和养殖企业打造特色农产品品牌和扩大市场知名度，拓展新的消费市场。例如，2020年云南省腾冲市利用20多万亩大麦饲料及全株青贮发展畜牧业，畜牧业总产值近29亿元，生产的火腿、雪花牛肉在全国广受好评。

（三）保障地区粮食安全，维护社会和谐稳定

青稞是中国青藏高原地区最主要的粮食作物以及特色民族食品和青稞酒的主要原料。体系通过现代育种方法，挖掘种质资源，加快新种、良种、良技培育和示范推广，科学优化种植结构，开展特色食品饮料研制与产业化开发，有效保障了大麦青稞的区域粮食安全，对维护当地社会和谐稳定起到了至关重要的作用。例如，日喀则市是西藏自治区的粮仓，青稞产量约占全区的40%，体系培育的高产型春青稞品种“喜马拉22”2016—2020年累计推广面积超过400万亩，最高单产达到572千克/亩，切实保障了青藏高原地区的粮食安全、社会和谐稳定。

（四）助力当地脱贫攻坚，有效促进乡村振兴

结合地方资源优势，采取多元化扶贫模式，有力地带动了贫困人口

增收，推动乡村振兴和农业高质量发展。建立大麦青稞新品种、新技术示范基地，开展体系内和跨体系合作，同时对深度贫困县进行结对帮扶，通过提供优质良种、开展技术培训、召开现场观摩会等形式对农户进行长期指导，提高贫困户自身脱贫的能力；对接企业，积极扶持地方大麦青稞生产经营新型主体，提升相关主体尤其是妇女的扶贫能力和内生发展动力。例如，在“三区三州”深度贫困地区，昆仑14、15、16青稞新品种每年的推广面积达到55万～60万亩，平均增产9.2%，增收3 900万元，有利地促进了当地脱贫攻坚。

三、农业科技支撑县域经济发展的机制探索

（一）构建了有效的工作机制

体系在科技支撑示范县组建了专家工作组。在重点县青海省门源回族自治县和云南省腾冲市形成了“组长为首席科学家、副组长为经济和产区岗位科学家、组员为公共岗位科学家和地区试验站站长”的分工协作机制；在其他县形成了“组长为产区岗位科学家、组员为其他岗位科学家和试验站站长”的分工协作机制。以体系产区试验站站长为联系人，上联体系首席科学家和专家工作组组长，下接示范县，每年定期组织召开体系服务县域经济发展工作会议，为当地大麦青稞产业发展提供战略咨询与技术支持。

（二）提供多种形式的服务内容

1. 建立防控应急服务系统，提供产业发展规划编制、地理标识特色产品认证、品牌打造等技术咨询

体系建立综合试验站重大病虫害、重大气象灾害防控与突发应急防治技术咨询系统。为科技支撑重点示范县门源回族自治县“国家现代农业产业园创建”提供技术咨询，为腾冲市脱贫攻坚和实施乡村振兴战略提供决策咨询。帮助门源回族自治县、腾冲市、甘孜县、察雅县等示范地开展大麦青稞地理标识特色产品认证。

2. 推动产业技术示范与成果转化

设立了示范县体系成果转移转化中心与展示园及专家流动工作站，帮

助引进中粮等先进食品加工企业，建立了产业技术示范和成果转化基地。开展了啤酒、白酒、食品、饲料和旅游观赏等专用新品种和良种繁育，推广化肥减施、滴灌节水、轻简栽培、机械化生产、病虫害综合防控等绿色优质粮草双高生产技术，加强健康食品加工技术示范和专用原料生产与加工综合开发利用。

3. 提供技术示范培训、基层农技推广与人才培养以及新型生产经营主体培育

围绕新品种、新技术、种养结合生产、病虫草害生态安全防控以及市场营销技术和健康食品加工技术示范应用，开展了技术推广与培训、人才培养和全程生产技术指导，进行了合作社、种植大户和加工企业技术示范样板创建。

（三）形成了多元化的成果示范与转化模式

1. “示范基地＋政府＋合作社＋企业”模式

经青海省门源回族自治县政府协调，国家大麦青稞产业技术体系海北综合试验站与海北藏族自治州农牧服务中心、门源回族自治县种子管理站、门源回族自治县浩青农牧合作社和青海互助天佑德青稞酒股份有限公司合作，共建“高寒区青稞试验示范基地”，按照门源回族自治县政府的产业发展规划，开展新品种和粮草高产优质栽培技术示范与成果转化。

2. “试验站＋农场＋农户”模式

国家大麦青稞产业技术体系合肥综合试验站与安徽省定远彩云养殖家庭农场合作，建立品种和生产技术示范基地，开展大麦-肉牛养殖种养结合技术示范，常年吸纳当地贫困户就业，帮扶40多户脱贫致富。

3. “体系＋龙头企业＋合作社＋农户”模式

国家大麦青稞产业技术体系保山综合试验站联合腾冲市种业公司、腾冲市文化和旅游局、养殖企业、食品加工等相关龙头企业和乡镇农业合作社、农户，以大麦的饲草饲料、酒业原料、功能食品、健康粮食、观赏编织和中药材六位一体综合利用开展试验示范，打造腾冲市畜牧、中药、旅游等产地品牌和创建亿元产业集群，实现一二三产业融合发展。

4. “技术示范基地＋科技示范户＋农户”模式

在甘肃省甘南藏族自治州，国家大麦青稞产业技术体系甘南综合试验站采取“整村繁育、一村一品的”方式建立青稞新品种良种繁育及技术集成示范基地，设立示范点、确立科技户。在示范点对示范户提供“面对面、手把手、一户一策”的技术指导和服务，培养了一批示范带动作用强的科技示范户和种植业专业合作社，青稞单产增粮/增草30%以上。

5. “体系专家工作组＋合作社＋种养大户＋农户”模式

在四川省冕宁县，国家大麦青稞产业技术体系成都综合试验站开展该模式实现饲料大麦转化，发展畜牧业，培育“冕宁火腿”等当地品牌；在马尔康市和阿坝县，利用该模式开展了青稞新品种的青饲、青贮、秸秆的综合利用以及籽粒食用和麸皮的加工利用，提升了青稞生产技术水平。

6. “试验站＋县农技中心＋种养大户＋农户（贫困户）”模式

在甘肃省天祝藏族自治县，国家大麦青稞产业技术体系武威综合试验站通过引进优良青稞品种昆仑14，与农技部门一起组织农技干部通过办班讲课、现场观摩、印发明白纸、现场技术指导等形式开展入户青稞政策宣传与技术培训，确保每户有一人掌握青稞标准化栽培技术。通过免费给贫困种植户发放昆仑14种子，或者将种子派送给种植大户和养殖企业，要求种植大户或养殖企业必须给30个贫困户提供就业机会，使每家贫困户增收3 000～4 000元，既支持了种养企业，又帮助贫困户实现了脱贫，同时加快了成果示范推广。

7. “试验站＋县农技中心＋啤酒麦芽企业＋种植大户＋农户”模式

国家大麦青稞产业技术体系武威综合试验站与甘肃省山丹县合作建立了啤酒大麦示范区，依托山丹县农技中心开展宣传培训和技术人员推广，以及示范牌展示和相邻村社农民观摩，推广甘垦啤7号新品种；同时，当地啤酒麦芽企业与种植大户和农户签订大麦收购协议，公司直接以现金向农民支付大麦收购款。示范区啤酒大麦平均每亩增产56.1千克，帮助农户实现增收。

四、政策建议

（一）加强大麦青稞品种技术创新，提高农业科技源头供给

大麦青稞作为重要的粮食和饲料作物以及啤酒加工原料，在发展食品加工业和畜禽养殖业方面利用潜力和空间巨大。因此，需要加速多元化优质多抗广适高产饲用新品种培育，研发配套轻简栽培、全程机械化生产利用技术，为大麦青稞绿色高质高效生产和相关延伸产业链的提质增效提供科技支撑。

（二）加强大麦青稞科技推广，发挥试验基地的示范引领作用

加强农业科技推广人才培育，提供针对性的培训和指导。充分利用科研试验示范基地或者与地方政府共建示范基地，将新品种、新模式、新技术引入当地主导产业基地进行试验推广示范。以基地为平台开展高效培训工作。加工改造技术培训内容，优化培训课程，帮助农民便捷地使用科学技术，面向周边开展科普活动。

（三）完善产业链建设，畅通产销渠道

通过政府主导、市场主体和社会广泛参与，构建多元化的流通体系和流通渠道，加快形成产销精准对接，解决产销脱节的问题。进一步促成企业和科研单位与贫困地区的合作，实现企业与科研单位结对帮扶，提供技术、营销等方面的援助。采取多种措施研发多种加工配套技术，延长产业链和价值链，扩大消费市场，促进国内大麦青稞产业健康发展。

（四）加大体系内外协作，构建产业技术联盟

围绕全产业链整体发展布局，加大体系内、体系间、跨专业、跨学科的紧密合作与协作，构建产业技术联盟，协同创新、集成示范，提供一体化的技术服务需求方案，满足实际生产需求。开展研发平台、孵化平台和产业化基地建设，加快科技成果转化，助力大麦青稞产业升级和高质量发展。

(五)加强政策支持，培育产业内生发展动力

建议有条件的地方政府加大对大麦青稞加工企业产业化发展的项目支持、鼓励高层次科研人才到企业开展科技服务及指导。结合高标准农田建设、种质资源保护、植保工程等项目，在基地开展土地平整、地力培肥和机耕道路配套，加强农田基础设施建设。加快培育多种形式的社会化服务组织，促进基地供肥供药、农机作业、技术指导、生产管理等环节的专业化和社会化。

第二十一章

完善国内大麦产业支持政策的思路与建议

大麦是中国原产粮食作物之一，性能优、产区广，在中国是仅次于水稻、小麦和玉米的第四大谷物，是酒类行业、食品行业和饲料行业重要原料及畜禽水产养殖主要饲草料，更是青藏高原地区主要粮食作物，在稳定下游行业原料供给、保障国家粮食安全、促进西部地区农民增收方面发挥着重要作用。由于长期缺乏政策支持，加上进口来源高度集中和近年来国外低价大麦持续大量进口冲击，国内大麦生产持续萎缩，消费高度依赖进口，产业安全面临很大威胁。应高度重视当前产业安全巨大隐患，尽快完善国内支持政策，扭转国内大麦产业受制于人的不利局面。

一、大麦性能优、产区广，产业发展意义重大、空间广阔

（一）大麦性能及在中国产区的分布

大麦生育期短、早熟，可与水稻、小麦、玉米、马铃薯等主粮进行轮作，是良好的茬口作物。大麦还具有节肥节水、耐低温、抗旱、耐贫瘠、耐盐碱、适应性广等性能。大麦富含矿物元素、维生素、氨基酸、抗氧化酶、可消化蛋白质等成分，兼有食用、饲用、啤酒和特色白酒酿造三个主要用途。近年来，中国大麦产区 2/3 分布在西部农牧结合区特别是高寒山区，1/3 分布在中东部农区，是全国生产分布最广泛的谷物。由于缺乏相应的政策支持，进入 21 世纪以来，中国除青稞（即裸大麦）外的国内大麦生产大幅下滑，目前已处于“濒危”状态。据国家大麦青稞产业技术体

系统计，2011 年全国除青稞之外的大麦（包括啤酒大麦和饲料大麦）产量还有 372.8 万吨，而到 2020 年已经减产到 271.7 万吨，降幅达 27.1%。

（二）大麦在中国粮食安全和地区发展中的重要作用

大麦是国家粮食安全，尤其是青藏高原地区粮食安全的重要组成部分。目前，大麦在中国除了作为加工原料和饲料，还是青藏高原地区主要粮食作物和藏族群众主要口粮，在东南沿海地区也有将大麦磨碎和大米煮粥或磨粉制成糕点的习俗。通过发展大麦精深加工来提升产业附加值，对于提高西部地区农民收入和维护边疆地区稳定也具有重要现实意义。此外，大麦在南方地区冬闲田利用和东部沿海地区滩涂开发与盐碱地改良方面都具有很大发展潜力，更有助于解决当地畜禽水产养殖业饲草料短缺问题。

（三）中国大麦需求现状及前景

近年来中国大麦需求强劲。据国家粮油信息中心数据，2014/2015 年度—2020/2021 年度，中国大麦总消费量从 913 万吨增至 1 115 万吨，增长 22%。其中，饲用消费量从 480 万吨增至 720 万吨，增长 50%；由于中高档啤酒需求增长、低档啤酒需求下降，以啤酒酿造为主的大麦加工消费量从 395 万吨降至 380 万吨，下降 4%；食用消费量从 21 万吨降至 11 万吨，减少 48%。未来，随着收入水平不断提高，居民膳食结构将持续升级，对肉蛋奶和中高档啤酒的需求会随之增加，大麦需求将进一步增长，大麦产业发展空间非常广阔。

二、大麦消费长期依赖进口，行业潜在风险巨大

（一）中国大麦进口现状

从进口规模看，大麦进口量在 1995—2013 年保持在 200 万吨左右，这与以啤酒大麦为主的国内大麦加工原料存在 200 万吨产需缺口现实基本一致。自 2014 年起，大麦进口量大多高于 540 万吨，2020 年为 808 万吨，主要因为同期国际市场大麦价格先持续下行后保持低位，导致到岸税后价多低于 1.8 元/千克，明显低于 2.1～2.4 元/千克的同期国内价格，且同

期国内外玉米价格均处于相对高位，价差利益驱动导致大麦持续大量进口并替代玉米用作饲料。从进口市场看，大麦进口来源高度集中。1995—2020年，对澳大利亚、加拿大和法国大麦进口量占比大多高于85%；其中，对澳大利亚大麦进口量占比在2019年前多超过60%，此后显著下降，2020年仅为18%。

（二）大麦持续大量进口对国内大麦产业的影响

大麦持续大量进口有助于弥补国内供需缺口，但也对中国大麦产业造成巨大冲击，导致国内大麦生产持续萎缩。一是挤占国产大麦市场空间，导致国产大麦“有价无市”，抑制国内大麦生产发展。据国家大麦青稞产业技术体系统计，中国大麦产量从2013年的428万吨降为2020年的272万吨，降幅达36%；2014年以前大麦自给率一直高于60%，此后持续下降，2020年仅为25%。二是打压国产大麦价格，影响农户种植效益。近年来，大麦到岸税后价持续大幅低于国内价格，抑制国产大麦价格随生产成本攀升而合理上涨，种植主体收益遭受很大损失，种植积极性下降。三是加大国内市场供需失衡风险，影响国内产业平稳发展。加入WTO后中国大麦进口关税仅为3%，且进口依存度和市场集中度均很高，导致国内外市场联动性很强，国际市场价格变化极易传导到国内，加大国内供需失衡风险，不利于国内大麦产业平稳发展，特别是2015年12月中澳自贸协定生效后，中国对澳大利亚大麦进口关税立即降为零，其出口竞争优势增强，对中国大麦供给影响也随之增加。

（三）中国大麦消费高度依赖进口的潜在风险

大麦消费高度依赖进口必将使国内相关产业发展严重受制于人，一旦外部环境出现变化，这些产业很可能受到严重冲击。鉴于近年来澳大利亚大麦（简称“澳麦”）持续大量进口对中国大麦产业造成巨大冲击，2018年底商务部对其发起反倾销和反补贴立案调查，2020年5月裁定存在倾销和补贴，从2020年5月19日起对其征收73.6%反倾销税、6.9%反补贴税，实施期限5年。澳麦进口受“双反”措施影响急剧下降，2020年仅149.15万吨，2020年12月起不再进口。2021年1—9月，中国大麦进口量达到861.29万吨，加拿大占30.55%，已成为中国最大的大麦进口来源国。但无论是澳大利亚还是加拿大，都与中国存在一些经济、地缘政治和意识形态冲突，会给国内相关产业带来很大潜在风险。

三、完善国内大麦产业支持政策的建议

中国大麦产业是一个被长期忽视的产业，近年来持续萎缩，现已成为影响国家粮食安全和国内相关产业发展的薄弱环节。中国有良好的大麦种植基础和资源禀赋，只要正视目前面临的困境，尽快出台有力措施，大麦产业完全有可能很快实现复兴和健康发展，成为农业提质增效的新抓手。

（一）积极构建和完善大麦生产者支持政策体系

大麦虽然是中国第四大谷物，且用途与玉米和小麦类似，但至今国家一直未出台针对大麦的生产者支持政策，大麦生产未得到应有重视。应借鉴小麦、稻谷和玉米支持政策，尽快构建和完善大麦生产者支持政策体系，提高大麦种植比较收益，稳定生产者预期，为大麦产业发展提供有力的政策支撑。

（二）加大大麦科研投入，解决产业“卡脖子”技术难题

加强高产优质绿色高效多元化新品种培育工作，解决精酿啤酒、特色啤酒和功能性大麦食品及药物的高品质原料国内供应不足问题，尽快实现优质大麦种源自主可控。加大引进国外优异、特异种质资源，深度挖掘，创新利用，助推国内大麦品种升级换代。加强大麦提质增效生产关键技术的科研攻关与集成推广，整体提升大麦产业生产技术水平。

（三）实施大麦生产恢复计划，增强大麦优势产区生产能力

重点支持以甘肃和新疆为代表的西北产区、以内蒙古高原和东北平原为代表的东北产区、以江苏和安徽为代表的长江中下游产区以及以云南和四川为代表的西南产区的大麦生产。充分利用西北和东北产区特殊农业资源发展优质啤酒大麦，依托当地企业就地加工，减少物流成本，提高市场竞争力。加强利用南方冬闲田和沿海滩涂与盐碱地发展饲用加工兼用大麦和青贮大麦，缓解当地畜禽水产养殖业饲料供给压力。

（四）强化大麦产业链融合，创新产业经营模式

支持并推动大麦种植户与加工企业合作，通过“公司＋农户”“公司＋合作社＋农户”等多种产业化经营模式，解决分散化小农户生产带来的大麦质量标准不统一和发芽率不齐的问题。加强国有农场与加工企业战略合作，促进优质大麦的规模化和标准化生产。鼓励饲料企业与饲料大麦和青贮饲料大麦种植户开展紧密合作，探索建立有效的利益分享机制。

（五）优化大麦进口区域结构，构建安全稳定的进口网络

继续实施进口来源多元化策略，降低对个别国家的过高依赖度。加强与“一带一路”合作伙伴在检验检疫互认、跨境监管程序协调、农产品市场准入等领域的广泛合作，适时对更多合作伙伴批准大麦对华出口资质。进一步提升合理利用两个资源两个市场的能力，鼓励和引导大麦进口企业构建多元化进口来源新格局，扩展稳定的优质大麦供应链渠道。

参考文献

蔡荣，汪紫钰，钱龙，等，2019. 加入合作社促进了家庭农场选择环境友好型生产方式吗？——以化肥、农药减量施用为例［J］. 中国农村观察（1）：51－65.

曹芳芳，罗屹，李先德，2022. 中国对澳大利亚大麦实施反倾销反补贴措施的贸易效应［J］. 中国流通经济，36（8）：73－83.

陈超，陈亭，翟乾乾，2018. 不同生产组织模式下农户技术效率研究——基于江苏省桃农的调研数据［J］. 华中农业大学学报（社会科学版）（1）：31－37，157－158.

陈富桥，丁士军，姜爱芹，2013. 产销对接方式对农户农产品销售收入的影响——基于茶叶种植户的实证研究［J］. 农业技术经济（7）：72－77.

陈勇兵，王进宇，潘夏梦，2020. 对外反倾销与贸易转移：来自中国的证据［J］. 世界经济，43（9）：73－96.

丁存振，肖海峰，2019. 交易特性、农户产业组织模式选择与增收效应——基于多元 Logit 模型和 MTE 模型分析［J］. 南京农业大学学报（社会科学版），19（5）：130－142，159.

董晓霞，2015. 中国生猪价格与猪肉价格非对称传导效应及其原因分析——基于近 20 年的时间序列数据［J］. 中国农村观察（4）：26－37.

杜志雄，韩磊，2020. 供给侧生产端变化对中国粮食安全的影响研究［J］. 中国农村经济（4）：2－14.

范丹，范传棋，胡小平，2017. 替代品进口对中国玉米消费市场的影响［J］. 中国农村经济（5）：18－30.

龚谨，2020. 我国大麦进口增长的原因、冲击及贸易政策研究［D］. 北京：中国农业科学院.

龚谨，孙致陆，李先德，2018. 我国大麦进口贸易具有“大国效应”吗［J］. 华中农业大学学报（社会科学版）（4）：46－53.

龚谨，孙致陆，李先德，2019. 中国大麦进口的替代弹性及可依赖性研究［J］. 中国流通经济，33（10）：85－93.

国家大麦青稞产业技术体系，2016. 中国现代农业产业可持续发展战略研究：大麦青稞分册［M］. 北京：中国农业出版社.

郝晓燕，李雪，2022. 基于“口粮绝对安全”的小麦和稻谷多元化进口策略分析 [J]. 华南农业大学学报（社会科学版），21（4）：67－78.

胡俊，2011. 美国对华农产品反倾销贸易救济经济效果分析 [D]. 南京：南京农业大学.

黄春全，司伟，2014. 国际甘蔗燃料乙醇与食糖市场间的非对称价格传导效应 [J]. 经济问题探索（2）：123－130.

黄梦思，孙剑，曾晶，2017. “农业龙头企业＋农户”营销渠道：契约功能、伙伴合作与交易绩效 [J]. 南京农业大学学报（社会科学版），17（5）：121－131，155.

贾娟琪，李先德，孙致陆，2017. 2016 年中国大麦进口形势及 2017 年展望 [J]. 农业展望（5）：81－85.

贾小玲，孙致陆，李先德，2018. 我国大麦价格波动特征及其影响因素分析 [J]. 中国农业资源与区划（1）：22－30.

蒋和平，尧珏，蒋黎，2020. 新时期我国粮食安全保障的发展思路与政策建议 [J]. 经济学家（1）：110－118.

李成龙，周宏，2021. 组织嵌入与农户农药减量化——基于江苏省水稻种植户的分析 [J]. 农业现代化研究，42（4）：694－702.

李刚，刘灵芝，赵佳佳，2022. 合作组织参与对农户技术效率的影响——基于全国 6 省肉鸭养殖调查 [J]. 农业现代化研究，43（1）：100－109.

李光泗，吴增明，2016. 国内外玉米价格传导效应实证研究 [J]. 价格理论与实践（11）：98－101.

李京栋，李先德，孙致陆，2018. 贸易开放下大麦进口价格对中国啤酒进出口的影响——基于空间面板模型的实证研究 [J]. 农业现代化研究，39（3）：414－423.

李霖，郭红东，2017. 产业组织模式对农户种植收入的影响——基于河北省、浙江省蔬菜种植户的实证分析 [J]. 中国农村经济（9）：62－79.

李先德，等，2012. 中国大麦产业经济问题研究 [M]. 北京：中国农业出版社.

李先德，孙致陆，张京，2014. 2013 年世界与我国大麦产业发展形势及 2014 年展望 [J]. 中国食物与营养（5）：21－23.

李先德，孙致陆，赵玉菡，2022. 全球粮食安全及其治理：发展进程、现实挑战和转型策略 [J]. 中国农村经济（6）：2－22.

梁停停，任凤芸，刘则学，2022. 提高皮大麦在猪饲粮中饲用价值的研究进展 [J]. 养猪（2）：19－22.

刘慧，钟钰，2022. 更高水平开放下我国玉米进口增加的驱动因素与应对建议 [J]. 经济纵横（2）：89－96.

刘婧怡，曹芳芳，李先德，2022. 中国大麦进口贸易波动特征及影响因素——基于 1995—

2020 年贸易数据的分析 [J]. 湖南农业大学学报（社会科学版），23（1）：63 - 71.

刘林奇，2015. 基于粮食安全视角的我国主要粮食品种进口依赖性风险分析 [J]. 农业技术经济（11）：37 - 46.

刘凌，张晶晶，2021. 美国货币政策溢出效应中新兴国家资本管制的非线性影响分析——基于 PSTR 模型 [J]. 经济问题探索（7）：62 - 70.

刘晓鸥，邸元，2013. 订单农业对农户农业生产的影响——基于三省（区）1041 个农户调查数据的分析 [J]. 中国农村经济（4）：48 - 59.

芦千文，2022. 俄乌冲突、国际农业合作与中国粮食安全保障——中国国外农业经济研究会俄乌变局下的全球农业与粮食安全研讨会综述 [J]. 世界农业（5）：128 - 132.

吕云龙，2022. 大宗商品价格波动传导效应——基于投入产出价格模型的分析 [J]. 上海经济研究（2）：105 - 114.

毛慧，周力，应瑞瑶，2019. 契约农业能改善农户的要素投入吗？——基于“龙头企业＋农户”契约模式分析 [J]. 南京农业大学学报（社会科学版），19（4）：147 - 155，160.

穆娜娜，孔祥智，2019. 合作社农业社会化服务功能的演变逻辑——基于仁发合作社的案例分析 [J]. 财贸研究，30（8）：64 - 75.

石自忠，王明利，2015. 我国牛羊肉价格波动非线性关系研究 [J]. 华中农业大学学报（社会科学版）（6）：20 - 28.

宋海英，姜长云，2021. 中国拓展大豆进口来源的可能性分析 [J]. 农业经济问题（6）：123 - 131.

孙顶强，郑颂承，2017. 反倾销政策的贸易偏转效应研究——以对华农产品反倾销为例 [J]. 价格月刊（6）：37 - 43.

孙致陆，李先德，2015. 大麦进口对我国大麦产业的影响与应对措施 [J]. 中国食物与营养（7）：50 - 54.

谭琳元，2020. 大麦进口对中国大麦产业的影响研究 [D]. 北京：中国农业科学院.

谭琳元，李先德，2018a. 进口对中国大麦产业发展的影响 [J]. 农业展望（12）：60 - 64.

谭琳元，李先德，2018b. 中国大麦供给安全战略研究——中国大麦进口依赖风险及应对策略 [J]. 价格理论与实践（11）：71 - 74.

谭琳元，李先德，2020. 基于贸易视角的中国大麦产业安全分析 [J]. 中国农业资源与区划，41（4）：117 - 123.

王银梅，任丽娟，2016. 中国对外反倾销对本国农产品出口的影响分析 [J]. 农业经济问题，37（12）：73 - 83.

王雨濛，于彬，李寒冬，等，2020. 产业链组织模式对农户农药使用行为的影响分析——

以福建省茶农为例 [J]. 农林经济管理学报，19 (3)：271 - 279.
魏艳骄，张慧艳，朱晶，2021. 新发展格局下中国大豆进口依赖性风险及市场布局优化分析 [J]. 中国农村经济 (12)：66 - 86.
吴家治，郑宇，2022. 我国玉米价格波动及价格传导机制研究 [J]. 中国林业经济 (2)：12 - 16.
吴曼，王丽丽，赵帮宏，等，2021. 农户禀赋异质性与农业契约选择 [J]. 统计与决策，37 (2)：172 - 176.
徐明，2013. 世界大麦贸易格局及对我国大麦产业影响研究 [D]. 北京：中国农业科学院.
徐明，李先德，2013. 中国大麦国际贸易定价权分析 [J]. 世界农业 (4)：83 - 85.
杨蕾，陈永福，安玉发，2012. 中国农产品对外反倾销贸易效果实证分析 [J]. 农业技术经济 (4)：112 - 120.
姚成胜，杨一单，殷伟，2020. 中国非主粮生产的地理集聚特征及其空间演化机制 [J]. 经济地理，40 (12)：155 - 165.
尹成杰，2021. 后疫情时代粮食发展与粮食安全 [J]. 农业经济问题 (1)：4 - 13
于爱芝，周建军，张蕙杰，2020. 我国小宗农产品国际贸易现状与趋势分析 [J]. 中国农业资源与区划，41 (8)：110 - 120.
余洁，韩啸，任金政，2021. 中美经贸摩擦如何影响了大豆进口——基于贸易转移与创造效应视角 [J]. 国际经贸探索，37 (1)：20 - 33.
袁雪霈，刘天军，闫贝贝，2018. 合作社对农户安全生产行为的影响——基于我国苹果主产区的调研 [J]. 西北农林科技大学学报 (社会科学版)，18 (6)：97 - 106.
袁悦，2022. 基于 PSTR 模型的金融业对实体经济的非线性影响 [J]. 技术经济与管理研究 (3)：63 - 66.
岳佳，蔡颖萍，吴伟光，2022. 契约农业对家庭农场采纳环境友好型技术的影响 [J]. 浙江农林大学学报，39 (1)：207 - 213.
岳子惠，2014. 我国大麦种植户生产决策行为分析 [D]. 北京：中国农业科学院.
张俊峰，于冷，2019. 玉米临储的“政策成本”[J]. 农业经济问题 (11)：45 - 59.
张康洁，吴国胜，尹昌斌，等，2021. 绿色生产行为对稻农产业组织模式选择的影响——兼论收入效应 [J]. 中国农业大学学报，26 (4)：225 - 239.
张康洁，于法稳，尹昌斌，2021. 产业组织模式对稻农绿色生产行为的影响机制分析 [J]. 农村经济 (12)：72 - 80.
张琳，2014. 中国大麦供给需求研究 [D]. 北京：中国农业科学院.
张琳，李先德，孙东升，2014. 中国大麦供需平衡及趋势分析 [J]. 中国农业科技导报

（4）：16－22.

张融，李先德，2015. 中国大麦进口的市场结构与市场势力［J］. 世界农业（9）：161－166.

张自强，2022. 互联网使用与农户收入不平等［J］. 经济经纬，39（3）：45－54.

赵金鑫，田志宏，高玉强，2021. 中国饲料粮进口的产品替代性与市场竞争关系［J］. 农业经济问题（6）：111－122.

郑黎阳，张心灵，2021. 社会资本、信息可得性与农户订单农业参与行为——来自内蒙古534户种植户调研问卷［J］. 干旱区资源与环境，35（2）：28－33.

郑颂承，2017. 反倾销的贸易限制与偏转效应研究［D］. 南京：南京农业大学.

钟超，祁春节，2017. 玉米价格波动与小麦、稻谷、大豆价格波动的相关性研究［J］. 价格理论与实践（2）：81－84.

钟真，孔祥智，2012. 产业组织模式对农产品质量安全的影响：来自奶业的例证［J］. 管理世界（1）：79－92.

中国商务部，2018. 2019年自动进口许可管理货物目录［EB/OL］.（12－10）［2019－05－04］. http：//images. mofcom. gov. cn/wms/201812/20181231171821998. pdf.

周建军，于爱芝，王长梅，2023. 我国鸡蛋价格波动传导的影响因素分析——基于非对称的研究视角［J］. 中国农业资源与区划，44（2）：13－26.

周心怡，陆迁，龚直文，2022. 重大公共安全事件对农户粮食储备行为影响研究——以新冠肺炎疫情为例［J］. 干旱区资源与环境，36（9）：11－17.

朱聪，曲春红，王永春，等，2022. 新一轮国际粮食价格上涨：原因及对中国市场的影响［J］. 中国农业资源与区划，43（3）：69－80.

朱晶，胡俊，2011. 美国对华农产品反倾销贸易救济效果分析——基于第三国（地区）市场的视角［J］. 国际贸易问题（10）：81－88.

朱晶，臧星月，李天祥，2021. 新发展格局下中国粮食安全风险及其防范［J］. 中国农村经济（9）：2－21.

朱秋博，朱晨，彭超，等，2022. 信息化能促进农户增收、缩小收入差距吗［J］. 经济学（季刊），22（1）：237－256.

朱希刚，1992. 农业科研成果经济效益计算方法［J］. 农业技术经济（4）：54－62.

BESEDES T，PRUSA T J，2016. The hazardous effects of antidumping［J］. Economic Inquiry，55（1）：9－30.

BOWN C P，CROWLEY M A，2006. Trade deflection and trade depression［J］. Social Science Electronic Publishing，72（1）：176－201.

CARTER C A，STEINBACH S，2018. Trade diversion and the initiation effect：A case study of U. S. trade remedies in agriculture [EB/OL]. (06 - 11) [2019 - 06 - 16]. https: //www. nber. org/system/files/working_papers/w24745/w24745. pdf.

CROWLEY B, 2006. Policy externalities: How US antidumping affects Japanese exports to the EU [J]. European Journal of Political Economy, 22 (3): 696 - 714.

DEATON A, MUELLBAUER J, 2012. Economics and consumer behavior: Household characteristics, demand, and household welfare comparisons [M]. Cambridge: Cambridge University Press.

FISCHER E, QAIM M, 2012. Linking smallholders to markets: Determinants and impacts of farmer collective action in Kenya [J]. World Development, 40 (6): 1255 - 1268.

HOANG V, 2021. Impact of contract farming on farmers' income in the food value chain: A theoretical analysis and empirical study in Vietnam [J]. Agriculture, 11 (8): 797.

MA W, ABDULAI A, 2016. Does cooperative membership improve household welfare? Evidence from apple farmers in China [J]. Food Policy, 58: 94 - 102.

MISHRA A K, KUMAR A, JOSHI P K, et al. , 2016. Impact of contracts in high yielding varieties seed production on profits and yield: The case of Nepal [J]. Food Policy, 62: 110 - 121.

NARAYANAN S, 2014. Profits from participation in high value agriculture: Evidence of heterogeneous benefits in contract farming schemes in southern India [J]. Food Policy, 44: 142 - 157.

PRUSA T J, 1996. The trade effects of U. S. antidumping actions [EB/OL]. (01 - 18) [2019 - 06 - 16]. https: //www. nber. org/system/files/working_papers/w5440/w5440. pdf.

ROSEGRANT M W, 2008. Biofuels and Grain Prices: Impacts and policy responses [EB/OL]. (06 - 11) [2019 - 06 - 16]. https: //www. hsgac. senate. gov/wp - content/uploads/imo/media/doc/050708Rosegrant. pdf.

RUML A, QAIM M, 2020. Effects of marketing contracts and resource-providing contracts in the African small farm sector: Insights from oil palm production in Ghana [J]. World Development, 136: 105110.

SONG Y C, QI G B, ZHANG Y Y, et al. , 2014. Farmer cooperatives in China: Diverse pathways to sustainable rural development [J]. International Journal of Agricultural Sustainability, 12 (2): 95 - 108.

SUN Z L, ZHANG D F, 2021. Impact of trade openness on food security: Evidence from panel data for Central Asian countries [J]. Foods, 10 (12): 3012.

TOLNO E, KOBAYASHI H, ICHIZEN M, et al. , 2015. Economic analysis of the role of farmer organizations in enhancing smallholder potato farmers' income in middle Guinea [J]. Journal of Agricultural Science, 7 (3): 123 - 137.

TRANT G, CARTER C. U. S, 2010. Trade remedy law and agriculture: Trade diversion and investigation effects [J]. The Canadian Journal of Economics, 43 (1): 97 - 126.

WANG H H, WANG Y B, DELGADO M S, 2014. The transition to modern agriculture: Contract farming in developing economies [J]. American Journal of Agricultural Economics, 96 (5): 1257 - 1271.

ZANARDI M, 2006. Antidumping: A problem in international trade [J]. European Journal of Political Economy, 22 (3): 591 - 617.

附　录

附表 1　中国全国及各省份大麦种植面积（千公顷）

全国/各省份	1996 年	2000 年	2005 年	2009 年	2010 年	2011 年	2012 年	2013 年	2014 年	2015 年	2016 年	2017 年	2018 年	2019 年	2020 年	2021 年
全国	1 644.40	790.64	830.90	626.40	579.70	511.57	489.64	465.70	468.77	446.80	360.90	329.99	262.48	510.39	508.10	541.30
天津								0.10								
河北	0.03	0.00		0.10	0.10			0.20	0.12	0.40	0.24	0.15	0.01			0.10
山西		0.01														
内蒙古	13.82	7.67	9.50	81.50	68.60	74.12	68.85	49.60	31.61	29.40	52.24	42.74	25.82	30.60	24.00	20.40
辽宁	0.20	0.22														
吉林				0.20	0.10	0.11	0.11									
黑龙江		20.59	68.20	6.80	2.60	2.67					0.02	0.59	0.53			0.10
上海	59.68	10.82	7.80	13.40	8.10	8.91	15.16	13.10	12.15	10.40	8.91	3.09	1.87	0.90	0.50	0.90
江苏	313.70	155.76	189.70	151.60	151.00	146.13	145.11	143.80	142.13	139.60	67.21	53.10	45.02	40.70	40.20	38.30
浙江	142.06	70.81	24.40	27.20	26.70	25.69	25.79	26.00	24.46	19.20	5.76	5.12	0.38	0.40	2.00	1.70
安徽	81.75	71.98	104.70	49.80	48.20	42.67	43.06		37.70	22.40	0.11	0.10	0.45	0.80	0.80	0.60
福建	18.97	38.68	1.60	0.90	1.00	0.67	0.69	0.60	0.59	0.40	0.04	0.04	0.04	0.10		
江西	5.39	2.67	1.00	0.30	0.20	0.22	0.29	0.30	0.30	0.30	0.30	0.30	0.25	0.20	0.20	0.20
山东	2.60	0.61	0.20	0.40	1.40	1.31	1.00	0.40	0.61	0.70	0.67	0.69	0.61	0.30	0.30	0.30
河南	659.70	68.45	54.00	25.20	26.70	30.00	26.67	26.70	26.66	26.70	25.33	26.67	30.26	12.00		

（续）

全国/各省份	1996年	2000年	2005年	2009年	2010年	2011年	2012年	2013年	2014年	2015年	2016年	2017年	2018年	2019年	2020年	2021年
湖北	51.32	45.24	49.10	28.60	28.40	24.54	23.13	23.00	24.99	28.80	7.58	8.16	8.29	7.70	7.00	7.80
湖南	23.70	13.24	4.40	2.20	2.00	2.00	1.30	1.30	1.20	1.20	1.50	1.40	1.40	1.40	1.40	1.40
广东	0.30	0.40														
广西	1.51	0.16	4.90													
重庆	13.31	8.85	6.70	2.20	1.80	1.35	1.39	1.30	1.17	1.10	0.66	0.53	0.47	0.30	0.10	0.10
四川	74.40	56.74	44.80	32.10	30.30	30.40	34.00	37.00	36.70	35.10	12.20	11.67	11.47	49.30	48.40	54.20
贵州	13.46	10.02	5.90	3.70	3.00	3.48	3.33	2.80	3.72	3.10	1.81	2.50	2.49	2.30	1.20	1.40
云南	71.51	114.07	144.90	87.90	85.10	88.16	81.63	86.30	80.60	82.20	93.95	95.80	99.09	98.20	97.00	132.10
西藏			0.10	0.10	0.10	0.08		0.10	0.06	0.10	0.07	0.87	0.06	139.20	138.80	140.70
陕西	26.84	15.00	2.30	1.40	1.20	4.00	4.00	3.90	3.65	3.30	3.64	3.62	3.35	3.20	3.20	1.90
甘肃	8.29	42.54	78.40	78.20	63.70			39.00	30.11	30.20	20.77	20.95	24.89	51.60	56.90	44.30
青海											53.51	49.77		63.90	82.70	90.70
宁夏	7.14	2.61	0.90	1.40	0.50	0.25		0.10	0.11	0.10						
新疆	54.72	33.50	27.40	31.20	28.90	24.81	14.13	10.10	10.13	12.10	4.38	2.13	5.73	7.29	3.40	4.10

数据来源：农业农村部种植业管理司。不包括港澳台地区。

附表 2 中国全国及各省份大麦产量（万吨）

全国/各省份	1996 年	2000 年	2005 年	2009 年	2010 年	2011 年	2012 年	2013 年	2014 年	2015 年	2016 年	2017 年	2018 年	2019 年	2020 年	2021 年
全国	689.90	264.64	344.40	232.01	197.10	163.69	162.53	169.93	181.19	186.90	118.97	108.54	95.65	201.10	203.10	213.10
天津	353.64							0.01								
河北				0.01				0.06	0.05	0.20	0.10	0.07				
山西	0.01															
内蒙古		1.00	2.50	31.30	16.50	21.66	29.46	20.69	9.75	12.40	7.68	6.55	4.84	6.40	5.50	5.10
辽宁	2.79	0.04														
吉林	0.01					0.02										
黑龙江		0.46	25.50	3.00	0.10	0.70						0.24	0.19			
上海		4.61	2.90	5.00	3.20	3.81	5.89	5.28	5.12	4.50	3.36	1.37	0.98	0.40	0.30	0.50
江苏	25.42	66.05	83.40	74.80	74.10	71.17	71.16	71.20	73.20	74.40	35.71	28.33	23.88	22.50	22.30	21.20
浙江	141.47	25.52	9.60	11.30	10.50	10.60	9.89	9.53	9.29	7.70	2.20	1.97	0.17	0.20	0.90	0.70
安徽	49.78	25.43	59.20	8.30	7.90	8.47	7.50		6.24	3.70	0.06	0.06	0.06	0.20	0.20	0.10
福建	27.29	11.01	0.50	0.30	0.30	0.20	0.20	0.18	0.18	0.10	0.01	0.01	0.01			
江西	4.72	0.32	0.10	0.10		0.04	0.05	0.06	0.06	0.10	0.05	0.05	0.04			
山东	0.66	0.20	0.10	0.20	1.00	0.51	0.40	0.15	0.33	0.40	0.36	0.37	0.33	0.10	0.10	0.20
河南	0.55	33.12	28.20	7.40	8.50	8.50	8.65	8.75	10.00	10.80	10.60	11.40	10.85	3.60		

（续）

全国/各省份	1996年	2000年	2005年	2009年	2010年	2011年	2012年	2013年	2014年	2015年	2016年	2017年	2018年	2019年	2020年	2021年
湖北	2.26	9.80	14.40	10.60	10.50	9.63	9.54	8.70	8.91	9.80	2.48	2.69	2.54	2.40	2.30	2.50
湖南	15.27	3.09	1.00	0.40	0.50	0.40	0.32	0.32	0.31	0.30	0.52	0.55	0.56	0.60	0.50	0.50
广东	5.47	0.06														
广西	0.03	0.03	0.50													
重庆	0.23	2.35	1.70	0.70	0.50	0.37	0.31	0.29	0.27	0.30	0.15	0.12	0.10	0.10		
四川	3.30	21.21	18.00	14.60	12.60	12.60	11.00	11.80	12.40	12.40	4.52	4.38	4.40	14.50	14.60	16.40
贵州	27.80	1.64	0.80	0.60	0.30	0.72	0.73	0.63	0.89	0.60	0.47	0.38	0.45	0.40	0.20	0.20
云南	1.60	26.66	39.40	1.80	1.20	1.96	2.36	1.67	21.10	23.40	26.99	27.96	29.13	29.00	30.00	43.70
西藏	14.12				0.10	0.03		0.02	0.02	0.10	0.04	0.22	0.03	79.30	79.50	80.10
陕西		4.00	0.60	0.60	0.50	1.21	1.61	1.46	1.50	1.40	1.58	1.58	1.44	1.30	1.30	0.80
甘肃	7.01	15.05	45.40	42.50	36.10			24.21	16.61	18.30	9.41	9.14	13.34	22.40	24.80	19.00
青海	3.09										10.71	10.08		14.40	19.20	20.50
宁夏		1.19	0.40	0.60	0.20	0.03			0.01							
新疆	3.38	11.80	10.20	17.90	12.50	11.06	3.46	4.92	4.95	6.00	1.97	1.02	2.31	3.30	1.40	1.60

数据来源：农业农村部种植业管理司。不包括港澳台地区。

附表 3 世界及主产国大麦收获面积、单产和产量（世界、中国、法国）

年份	世界			中国			法国		
	收获面积（万公顷）	产量（万吨）	单产（千克/公顷）	收获面积（万公顷）	产量（万吨）	单产（千克/公顷）	收获面积（万公顷）	产量（万吨）	单产（千克/公顷）
1961	5 452	7 241	1 328	353	371	1 052	226	541	2 396
1962	5 795	8 840	1 525	519	594	1 144	218	600	2 758
1963	5 327	9 039	1 429	418	450	1 078	254	738	2 909
1964	6 158	9 552	1 551	348	440	1 265	236	679	2 877
1965	5 984	9 262	1 548	324	480	1 480	243	738	3 036
1966	6 074	10 043	1 653	267	280	1 048	264	742	2 809
1967	6 085	10 318	1 696	209	300	1 439	282	987	3 504
1968	6 330	11 350	1 793	225	240	1 069	278	914	3 286
1969	6 622	11 801	1 782	228	240	1 052	286	945	3 307
1970	6 612	11 938	1 805	235	268	1 140	294	815	2 777
1971	6 766	13 124	1 940	222	280	1 261	268	899	3 354
1972	7 295	13 296	1 823	213	270	1 268	268	1 047	3 911
1973	7 587	14 697	1 937	269	290	1 077	280	1 095	3 912
1974	7 622	14 882	1 952	203	300	1 481	271	1 004	3 703
1975	7 981	13 549	1 698	170	300	1 760	277	934	3 373
1976	8 104	16 660	2 056	149	300	2 015	278	853	3 068

（续）

年份	世界			中国			法国		
	收获面积（万公顷）	产量（万吨）	单产（千克/公顷）	收获面积（万公顷）	产量（万吨）	单产（千克/公顷）	收获面积（万公顷）	产量（万吨）	单产（千克/公顷）
1977	8 199	15 639	1 907	152	300	1 975	291	1 026	3 525
1978	8 041	17 493	2 176	153	340	2 229	281	1 132	4 023
1979	8 369	15 499	1 852	145	360	2 490	280	1 120	3 995
1980	7 844	15 670	1 998	124	270	2 181	265	1 169	4 417
1981	8 154	14 960	1 835	120	310	2 583	256	1 010	3 948
1982	7 784	16 135	2 073	114	320	2 807	239	1 004	4 203
1983	7 934	15 947	2 010	120	300	2 500	214	877	4 093
1984	7 853	16 943	2 158	120	330	2 750	211	1 151	5 462
1985	7 921	17 262	2 179	102	270	2 647	226	1 144	5 073
1986	7 917	17 717	2 238	110	252	2 291	210	1 006	4 796
1987	7 805	17 529	2 246	99	280	2 828	198	1 049	5 311
1988	7 545	16 340	2 166	98	300	3 061	186	988	5 305
1989	7 366	16 417	2 229	115	300	2 609	183	984	5 364
1990	7 371	17 805	2 415	118	331	2 806	176	1 000	5 685
1991	7 630	16 977	2 225	165	420	2 545	175	1 064	6 082
1992	7 351	16 561	2 253	160	440	2 750	180	1 049	5 826

（续）

年份	世界			中国			法国		
	收获面积（万公顷）	产量（万吨）	单产（千克/公顷）	收获面积（万公顷）	产量（万吨）	单产（千克/公顷）	收获面积（万公顷）	产量（万吨）	单产（千克/公顷）
1993	7 429	16 976	2 285	150	415	2 767	162	899	5 539
1994	7 230	16 130	2 231	160	450	2 813	141	765	5 444
1995	6 813	14 095	2 069	170	442	2 600	139	768	5 543
1996	6 573	15 532	2 363	160	428	2 677	154	952	6 201
1997	6 347	15 461	2 436	160	431	2 701	169	1 012	5 991
1998	5 680	13 768	2 424	136	340	2 496	163	1 059	6 494
1999	5 332	12 838	2 408	132	330	2 500	150	938	6 250
2000	5 451	13 312	2 442	107	265	2 473	153	971	6 330
2001	5 617	14 399	2 563	77	289	3 757	171	980	5 747
2002	5 527	13 672	2 474	91	332	3 637	164	1 098	6 688
2003	5 773	14 255	2 469	78	272	3 506	176	984	5 600
2004	5 754	15 381	2 673	79	322	4 099	163	1 103	6 765
2005	5 536	13 866	2 505	83	344	4 144	160	1 031	6 436
2006	5 637	13 949	2 474	86	337	3 908	167	1 040	6 238
2007	5 573	13 412	2 407	77	279	3 608	170	947	5 577
2008	5 628	15 472	2 749	79	282	3 557	180	1 217	6 765

（续）

年份	世界			中国			法国		
	收获面积（万公顷）	产量（万吨）	单产（千克/公顷）	收获面积（万公顷）	产量（万吨）	单产（千克/公顷）	收获面积（万公顷）	产量（万吨）	单产（千克/公顷）
2009	5 425	15 182	2 799	63	232	3 701	188	1 288	6 835
2010	4 789	12 348	2 578	65	252	3 877	158	1 010	6 386
2011	4 844	13 305	2 747	51	164	3 200	155	878	5 680
2012	4 931	13 235	2 684	63	180	2 857	168	1 135	6 738
2013	4 978	14 476	2 908	60	230	3 833	164	1 032	6 303
2014	4 962	14 449	2 912	47	181	3 865	176	1 173	6 648
2015	4 894	14 846	3 033	45	187	4 183	184	1 310	7 124
2016	4 692	14 128	3 011	41	178	4 313	190	1 031	5 425
2017	4 820	14 956	3 103	33	109	3 287	190	1 209	6 345
2018	4 829	14 070	2 914	26	96	3 644	177	1 104	6 246
2019	5 141	15 988	3 110	26	90	3 462	194	1 357	6 977
2020	5 160	15 703	3 043	26	90	3 462	197	1 027	5 209
2021	2 976	14 562	4 894	51	200	3 922	173	1 132	6543

数据来源：联合国粮食及农业组织统计数据库（FAOSTAT）。

附表 4　世界及主产国大麦收获面积、单产和产量（加拿大、俄罗斯、乌克兰）

年份	加拿大			俄罗斯			乌克兰		
	收获面积（万公顷）	产量（万吨）	单产（千克/公顷）	收获面积（万公顷）	产量（万吨）	单产（千克/公顷）	收获面积（万公顷）	产量（万吨）	单产（千克/公顷）
1961	224	245	1 096						
1962	214	361	1 688						
1963	250	482	1 927						
1964	222	367	1 650						
1965	248	475	1 919						
1966	302	656	2 172						
1967	329	551	1 675						
1968	358	710	1 981						
1969	379	808	2 135						
1970	400	889	2 220						
1971	566	1 310	2 315						
1972	506	1 128	2 229						
1973	484	1 022	2 113						
1974	478	879	1 841						
1975	446	951	2 131						
1976	435	1 051	2 415						

（续）

年份	加拿大			俄罗斯			乌克兰		
	收获面积（万公顷）	产量（万吨）	单产（千克/公顷）	收获面积（万公顷）	产量（万吨）	单产（千克/公顷）	收获面积（万公顷）	产量（万吨）	单产（千克/公顷）
1977	475	1 180	2 484						
1978	427	1 040	2 438						
1979	373	848	2 273						
1980	469	1 139	2 431						
1981	548	1 372	2 506						
1982	515	1 397	2 712						
1983	433	1 021	2 356						
1984	456	1 030	2 259						
1985	475	1 239	2 608						
1986	483	1 457	3 017						
1987	500	1 396	2 789						
1988	415	1 022	2 460						
1989	473	1 178	2 493						
1990	453	1 344	2 968						
1991	422	1 162	2 755						
1992	379	1 103	2 909	1 456	2 699	1 854	343	1 011	2 950

（续）

年份	加拿大			俄罗斯			乌克兰		
	收获面积（万公顷）	产量（万吨）	单产（千克/公顷）	收获面积（万公顷）	产量（万吨）	单产（千克/公顷）	收获面积（万公顷）	产量（万吨）	单产（千克/公顷）
1993	416	1 297	3 119	1 548	2 684	1 734	422	1 355	3 215
1994	409	1 169	2 857	1 640	2 705	1 649	509	1 451	2 849
1995	436	1 303	2 987	1 471	1 579	1 073	441	963	2 183
1996	489	1 556	3 184	1 178	1 593	1 353	343	573	1 672
1997	470	1 353	2 878	1 184	2 079	1 756	370	741	2 000
1998	427	1 271	2 975	707	980	1 385	356	587	1 648
1999	407	1 320	3 243	742	1 060	1 429	348	642	1 849
2000	447	1 323	2 961	846	1 408	1 665	369	687	1 863
2001	415	1 085	2 614	971	1 953	2 011	392	1 019	2 598
2002	334	747	2 235	950	1 874	1 972	415	1 036	2 496
2003	440	1 216	2 766	923	1 800	1 951	460	683	1 485
2004	384	1 256	3 269	956	1 718	1 797	451	1 108	2 455
2005	363	1 168	3 213	871	1 579	1 812	435	898	2 063
2006	322	957	2 970	959	1 804	1 881	524	1 134	2 166
2007	400	1 098	2 748	837	1 556	1 859	409	598	1 463
2008	350	1 178	3 365	942	2 315	2 457	417	1 261	3 026

（续）

年份	加拿大			俄罗斯			乌克兰		
	收获面积（万公顷）	产量（万吨）	单产（千克/公顷）	收获面积（万公顷）	产量（万吨）	单产（千克/公顷）	收获面积（万公顷）	产量（万吨）	单产（千克/公顷）
2009	292	952	3 262	772	1 788	2 316	499	1 183	2 370
2010	239	761	3 186	494	835	1 690	432	848	1 966
2011	236	776	3 280	769	1 694	2 203	368	910	2 469
2012	206	801	3 889	764	1 395	1 826	329	694	2 106
2013	265	1 024	3 860	801	1 539	1 921	323	756	2 339
2014	214	712	3 333	900	2 044	2 271	300	905	3 012
2015	235	823	3 495	823	1 755	2 132	281	829	2 955
2016	234	870	3 725	813	1 799	2 212	286	944	3 300
2017	211	789	3 734	785	2 060	2 629	250	828	3 312
2018	240	838	3 499	787	1 699	2 158	248	735	2 958
2019	273	1 038	3 807	854	2 049	2 400	261	892	3 417
2020	281	1 074	3 824	827	2 094	2 533	237	764	3 216
2021	301	685	2 277	783	1 800	2 297	247	944	3 817

数据来源：联合国粮食及农业组织统计数据库（FAOSTAT）。

附表 5 世界及主产国大麦收获面积、单产和产量（阿根廷、澳大利亚、德国）

年份	阿根廷			澳大利亚			德国		
	收获面积（万公顷）	产量（万吨）	单产（千克/公顷）	收获面积（万公顷）	产量（万吨）	单产（千克/公顷）	收获面积（万公顷）	产量（万吨）	单产（千克/公顷）
1961	74	80	1 079	96	94	976	155	367	2 364
1962	36	35	956	82	90	1 094	151	491	3 245
1963	70	102	1 467	81	98	1 208	157	476	3 035
1964	55	83	1 495	84	112	1 339	162	541	3 348
1965	38	40	1 053	93	95	1 020	169	502	2 968
1966	41	44	1 066	101	140	1 382	181	539	2 982
1967	50	59	1 185	106	83	790	186	666	3 580
1968	54	56	1 032	134	165	1 228	193	709	3 684
1969	46	57	1 247	152	170	1 117	203	720	3 549
1970	36	37	1 030	200	235	1 175	211	668	3 159
1971	48	55	1 155	254	307	1 209	216	806	3 729
1972	60	88	1 464	214	173	807	217	859	3 964
1973	50	73	1 459	189	240	1 265	236	947	4 008
1974	37	43	1 166	183	252	1 378	244	1 047	4 283
1975	44	52	1 191	233	318	1 365	269	1 065	3 967
1976	48	76	1 596	232	285	1 227	270	994	3 689

（续）

年份	阿根廷			澳大利亚			德国		
	收获面积（万公顷）	产量（万吨）	单产（千克/公顷）	收获面积（万公顷）	产量（万吨）	单产（千克/公顷）	收获面积（万公顷）	产量（万吨）	单产（千克/公顷）
1977	31	35	1 139	280	238	850	281	1 126	4 011
1978	36	55	1 561	279	401	1 438	299	1 274	4 263
1979	25	34	1 378	248	370	1 492	293	1 151	3 923
1980	17	22	1 257	245	268	1 094	297	1 280	4 310
1981	11	13	1 146	269	345	1 285	301	1 216	4 043
1982	12	21	1 778	245	194	791	300	1 351	4 501
1983	10	17	1 724	311	489	1 573	292	1 283	4 386
1984	11	22	2 090	352	555	1 579	293	1 442	4 929
1985	8	12	1 559	324	480	1 483	283	1 406	4 965
1986	8	14	1 835	227	355	1 560	284	1 367	4 809
1987	13	28	2 148	235	342	1 457	274	1 277	4 658
1988	14	33	2 363	219	324	1 480	271	1 339	4 939
1989	16	36	2 251	231	404	1 751	264	1 440	5 453
1990	15	33	2 193	245	411	1 677	261	1 399	5 356
1991	23	57	2 456	265	453	1 709	254	1 449	5 717
1992	23	58	2 550	295	540	1 831	241	1 220	5 065

（续）

年份	阿根廷			澳大利亚			德国		
	收获面积（万公顷）	产量（万吨）	单产（千克/公顷）	收获面积（万公顷）	产量（万吨）	单产（千克/公顷）	收获面积（万公顷）	产量（万吨）	单产（千克/公顷）
1993	20	46	2 310	342	667	1 947	220	1 101	5 001
1994	15	34	2 309	247	291	1 179	207	1 090	5 268
1995	22	39	1 771	311	582	1 872	211	1 189	5 639
1996	25	54	2 147	337	670	1 989	221	1 207	5 467
1997	32	93	2 866	352	648	1 841	227	1 340	5 892
1998	21	54	2 538	317	599	1 890	218	1 251	5 737
1999	18	42	2 273	259	504	1 948	221	1 330	6 011
2000	25	72	2 915	345	674	1 952	207	1 211	5 855
2001	25	53	2 150	371	828	2 234	211	1 349	6 390
2002	25	55	2 193	386	387	1 000	197	1 093	5 546
2003	33	101	3 007	448	1 038	2 319	207	1 049	5 056
2004	28	89	3 250	465	774	1 666	198	1 299	6 564
2005	27	80	2 989	441	948	2 152	195	1 161	5 966
2006	34	127	3 757	418	426	1 018	203	1 197	5 909
2007	42	148	3 535	490	716	1 461	192	1 038	5 417
2008	58	169	2 935	502	800	1 595	196	1 197	6 100

（续）

年份	阿根廷			澳大利亚			德国		
	收获面积（万公顷）	产量（万吨）	单产（千克/公顷）	收获面积（万公顷）	产量（万吨）	单产（千克/公顷）	收获面积（万公顷）	产量（万吨）	单产（千克/公顷）
2009	51	137	2 682	445	791	1 779	188	1 229	6 544
2010	75	298	3 960	409	729	1 784	165	1 041	6 298
2011	112	408	3 648	368	799	2 172	160	873	5 465
2012	150	550	3 667	372	822	2 211	168	1 042	6 193
2013	120	471	3 910	320	747	2 333	157	1 034	6 587
2014	89	290	3 264	381	917	2 405	157	1 156	7 348
2015	125	494	3 961	408	865	2 120	162	1 163	7 171
2016	87	331	3 802	411	899	2 189	161	1 073	6 686
2017	87	374	4 299	483	1 351	2 794	157	1 085	6 930
2018	121	506	4 183	412	925	2 244	166	958	5 766
2019	126	512	4 073	444	882	1 988	171	1 159	6 783
2020	109	448	4 108	504	1 013	2 009	167	1 077	6 459
2021	101	404	4 010	549	1 465	2 668	154	1 041	6 763

数据来源：联合国粮食及农业组织统计数据库（FAOSTAT）。

附表6　世界及主产国大麦收获面积、单产和产量（美国、西班牙、土耳其）

年份	美国			西班牙			土耳其		
	收获面积（万公顷）	产量（万吨）	单产（千克/公顷）	收获面积（万公顷）	产量（万吨）	单产（千克/公顷）	收获面积（万公顷）	产量（万吨）	单产（千克/公顷）
1961	518	855	1 649	145	174	1 203	279	295	1 058
1962	494	931	1 884	145	216	1 492	280	350	1 250
1963	455	855	1 881	145	207	1 431	285	429	1 505
1964	413	841	2 021	138	193	1 395	275	320	1 164
1965	371	856	2 307	137	189	1 376	277	330	1 191
1966	415	854	2 058	134	201	1 500	271	380	1 402
1967	374	814	2 179	150	258	1 717	273	380	1 394
1968	394	928	2 356	192	344	1 789	273	356	1 304
1969	387	930	2 404	211	388	1 838	265	374	1 414
1970	393	906	2 305	222	310	1 395	258	325	1 262
1971	409	1 007	2 462	237	478	2 018	257	417	1 622
1972	390	918	2 352	252	436	1 730	250	373	1 488
1973	417	909	2 181	277	440	1 587	241	290	1 206
1974	321	650	2 026	303	540	1 786	258	333	1 291
1975	349	826	2 367	326	673	2 063	260	450	1 731
1976	342	834	2 442	324	547	1 689	263	490	1 861

（续）

年份	美国			西班牙			土耳其		
	收获面积（万公顷）	产量（万吨）	单产（千克/公顷）	收获面积（万公顷）	产量（万吨）	单产（千克/公顷）	收获面积（万公顷）	产量（万吨）	单产（千克/公顷）
1977	394	931	2 366	335	677	2 021	262	475	1 813
1978	374	990	2 646	352	807	2 293	252	475	1 884
1979	305	834	2 739	348	625	1 798	279	524	1 878
1980	294	786	2 676	358	871	2 435	278	530	1 905
1981	366	1 031	2 819	351	476	1 356	297	590	1 990
1982	365	1 123	3 080	362	527	1 458	314	640	2 040
1983	394	1 107	2 810	373	666	1 784	290	543	1 871
1984	454	1 302	2 868	402	1 079	2 682	324	650	2 006
1985	469	1 285	2 739	425	1 070	2 520	334	650	1 949
1986	485	1 325	2 734	434	743	1 712	333	700	2 103
1987	403	1 135	2 818	440	984	2 235	330	690	2 092
1988	309	631	2 043	426	1 207	2 835	343	750	2 189
1989	336	880	2 616	431	939	2 179	333	450	1 351
1990	305	919	3 017	436	938	2 153	332	730	2 198
1991	341	1 011	2 969	441	926	2 099	344	780	2 267
1992	295	991	3 361	411	611	1 485	338	690	2 039

（续）

年份	美国			西班牙			土耳其		
	收获面积（万公顷）	产量（万吨）	单产（千克/公顷）	收获面积（万公顷）	产量（万吨）	单产（千克/公顷）	收获面积（万公顷）	产量（万吨）	单产（千克/公顷）
1993	273	867	3 171	354	970	2 740	346	750	2 165
1994	270	816	3 025	354	742	2 095	350	700	2 000
1995	254	782	3 079	356	505	1 419	353	750	2 128
1996	271	854	3 148	357	1 070	2 995	365	800	2 192
1997	251	784	3 124	368	855	2 322	370	820	2 216
1998	237	767	3 231	354	1 090	3 082	375	900	2 400
1999	192	610	3 185	311	743	2 393	365	770	2 110
2000	210	692	3 288	328	1 106	3 375	363	800	2 204
2001	173	541	3 127	299	625	2 089	364	750	2 060
2002	167	494	2 961	310	836	2 696	360	830	2 306
2003	191	606	3 167	317	870	2 744	340	810	2 382
2004	163	609	3 743	318	1 064	3 347	360	900	2 500
2005	132	461	3 487	316	463	1 466	365	950	2 603
2006	119	392	3 285	320	814	2 545	365	955	2 617
2007	142	457	3 228	323	1 195	3 700	331	731	2 204
2008	153	523	3 420	346	1 126	3 252	273	592	2 168

（续）

年份	美国			西班牙			土耳其		
	收获面积（万公顷）	产量（万吨）	单产（千克/公顷）	收获面积（万公顷）	产量（万吨）	单产（千克/公顷）	收获面积（万公顷）	产量（万吨）	单产（千克/公顷）
2009	126	495	3 929	305	735	2 413	298	730	2 452
2010	100	392	3 934	288	816	2 835	300	724	2 413
2011	91	339	3 743	270	829	3 069	287	760	2 649
2012	131	480	3 653	268	598	2 233	275	710	2 583
2013	121	468	3 857	277	1 006	3 632	272	790	2 904
2014	101	395	3 912	279	698	2 501	272	630	2 317
2015	126	467	3 708	260	671	2 580	277	800	2 883
2016	104	434	4 191	280	798	2 849	270	670	2 481
2017	79	312	3 928	260	579	2 228	242	710	2 936
2018	80	334	4 167	257	955	3 718	260	700	2 691
2019	88	369	4 181	269	774	2 875	286	760	2 657
2020	86	360	4 170	275	1 147	4 171	309	830	2 684
2021	79	256	3 250	251	928	3 689	308	575	1 865

数据来源：联合国粮食及农业组织统计数据库（FAOSTAT）。

附表 7 世界及主产国大麦收获面积、单产和产量（英国、波兰、伊朗）

年份	英国			波兰			伊朗		
	收获面积（万公顷）	产量（万吨）	单产（千克/公顷）	收获面积（万公顷）	产量（万吨）	单产（千克/公顷）	收获面积（万公顷）	产量（万吨）	单产（千克/公顷）
1961	155	505	3 262	68	134	1 969	115	80	697
1962	161	587	3 635	66	132	1 983	110	77	695
1963	191	670	3 515	75	148	1 976	105	74	705
1964	204	752	3 694	74	126	1 701	100	72	718
1965	218	819	3 752	69	145	2 099	130	94	719
1966	248	873	3 516	68	140	2 062	152	108	710
1967	244	922	3 778	64	139	2 163	150	104	690
1968	240	828	3 445	63	148	2 355	163	116	710
1969	241	867	3 590	76	195	2 567	161	114	712
1970	224	753	3 357	92	215	2 325	154	108	702
1971	229	856	3 740	90	245	2 726	145	90	623
1972	229	925	4 040	102	275	2 704	152	101	664
1973	227	901	3 972	108	316	2 917	131	92	705
1974	222	914	4 125	123	391	3 177	128	86	672
1975	235	851	3 630	134	364	2 725	153	144	939
1976	218	765	3 505	121	362	2 989	131	149	1 139

（续）

年份	英国			波兰			伊朗		
	收获面积（万公顷）	产量（万吨）	单产（千克/公顷）	收获面积（万公顷）	产量（万吨）	单产（千克/公顷）	收获面积（万公顷）	产量（万吨）	单产（千克/公顷）
1977	240	1 053	4 387	124	340	2 749	128	123	963
1978	235	985	4 188	120	364	3 023	118	122	1 034
1979	234	962	4 106	147	373	2 538	126	135	1 078
1980	233	1 032	4 429	132	342	2 586	158	135	858
1981	233	1 023	4 396	129	354	2 735	235	197	838
1982	222	1 096	4 932	124	365	2 949	184	190	1 034
1983	214	998	4 655	110	326	2 968	201	203	1 014
1984	198	1 106	5 591	105	355	3 371	216	229	1 060
1985	197	974	4 954	124	409	3 289	208	230	1 102
1986	192	1 001	5 224	134	441	3 304	197	250	1 269
1987	183	923	5 044	129	433	3 371	222	273	1 228
1988	188	871	4 638	125	380	3 043	238	341	1 432
1989	165	807	4 883	117	391	3 327	265	285	1 074
1990	152	790	5 209	117	422	3 592	263	355	1 350
1991	139	763	5 476	124	426	3 440	239	310	1 296
1992	130	737	5 670	120	282	2 353	221	307	1 386

（续）

年份	英国			波兰			伊朗		
	收获面积（万公顷）	产量（万吨）	单产（千克/公顷）	收获面积（万公顷）	产量（万吨）	单产（千克/公顷）	收获面积（万公顷）	产量（万吨）	单产（千克/公顷）
1993	117	604	5 178	117	325	2 787	210	306	1 455
1994	111	595	5 372	103	269	2 603	176	304	1 733
1995	119	684	5 735	105	328	3 130	175	295	1 685
1996	127	779	6 139	113	344	3 042	167	274	1 634
1997	136	783	5 760	124	387	3 113	150	250	1 664
1998	125	662	5 286	114	361	3 175	182	330	1 809
1999	118	658	5 582	111	340	3 071	140	200	1 425
2000	113	649	5 755	110	278	2 540	119	169	1 412
2001	125	666	5 349	107	333	3 109	149	242	1 629
2002	110	613	5 566	105	337	3 207	167	309	1 847
2003	108	637	5 909	102	283	2 786	151	291	1 926
2004	101	582	5 758	101	357	3 522	160	294	1 837
2005	94	550	5 858	111	358	3 217	166	286	1 722
2006	88	524	5 940	122	316	2 590	157	296	1 886
2007	90	508	5 656	123	401	3 252	164	310	1 891
2008	103	614	5 953	121	362	3 000	107	155	1 446

（续）

年份	英国			波兰			伊朗		
	收获面积（万公顷）	产量（万吨）	单产（千克/公顷）	收获面积（万公顷）	产量（万吨）	单产（千克/公顷）	收获面积（万公顷）	产量（万吨）	单产（千克/公顷）
2009	114	667	5 834	116	398	3 443	168	345	2 057
2010	92	525	5 702	112	353	3 158	158	321	2 026
2011	97	549	5 664	102	333	3 267	150	300	2 000
2012	100	552	5 511	116	418	3 602	168	340	2 024
2013	121	709	5 847	82	292	3 574	160	320	2 000
2014	108	691	6 399	81	327	4 052	171	296	1 725
2015	110	737	6 694	84	296	3 528	176	320	1 816
2016	112	666	5 931	93	344	3 715	161	291	1 804
2017	118	717	6 091	95	379	3 977	177	275	1 556
2018	114	651	5 721	98	299	3 066	187	280	1 497
2019	160	805	5 031	98	331	3 396	216	360	1 666
2020	139	812	5 848	68	294	4 361	206	360	1 746
2021	115	696	6 053	72	296	4 107	211	281	1 335

数据来源：联合国粮食及农业组织统计数据库（FAOSTAT）。

附表 8　世界及主产国大麦收获面积、单产和产量（丹麦、摩洛哥、印度）

年份	丹麦			摩洛哥			印度		
	收获面积（万公顷）	产量（万吨）	单产（千克/公顷）	收获面积（万公顷）	产量（万吨）	单产（千克/公顷）	收获面积（万公顷）	产量（万吨）	单产（千克/公顷）
1961	80	281	3 513	158	57	361	321	282	880
1962	83	330	3 977	116	142	1 222	331	315	951
1963	94	340	3 623	197	175	891	302	242	802
1964	95	390	4 105	175	140	803	277	204	735
1965	104	413	3 961	168	143	854	268	252	940
1966	111	416	3 741	209	70	337	264	238	902
1967	117	438	3 746	210	152	722	282	235	831
1968	125	505	4 025	214	321	1 504	338	350	1 038
1969	130	526	4 028	207	204	986	276	242	879
1970	135	481	3 561	192	196	1 021	276	272	982
1971	137	546	3 985	202	257	1 272	255	278	1 090
1972	141	557	3 963	196	247	1 261	246	258	1 050
1973	144	543	3 759	204	126	616	245	238	972
1974	144	597	4 153	200	239	1 196	265	237	895
1975	144	516	3 574	184	159	861	288	313	1 087
1976	148	480	3 247	224	286	1 280	280	319	1 139

（续）

年份	丹麦			摩洛哥			印度		
	收获面积（万公顷）	产量（万吨）	单产（千克/公顷）	收获面积（万公顷）	产量（万吨）	单产（千克/公顷）	收获面积（万公顷）	产量（万吨）	单产（千克/公顷）
1977	153	614	4 021	234	135	575	224	234	1 046
1978	157	630	4 013	242	233	964	200	231	1 155
1979	162	666	4 107	219	189	861	183	214	1 172
1980	158	604	3 834	215	221	1 028	177	162	917
1981	154	604	3 922	223	104	466	181	229	1 269
1982	148	636	4 282	205	233	1 140	173	199	1 154
1983	135	442	3 283	215	123	571	148	187	1 259
1984	118	607	5 142	213	141	661	139	183	1 323
1985	109	525	4 801	238	254	1 067	125	156	1 242
1986	108	513	4 762	247	356	1 441	137	196	1 434
1987	94	429	4 551	231	154	667	122	167	1 363
1988	115	542	4 694	250	345	1 382	114	158	1 380
1989	99	496	5 022	240	300	1 250	108	172	1 593
1990	90	499	5 535	241	214	885	99	149	1 500
1991	94	504	5 371	236	325	1 380	96	163	1 697
1992	91	297	3 266	223	108	484	95	170	1 781

（续）

年份	丹麦			摩洛哥			印度		
	收获面积（万公顷）	产量（万吨）	单产（千克/公顷）	收获面积（万公顷）	产量（万吨）	单产（千克/公顷）	收获面积（万公顷）	产量（万吨）	单产（千克/公顷）
1993	71	337	4 727	215	103	477	92	151	1 652
1994	70	345	4 892	258	372	1 440	79	131	1 653
1995	72	390	5 418	158	61	385	89	128	1 440
1996	74	395	5 356	243	383	1 577	82	151	1 833
1997	72	389	5 399	200	132	663	76	146	1 930
1998	69	357	5 197	243	197	812	86	168	1 958
1999	73	367	5 048	207	147	712	79	154	1 940
2000	74	398	5 370	225	47	207	72	145	1 997
2001	74	397	5 332	213	116	543	78	143	1 840
2002	82	412	4 998	200	167	833	66	142	2 160
2003	71	378	5 319	227	262	1 156	70	141	2 006
2004	70	359	5 149	232	276	1 188	66	130	1 975
2005	71	380	5 385	218	110	506	62	121	1 958
2006	68	327	4 816	219	254	1 158	63	122	1 938
2007	63	310	4 916	199	76	383	65	133	2 058
2008	72	340	4 734	218	135	620	60	120	1 991

（续）

年份	丹麦			摩洛哥			印度		
	收获面积（万公顷）	产量（万吨）	单产（千克/公顷）	收获面积（万公顷）	产量（万吨）	单产（千克/公顷）	收获面积（万公顷）	产量（万吨）	单产（千克/公顷）
2009	59	339	5 723	218	377	1 727	78	169	2 167
2010	58	298	5 183	192	257	1 337	62	135	2 177
2011	60	326	5 430	203	232	1 144	71	166	2 357
2012	72	406	5 611	189	120	635	78	162	2 077
2013	69	395	5 730	197	272	1 384	79	175	2 215
2014	60	355	5 870	159	164	1 033	67	183	2 717
2015	63	386	6 108	200	340	1 698	71	161	2 281
2016	71	395	5 587	121	62	513	59	151	2 551
2017	67	399	6 000	200	247	1 232	66	175	2 652
2018	80	345	4 332	156	285	1 822	66	178	2 695
2019	58	362	6 215	105	116	1 106	56	163	2 837
2020	65	416	6 363	150	65	431	62	172	2 783
2021	62	346	5 570	149	278	1 867	58	166	2 858

数据来源：联合国粮食及农业组织统计数据库（FAOSTAT）。

附表9　世界大麦平衡表（万吨）

年度	供应量	产量	进口量	库存变化量	出口量	饲料用量	种子用量	浪费量	加工用量	食用量	其他用途用量
1961/1962	7 572	7 241	815	333	816	4 379	785	207	926	1 253	23
1962/1963	8 550	8 839	755	—288	757	5 085	891	281	949	1 322	21
1963/1964	8 801	9 038	639	—203	674	5 475	865	267	960	1 213	22
1964/1965	9 453	9 552	850	—37	912	6 112	836	273	1 019	1 190	23
1965/1966	9 655	9 261	932	436	975	6 196	845	279	1 078	1 225	32
1966/1967	10 145	10 042	784	110	792	6 640	840	364	1 128	1 148	24
1967/1968	10 029	10 317	830	—269	850	6 535	858	352	1 157	1 083	44
1968/1969	10 877	11 350	780	—479	775	7 253	926	396	1 165	1 094	43
1969/1970	11 785	11 800	853	10	878	8 163	920	426	1 220	1 015	41
1970/1971	12 257	11 937	1 236	328	1 244	8 492	945	463	1 279	1 044	34
1971/1972	12 758	13 123	1 278	—328	1 315	8 929	1 030	376	1 329	1 061	32
1972/1973	13 102	13 296	1 606	—178	1 621	9 158	1 082	430	1 370	1 034	28
1973/1974	14 451	14 696	1 438	—178	1 505	10 332	1 105	460	1 441	1 077	36
1974/1975	14 440	14 881	1 498	—492	1 448	10 219	1 147	499	1 481	1 063	30
1975/1976	14 648	13 549	1 507	1 128	1 535	10 311	1 171	464	1 495	1 183	24
1976/1977	15 534	16 659	1 654	—1 103	1 676	11 207	1 192	461	1 512	1 131	31

（续）

年度	供应量	产量	进口量	库存变化量	出口量	饲料用量	种子用量	浪费量	加工用量	食用量	其他用途用量
1977/1978	15 615	15 638	1 508	55	1 586	11 338	1 163	511	1 578	1 006	19
1978/1979	15 958	17 492	1 792	−1 548	1 779	11 393	1 245	584	1 648	1 059	31
1979/1980	15 703	15 498	1 807	153	1 755	11 313	1 148	483	1 704	1 022	32
1980/1981	15 637	15 670	1 805	116	1 953	11 415	1 178	468	1 662	901	14
1981/1982	15 760	14 960	2 213	917	2 329	11 446	1 126	490	1 667	994	37
1982/1983	15 693	16 135	2 154	−463	2 133	11 346	1 167	543	1 707	900	33
1983/1984	16 112	15 946	2 107	214	2 155	11 748	1 161	527	1 741	903	33
1984/1985	16 183	16 943	2 494	−723	2 531	11 913	1 155	568	1 697	846	18
1985/1986	16 748	17 261	2 216	−163	2 567	12 483	1 165	533	1 770	790	30
1986/1987	17 434	17 716	2 326	391	2 999	12 942	1 161	612	1 769	830	127
1987/1988	17 181	17 528	2 290	5	2 642	12 703	1 116	605	1 846	778	134
1988/1989	16 184	16 339	2 205	182	2 542	11 810	1 068	587	1 893	790	36
1989/1990	16 164	16 416	2 312	62	2 625	11 738	1 068	573	1 941	815	29
1990/1991	16 579	17 807	2 103	−687	2 643	12 131	1 117	572	1 954	781	24
1991/1992	16 307	16 976	2 232	−62	2 838	11 784	1 079	612	2 013	806	14
1992/1993	15 374	16 560	2 824	−1 071	2 939	10 856	1 193	479	1 977	826	43

（续）

年度	供应量	产量	进口量	库存变化量	出口量	饲料用量	种子用量	浪费量	加工用量	食用量	其他用途用量
1993/1994	15 554	16 974	2 201	−1 276	2 344	11 002	1 208	483	2 011	768	81
1994/1995	16 064	16 125	2 757	−8	2 809	11 323	1 310	489	2 075	790	77
1995/1996	15 569	14 089	2 682	1 525	2 726	10 830	1 253	452	2 152	822	59
1996/1997	14 800	15 529	2 653	−591	2 792	10 073	1 268	491	2 188	760	21
1997/1998	14 275	15 458	2 659	−1 036	2 806	9 725	1 100	492	2 256	682	23
1998/1999	13 775	13 761	2 348	157	2 491	9 169	1 021	475	2 269	818	23
1999/2000	13 254	12 834	2 802	479	2 861	8 779	973	447	2 294	739	23
2000/2001	13 392	13 308	2 949	246	3 111	9 109	948	434	2 291	595	20
2001/2002	13 330	14 395	2 714	−1 050	2 729	8 859	946	438	2 383	681	27
2002/2003	13 360	13 671	2 729	2	3 041	8 981	944	449	2 289	676	25
2003/2004	14 342	14 255	2 662	424	2 998	9 950	951	421	2 303	687	33
2004/2005	14 158	15 388	2 762	−850	3 141	9 663	912	458	2 367	704	55
2005/2006	13 783	13 861	3 089	292	3 459	9 212	947	451	2 464	665	45
2006/2007	14 300	13 946	3 190	540	3 375	9 583	955	466	2 597	657	42
2007/2008	13 419	13 412	3 154	127	3 275	8 850	930	398	2 575	614	51
2008/2009	13 904	15 477	3 479	−1 296	3 756	9 372	924	395	2 549	606	59

（续）

年度	供应量	产量	进口量	库存变化量	出口量	饲料用量	种子用量	浪费量	加工用量	食用量	其他用途用量
2009/2010	14 003	15 171	3 286	−973	3 480	9 383	844	459	2 585	693	39
2010/2011	13 389	12 361	3 404	1 208	3 584	8 763	835	412	2 669	658	53
2011/2012	13 564	13 289	3 368	416	3 509	8 943	862	429	2 585	683	62
2012/2013	12 970	13 148	3 726	2	3 906	8 189	880	424	2 728	688	61
2013/2014	14 044	14 246	3 869	88	4 159	9 266	880	462	2 691	679	66
2014/2015	14 384	14 480	4 151	120	4 367	8 722	985	491	3 199	755	231
2015/2016	14 792	14 944	4 479	−84.9	4 547	9 179	910	479	3 206	767	251
2016/2017	14 475	13 970	4 994	537	5 026	8 849	953	460	3 235	782	197
2017/2018	13 864	14 098	4 461	35	4 732	8 047	911	485	3 236	801	384
2018/2019	15 512	15 326	4 253	336	4 403	9 472	963	511	3 425	835	306
2019/2020	14 653	14 145	4 378	932	4 802	8 935	975	497	3 117	888	241
2020/2021	14 049	13 543	5 436	600	5 531	8 242	783	464	3 261	890	410
2021/2022	15 018	14 220	4 485	747	4 434	8 753	951	487	3 291	1 052	485

数据来源：联合国粮食及农业组织统计数据库（FAOSTAT）。

附表 10　中国大麦平衡表（万吨）

年度	供应量	产量	进口量	库存变化量	出口量	饲料用量	种子用量	浪费量	加工用量	食用量	其他用途用量
1961/1962	481.3	371.0	112.5	−2.1	0.1	9.6	54.5	23.2	3.2	390.4	0.3
1962/1963	523.7	594.0	50.5	−120.8	0.0	16.7	43.8	30.1	2.7	430.1	0.3
1963/1964	514.1	450.0	3.8	60.2	0.0	20.3	36.5	24.9	2.6	429.5	0.2
1964/1965	498.8	440.1	58.4	0.4	0.0	18.4	34.1	24.1	2.6	419.4	0.2
1965/1966	459.3	480.1	4.1	−24.8	0.1	15.4	28.0	23.3	2.9	389.5	0.2
1966/1967	366.2	280.1	0.8	85.4	0.1	13.0	21.9	17.8	2.8	310.5	0.2
1967/1968	303.6	300.1	3.6	0.1	0.1	10.9	23.6	14.6	3.3	251.0	0.3
1968/1969	245.8	240.1	5.8	0.0	0.1	14.8	24.0	11.6	3.6	191.5	0.4
1969/1970	247.9	240.1	10.1	−2.3	0.1	14.9	24.7	11.7	4.7	191.5	0.4
1970/1971	292.3	268.1	24.6	−0.4	0.0	33.9	23.3	13.2	5.4	216.2	0.3
1971/1972	314.9	280.1	32.9	2.0	0.0	41.2	22.4	13.9	5.9	231.1	0.5
1972/1973	314.9	270.1	44.3	0.6	0.0	48.1	28.3	13.5	6.4	218.1	0.5
1973/1974	317.1	290.1	27.2	−0.1	0.1	27.2	21.3	14.4	7.8	245.9	0.6
1974/1975	327.5	300.0	32.6	−5.1	0.0	28.5	17.9	15.0	7.3	258.4	0.5
1975/1976	324.2	300.0	17.3	7.0	0.1	25.6	15.6	14.8	8.4	259.0	0.7
1976/1977	333.7	300.1	34.4	−0.5	0.2	36.8	15.9	15.0	9.4	255.9	0.7

（续）

年度	供应量	产量	进口量	库存变化量	出口量	饲料用量	种子用量	浪费量	加工用量	食用量	其他用途用量
1977/1978	328.1	300.1	27.7	0.3	0.1	32.3	16.0	14.9	10.4	253.7	0.7
1978/1979	372.6	340.1	35.1	−2.5	0.1	35.6	15.2	16.9	12.5	291.3	1.0
1979/1980	380.2	360.0	73.0	−52.6	0.2	61.6	13.0	18.2	14.5	271.8	1.0
1980/1981	361.2	270.0	42.6	48.7	0.1	51.4	12.6	15.9	20.5	259.1	1.6
1981/1982	350.3	310.0	38.8	1.6	0.0	50.3	12.0	15.6	26.5	243.6	2.4
1982/1983	353.2	320.0	53.3	−19.8	0.3	61.6	12.6	16.1	32.0	228.0	2.9
1983/1984	350.5	300.0	51.7	−1.1	0.2	59.6	12.6	15.3	43.3	215.7	4.0
1984/1985	351.8	330.0	45.8	−24.0	0.0	59.4	10.7	16.4	55.3	204.6	5.4
1985/1986	324.1	270.0	39.4	14.9	0.1	40.5	11.6	14.4	75.6	174.6	7.6
1986/1987	333.5	252.0	50.8	30.8	0.1	34.9	10.4	15.1	97.7	165.4	10.2
1987/1988	338.0	280.0	58.5	−0.4	0.0	37.8	10.3	15.1	125.3	136.3	13.2
1988/1989	342.2	300.0	46.2	−3.9	0.1	25.1	12.1	15.5	150.8	122.6	16.2
1989/1990	356.3	300.0	54.0	2.8	0.5	22.4	12.4	16.2	148.5	141.2	15.6
1990/1991	424.3	330.6	93.0	0.9	0.3	78.3	17.3	19.1	159.9	149.5	0.1
1991/1992	520.5	420.0	101.4	−0.1	0.8	156.8	16.8	23.2	190.5	133.2	0.0
1992/1993	550.3	440.0	112.0	0.0	1.7	141.2	15.8	24.8	230.6	137.7	0.1

（续）

年度	供应量	产量	进口量	库存变化量	出口量	饲料用量	种子用量	浪费量	加工用量	食用量	其他用途用量
1993/1994	520.1	415.0	107.4	0.1	2.4	95.4	16.8	23.7	272.1	111.9	0.1
1994/1995	632.6	450.0	201.1	−14.8	3.7	174.2	17.9	27.9	311.1	101.5	0.1
1995/1996	559.0	442.0	152.4	−29.9	5.5	64.7	16.8	27.5	344.4	105.5	0.1
1996/1997	563.9	428.3	158.8	−17.6	5.5	55.9	16.8	27.4	371.1	92.7	0.1
1997/1998	601.1	431.3	215.9	−39.6	6.6	42.2	14.3	30.4	419.4	94.7	0.0
1998/1999	581.9	340.0	178.9	68.2	5.1	35.6	13.9	27.0	434.3	70.9	0.2
1999/2000	579.5	330.0	253.5	2.3	6.3	17.8	11.2	27.7	458.8	63.7	0.2
2000/2001	498.0	264.6	217.4	24.8	8.7	22.6	8.1	23.9	410.7	32.4	0.3
2001/2002	538.7	289.3	261.1	−2.3	9.5	23.6	9.6	26.1	421.7	56.2	1.5
2002/2003	510.3	332.4	212.6	−23.8	10.9	20.4	8.1	25.7	408.8	46.8	0.5
2003/2004	434.8	271.7	148.2	28.2	13.3	19.3	8.3	21.1	340.9	45.2	0.1
2004/2005	498.6	322.2	192.5	−0.4	15.7	21.4	8.7	24.4	390.5	53.3	0.3
2005/2006	564.0	344.4	240.0	−1.5	18.9	17.5	9.1	27.9	456.9	52.4	0.3
2006/2007	550.1	336.9	233.9	0.0	20.7	16.3	8.1	27.3	451.9	45.6	0.9
2007/2008	324.6	278.8	105.7	−0.1	59.8	7.2	8.3	18.2	274.1	15.7	1.2
2008/2009	334.2	282.3	122.7	−0.1	70.7	7.7	6.6	19.3	274.4	24.8	1.4

（续）

年度	供应量	产量	进口量	库存变化量	出口量	饲料用量	种子用量	浪费量	加工用量	食用量	其他用途用量
2009/2010	365.0	231.8	192.0	−0.1	58.7	13.2	6.8	20.0	294.3	29.1	1.7
2010/2011	495.6	197.2	252.8	83.4	37.8	19.4	3.1	12.1	444.1	16.2	0.1
2011/2012	454.9	163.7	192.6	125.7	27.1	11.3	3.1	9.6	417.4	13.5	0.0
2012/2013	532.5	162.6	267.4	145.5	43.0	13.5	3.1	30.1	471.3	14.5	0.0
2013/2014	540.6	169.9	248.2	164.0	41.5	14.6	3.2	11.3	497.4	14.1	0.0
2014/2015	717.7	181.2	552.1	31.7	47.3	18.6	3.4	20.4	634.2	41.1	0.0
2015/2016	771.7	186.8	1 086.5	−458.2	43.4	18.7	3.6	53.6	633.2	62.6	0.0
2016/2017	650.6	132.5	514.3	56.1	52.3	19.2	2.5	17.9	575.2	35.7	0.1
2017/2018	720.3	189.7	899.9	−313.6	55.7	52.8	3.1	10.7	594.8	56.1	3.0
2018/2019	603.4	148.8	693.8	−172.4	66.9	14.7	2.5	33.2	507.4	43.4	2.2
2019/2020	569.2	90.0	605.1	−55.9	70.0	22.7	1.7	16.6	490.2	35.8	2.2
2020/2021	576.7	203.6	820.7	−394.3	53.3	34.1	3	22.9	466.6	50.1	0.0
2021/2022	650.8	213.4	1 259.2	−770.2	51.6	42.4	3.1	34.5	507.1	65.1	−1.4

数据来源：联合国粮食及农业组织统计数据库（FAOSTAT）。

附表 11　中国大麦进口来源市场（万吨）

年份	世界	澳大利亚	加拿大	法国	丹麦	阿根廷	乌克兰	美国	哈萨克斯坦	俄罗斯	乌拉圭	新西兰	英国	其他国家或地区
1987	21.11	9.56	9.45					0.00				2.10		
1988	8.14	2.97	5.17											
1989	24.56	17.56	7.00											0.00
1990	65.24	58.53	6.69											0.02
1991	75.20	43.90	25.58					3.10				2.10		0.52
1992	85.16	33.61	30.87	6.30	7.51	0.00		0.05		0.01		1.81		5.00
1993	75.10	46.35	15.46	2.08	4.54			3.15						3.52
1994	131.76	104.26	24.90									2.57		0.03
1995	127.40	13.87	45.71	41.17	7.34			7.77		0.04			2.73	8.77
1996	130.79	85.89	39.85	2.81	0.03								0.00	2.21
1997	187.42	127.27	49.52	2.19	5.72									2.72
1998	151.92	85.27	44.68	12.59	6.23								3.15	
1999	226.88	140.71	37.75	17.19	9.44			0.27				0.01	20.26	1.25
2000	197.41	96.86	38.10	51.62	9.20			0.03					1.60	
2001	236.80	129.19	63.89	36.72				5.65				1.35		
2002	190.72	151.25	23.25	16.22										
2003	136.26	63.16	6.66	60.99	5.45									
2004	170.69	127.28	43.09											0.32
2005	217.92	116.00	70.49	29.68										1.75

（续）

年份	世界	澳大利亚	加拿大	法国	丹麦	阿根廷	乌克兰	美国	哈萨克斯坦	俄罗斯	乌拉圭	新西兰	英国	其他国家或地区
2006	213.11	165.72	45.91	1.48										0.00
2007	91.32	48.02	35.36	7.94				0.00						
2008	107.62	73.31	21.92	8.12	4.01									0.26
2009	173.97	82.62	49.07	41.63	0.28									0.37
2010	236.58	136.18	48.45	50.23	0.88								0.84	
2011	177.55	125.49	10.36	23.93	0.20	17.57								
2012	252.77	207.84	31.38	2.30		11.25								
2013	233.52	175.92	37.69	13.33	0.21	6.36								0.01
2014	541.32	387.76	55.96	76.42	0.90	8.01	12.13	0.13						0.01
2015	1 073.21	436.20	104.22	442.36	3.79	4.49	82.00	0.06						0.09
2016	500.49	325.18	73.04	63.56	0.29	3.15	35.27	0.00						
2017	886.35	648.04	135.86	22.28	1.08		79.09	0.00						
2018	681.53	417.84	167.99	57.43	0.05		38.22							
2019	592.87	231.57	145.95	118.29		6.60	87.39	0.01	3.06					0.00
2020	807.94	149.15	201.84	175.87	0.97	39.17	226.34		14.03	0.57				0.00
2021	1 248.23		356.23	364.75	4.68	173.54	321.41	0.02	11.24	7.46	8.90			
2022	576.01		173.10	98.36	0.50	238.88	24.66		18.71	6.02	15.78			
2023	1 132.24	153.44	226.75	367.27	8.44	214.36	28.04		80.14	46.53	7.27			

数据来源：联合国粮食及农业组织统计数据库（FAOSTAT）和中国海关总署。

附表 12 世界及主要国家大麦进口量（万吨）

年份	世界	中国	沙特阿拉伯	荷兰	比利时	日本	德国	西班牙	意大利	土耳其	伊朗	利比亚
1961	728	112	1	27			110	36	58			2
1962	662	50	5	32			217	11	44		1	0
1963	545	3	3	21		17	95	36	75		1	0
1964	747	58	4	22		47	142	77	59		0	2
1965	814	3	3	29		64	167	54	86	1	1	1
1966	662	0	6	21		45	171	56	100		0	3
1967	704	3	6	20		60	178	47	83		0	4
1968	643	5	1	17		63	144	1	109		0	1
1969	705	9	1	20		68	154	1	105		0	1
1970	1 068	24	4	17		77	287	1	96		0	12
1971	1 080	32	5	17		87	196	22	121		19	17
1972	1 359	44	1	17		100	225	1	125		2	6
1973	1 210	26	2	22		132	176	0	140	2	11	6
1974	1 242	31	2	33		142	150	13	109	8	18	8
1975	1 251	16	1	39		160	194	1	81	1	20	5
1976	1 370	33	2	32		176	270	0	114		22	0

（续）

年份	世界	中国	沙特阿拉伯	荷兰	比利时	日本	德国	西班牙	意大利	土耳其	伊朗	利比亚
1977	1 235	27	12	30		173	200	0	123		33	11
1978	1 475	34	5	48		149	227	0	163		34	5
1979	1 477	70	54	31		152	228	1	140	0	12	11
1980	1 509	40	123	35		142	158	55	130		39	8
1981	1 868	35	228	54		157	162	48	124		47	9
1982	1 865	51	386	62		133	144	45	129		40	17
1983	1 774	48	236	62		148	213	160	136	16	47	15
1984	2 300	43	588	54		157	215	21	118	57	69	21
1985	1 872	37	285	61		166	191	0	81	11	53	39
1986	1 967	48	371	59		136	215	73	85		15	47
1987	1 889	54	492	74		125	138	10	104		16	37
1988	1 781	41	227	125		135	210	14	77	9	9	52
1989	1 867	48	188	141		132	202	1	79	24	74	30
1990	1 607	89	56	123		127	91	3	62	25	59	83
1991	1 728	97	48	83		152	43	11	70	8	18	48
1992	2 314	107	585	86		158	47	20	47	2	11	28

（续）

年份	世界	中国	沙特阿拉伯	荷兰	比利时	日本	德国	西班牙	意大利	土耳其	伊朗	利比亚
1993	1 708	101	191	71		162	37	7	60	8	31	93
1994	2 232	188	514	100		166	50	3	48	16	69	45
1995	2 124	145	394	93		173	68	92	70	4	50	22
1996	2 066	151	411	121		160	72	67	76	6	80	13
1997	2 044	209	495	94		161	42	40	63	2	61	64
1998	1 708	174	335	58		147	42	21	58	11	21	22
1999	2 128	250	464	92		162	43	21	59	6	42	30
2000	2 249	211	534	55	122	165	65	8	68	4	104	4
2001	2 005	257	324	71	132	141	70	69	75	4	94	14
2002	2 051	209	379	85	122	135	80	153	95	2	20	21
2003	1 959	140	565	116	121	144	78	60	92	9	1	9
2004	2 024	185	289	111	134	144	72	104	122	24	101	27
2005	2 342	232	598	95	143	143	66	160	83	5	109	16
2006	2 469	226	759	147	144	138	84	128	71	7	27	24
2007	2 216	96	710	143	148	141	120	28	64	5	29	5
2008	2 563	113	765	133	178	129	120	30	59	25	103	18

（续）

年份	世界	中国	沙特阿拉伯	荷兰	比利时	日本	德国	西班牙	意大利	土耳其	伊朗	利比亚
2009	2 407	180	596	156	164	139	120	153	65	9	120	41
2010	2 536	242	724	201	192	142	123	92	85	6	54	47
2011	2 426	178	635	166	170	131	134	100	91	4	81	15
2012	2 767	253	832	160	178	132	135	28	50	8	157	18
2013	3 017	234	1 055	196	182	132	113	31	64	26	77	71
2014	3 175	541	755	189	173	124	121	40	64	68	192	70
2015	3 575	1 073	649	151	164	111	143	82	66	20	161	113
2016	3 396	500	849	200	171	116	127	107	73	4	133	137
2017	3 924	886	860	207	181	144	133	134	75	38	267	84
2018	3 453	682	766	220	175	162	127	47	58	66	265	69
2019	3 133	593	391	216	201	115	127	122	50	56	329	57
2020	3 282	808	290	263	194	121	149	38	45	89	82	79
2021	3 596	1 248	538	265	192	115	154		63	238		
2022	2 543	576		236	187	124	155		71	159		

数据来源：1961—2020 年数据来自联合国粮食及农业组织统计数据库（FAOSTAT），2021—2022 年数据来自联合国商品贸易统计数据库（UN COMTRADE）。

注：大麦包括种用大麦和非种用大麦。

附表 13 世界及主要国家大麦出口量（万吨）

年份	世界	法国	乌克兰	澳大利亚	德国	俄罗斯	加拿大	英国	丹麦	罗马利亚	阿根廷	哈萨克斯坦
1961	720	194		77	3		103	14	7	1	13	
1962	660	88		71	15		47	31	11	1	18	
1963	570	167		23	2		43	16	9	0	4	
1964	799	258		40	4		91	9	15	1	54	
1965	806	172		37	3		73	20	31	0	30	
1966	642	184		23	5		71	100	19	0	11	
1967	724	237		42	6		118	93	21	0	7	
1968	640	306		13	1		69	60	16	1	18	
1969	715	315		45	14		66	1	35	1	21	
1970	1 051	307		63	63		299	11	28	0	9	
1971	1 099	272		112	15		405	7	15	0	7	
1972	1 381	370		182	55		450	5	20	0	9	
1973	1 234	414		80	35		319	27	17	0	16	
1974	1 158	431		81	43		237	16	48	0	11	
1975	1 246	259		176	33		341	107	75	0	2	
1976	1 377	296		196	42		433	20	35		4	

（续）

年份	世界	法国	乌克兰	澳大利亚	德国	俄罗斯	加拿大	英国	丹麦	罗马利亚	阿根廷	哈萨克斯坦
1977	1 301	241		210	19		279	47	37	3	8	
1978	1 445	368		133	35		360	204	110		1	
1979	1 392	407		174	23		393	83	76		6	
1980	1 608	397		296	21		273	164	100		4	
1981	1 960	449		160	6		479	313	30		1	
1982	1 821	301		158	44		572	230	43	5	0	
1983	1 760	340		83	80		574	247	67		3	
1984	2 288	367		312	58		391	386	80		2	
1985	2 179	472		518	73		223	302	95		3	
1986	2 611	379		417	136		599	412	121		0	
1987	2 211	419		219	113		544	309	88	8	1	
1988	2 090	489		145	121		272	281	126	1	10	
1989	2 154	395		153	138		390	324	139	1	10	
1990	2 106	389		238	158		375	201	134		5	
1991	2 285	451		242	244		397	197	116		5	
1992	2 392	538	34	196	307		251	180	97		17	

（续）

年份	世界	法国	乌克兰	澳大利亚	德国	俄罗斯	加拿大	英国	丹麦	罗马利亚	阿根廷	哈萨克斯坦
1993	1 792	518		245	181		295	112	58		12	1
1994	2 254	334	25	349	258	53	353	134	70	0	10	83
1995	2 093	292	137	203	271	160	232	148	70	1	2	120
1996	2 170	322	112	371	324	21	335	165	70	17	1	87
1997	2 155	356	46	356	152	130	254	157	80	26	23	74
1998	1 815	480	58	347	113	35	147	135	78	4	14	35
1999	2 172	610	107	378	275	10	136	119	68	8	13	63
2000	2 388	477	86	296	615	54	184	159	91	9	4	62
2001	1 973	411	198	219	289	151	177	67	85	24	20	25
2002	2 267	427	284	369	225	303	84	95	95	36	11	35
2003	2 239	547	189	221	318	310	78	112	87	2	7	57
2004	2 304	489	371	671	91	96	165	68	59	6	20	25
2005	2 580	539	350	393	293	177	202	83	36	32	33	10
2006	2 402	426	457	480	197	127	151	57	50	12	39	38
2007	2 320	510	212	184	278	187	195	47	52	14	52	65
2008	2 718	502	574	349	166	150	235	56	54	65	96	64

（续）

年份	世界	法国	乌克兰	澳大利亚	德国	俄罗斯	加拿大	英国	丹麦	罗马利亚	阿根廷	哈萨克斯坦
2009	2 567	472	549	325	118	349	157	87	31	54	101	34
2010	2 647	571	459	395	169	154	135	103	78	77	54	21
2011	2 608	500	214	448	226	207	106	80	93	76	215	52
2012	2 842	466	258	511	150	343	155	59	104	69	345	34
2013	3 098	647	234	512	285	232	127	86	77	113	336	24
2014	3 350	512	417	613	96	401	159	113	84	137	273	71
2015	3 837	754	463	519	278	529	131	161	98	176	154	63
2016	3 518	587	480	581	289	286	121	180	69	131	323	78
2017	3 869	565	486	886	244	463	192	105	98	144	256	91
2018	3 654	656	360	612	186	544	224	84	66	133	259	175
2019	3 106	717	235	287	158	394	218	167	52	112	252	164
2020	3 798	678	505	426	241	496	281	157	72	131	223	98
2021	4 108	655	534	872	308	396	351		97	210	230	78
2022	2 976	557	214	800	307		213		63	135	368	84

数据来源：1961—2020 年数据来自联合国粮食及农业组织统计数据库（FAOSTAT），2021—2022 年数据来自联合国商品贸易统计数据库（UN COMTRADE）。

注：大麦包括种用大麦和非种用大麦。

附表 14 世界及主要国家大麦进口价格（美元/吨）

年份	世界	中国	沙特阿拉伯	荷兰	比利时	日本	德国	西班牙	意大利	土耳其	伊朗	利比亚
1961	53	55	55	50			56	58	51			58
1962	65	70	53	64			66	65	58		151	
1963	63	65	71	57		57	71	62	60		66	62
1964	66	66	75	63		62	70	63	61		68	80
1965	69	61	67	72		64	76	67	64	77	73	81
1966	75		67	81		69	83	72	68		119	94
1967	72	67	79	83		66	80	68	68			80
1968	68	58	60	89		60	76	77	66			83
1969	64	52	50	89		51	79	52	63		0	78
1970	62	52	61	96		54	74	74	55		51	69
1971	73	61	91	93		69	84	69	70		51	80
1972	65	58	100	101		64	75	116	65		65	80
1973	104	95	116	130		108	116	246	107	145	172	73
1974	148	147	172	138		169	146	157	145	135	184	184
1975	156	149	154	160		160	163	164	146	130	142	226
1976	153	140	161	163		148	164	528	141		164	245

（续）

年份	世界	中国	沙特阿拉伯	荷兰	比利时	日本	德国	西班牙	意大利	土耳其	伊朗	利比亚
1977	150	126	160	180		129	178	489	139		151	217
1978	153	126	163	207		126	195	144	163		117	214
1979	167	119	205	232		134	212	152	183	62	138	244
1980	197	160	274	240		175	240	169	195		189	332
1981	201	196	314	204		197	218	153	185		204	251
1982	190	164	250	196		152	212	135	178		155	244
1983	163	146	200	185		141	190	109	179	163	162	227
1984	167	155	184	169		152	188	142	172	157	160	233
1985	140	135	130	154		133	168	197	157	149	97	202
1986	121	102	92	199		110	160	167	202		94	158
1987	118	94	78	215		107	195	194	229		67	136
1988	146	103	105	224		132	158	214	229	81	101	166
1989	157	179	160	162		149	152	190	231	149	156	178
1990	171	167	159	196		147	213	199	237	143	140	172
1991	160	147	141	225		139	271	222	235	138	137	168
1992	151	156	117	233		143	274	217	241	166	152	175

（续）

年份	世界	中国	沙特阿拉伯	荷兰	比利时	日本	德国	西班牙	意大利	土耳其	伊朗	利比亚
1993	148	159	122	197		138	232	196	189	152	147	174
1994	123	126	97	186		138	204	234	188	112	114	170
1995	153	184	133	197		167	232	192	205	140	120	152
1996	194	230	180	193		209	241	196	196	239	171	192
1997	165	201	158	157		167	203	154	168	175	171	118
1998	133	157	105	142		147	164	142	151	160	147	196
1999	112	129	69	137		135	168	138	146	113	126	60
2000	133	157	125	124	128	147	142	129	131	129	152	157
2001	135	163	128	114	125	152	143	112	121	162	143	177
2002	127	152	129	117	122	149	143	112	115	145	118	88
2003	156	196	170	104	146	184	170	135	142	176	154	74
2004	169	187	192	158	159	184	181	175	175	166	137	162
2005	167	196	175	145	147	189	158	158	154	203	163	124
2006	164	190	160	151	151	188	174	162	161	195	166	132
2007	272	290	302	216	220	295	259	239	246	260	231	232
2008	354	446	390	270	282	451	344	274	310	364	361	267

（续）

年份	世界	中国	沙特阿拉伯	荷兰	比利时	日本	德国	西班牙	意大利	土耳其	伊朗	利比亚
2009	211	248	211	181	221	212	276	184	183	303	146	138
2010	220	226	265	173	177	237	202	186	185	209	192	163
2011	303	345	308	264	261	337	286	245	305	379	316	308
2012	306	309	302	279	294	313	299	307	287	350	316	289
2013	312	342	308	279	300	332	302	318	283	334	321	278
2014	269	291	264	232	257	291	265	235	247	243	274	230
2015	237	266	226	197	208	263	209	198	201	241	203	195
2016	202	228	198	181	190	225	199	183	185	245	199	164
2017	199	205	192	183	194	188	197	176	182	188	194	187
2018	215	248	135	218	221	215	228	219	217	230	228	240
2019	236	263	226	212	217	281	225	188	209	215	215	211
2020	219	233	213	195	212	251	201	216	192	184	210	195
2021	291	285	271	245	250	282	233		245	280		
2022	383	356		309	323	356	313		278	339		

数据来源：1961—2020 年数据来自联合国粮食及农业组织统计数据库（FAOSTAT），2021—2022 年数据来自联合国商品贸易统计数据库（UN COMTRADE）。

附表 15 世界及主要国家大麦出口价格（美元/吨）

年份	世界	法国	乌克兰	澳大利亚	德国	俄罗斯	加拿大	英国	丹麦	罗马利亚	阿根廷	哈萨克斯坦
1961	48	46		42	45		47	66	67	67	50	
1962	57	62		47	64		60	68	71	65	53	
1963	57	61		50	60		53	63	65	63	60	
1964	57	61		51	68		52	65	65	70	50	
1965	63	72		55	76		56	66	67	70	50	
1966	69	83		57	73		58	67	74	76	56	
1967	67	77		57	108		57	64	69	68	62	
1968	64	69		57	81		54	55	58	61	55	
1969	58	70		45	42		43	63	49	62	45	
1970	53	70		40	43		43	81	54	63	47	
1971	60	77		51	61		48	88	65	95	58	
1972	59	75		48	50		49	78	67	56	59	
1973	94	102		62	100		87	111	124	71	80	
1974	135	138		125	136		140	140	144	138	115	
1975	141	145		145	130		128	141	158	130	144	
1976	138	152		129	142		127	145	182		120	

（续）

年份	世界	法国	乌克兰	澳大利亚	德国	俄罗斯	加拿大	英国	丹麦	罗马利亚	阿根廷	哈萨克斯坦
1977	132	162		122	184		105	137	184	130	112	
1978	136	170		104	153		94	155	149		105	
1979	143	179		97	175		111	196	160		91	
1980	174	210		133	198		126	227	183		172	
1981	181	193		176	2 362		147	198	193		278	
1982	161	185		169	191		126	191	210	200	145	
1983	143	165		148	133		115	173	175		170	
1984	146	153		145	149		126	154	160		213	
1985	120	130		112	130		105	137	149		143	
1986	107	143		90	99		68	152	149		205	
1987	101	132		77	79		62	110	237	70	120	
1988	129	155		92	102		85	119	201	65	150	
1989	145	172		124	137		124	125	174	129	208	
1990	153	195		135	173		116	165	193		195	
1991	131	157		114	132		99	172	225	98	141	
1992	139	172	60	116	142	112	107	174	239		130	

（续）

年份	世界	法国	乌克兰	澳大利亚	德国	俄罗斯	加拿大	英国	丹麦	罗马利亚	阿根廷	哈萨克斯坦
1993	129	148		116	122	110	101	155	204		142	31
1994	109	160	101	102	102	57	101	136	163	240	126	30
1995	134	196	100	109	140	77	133	176	240	106	171	57
1996	175	196	102	180	174	177	169	179	234	148	231	110
1997	149	159	110	157	151	92	146	156	175	112	115	99
1998	115	121	103	113	105	71	136	122	157	75	133	72
1999	108	115	100	112	100	67	128	111	145	71	130	52
2000	118	121	99	132	114	83	133	115	139	90	135	65
2001	118	120	102	129	114	80	143	125	148	90	136	76
2002	108	121	82	124	112	71	148	112	145	83	141	55
2003	131	141	109	161	131	97	160	130	177	79	147	65
2004	142	164	100	143	159	110	154	163	188	102	162	117
2005	140	150	127	144	138	115	143	152	183	118	126	114
2006	145	154	124	146	146	125	157	175	221	128	144	104
2007	235	233	177	245	239	222	232	284	307	261	179	172
2008	283	298	245	308	298	217	301	288	396	253	273	243

（续）

年份	世界	法国	乌克兰	澳大利亚	德国	俄罗斯	加拿大	英国	丹麦	罗马利亚	阿根廷	哈萨克斯坦
2009	177	221	133	187	179	126	247	197	264	154	187	116
2010	186	180	152	188	198	128	235	192	255	163	201	192
2011	274	274	251	282	285	237	297	278	323	265	257	213
2012	276	286	269	267	292	262	314	298	315	279	244	226
2013	278	290	246	289	289	238	310	256	326	262	272	246
2014	234	241	202	259	245	196	281	238	269	222	230	201
2015	204	208	166	252	203	178	270	195	238	188	226	165
2016	176	181	139	195	173	148	243	177	206	162	186	140
2017	176	178	146	183	177	158	213	193	210	168	178	152
2018	210	214	190	227	203	188	236	228	239	209	208	167
2019	210	208	191	252	195	194	242	197	225	183	233	183
2020	195	201	174	213	200	181	214	194	217	187	205	180
2021	251	254	219	231	242	244	263		258	238	237	258
2022	332	329	208	290	312		379		309	334	315	213

数据来源：1961—2020 年数据来自联合国粮食及农业组织统计数据库（FAOSTAT），2021—2022 年数据来自联合国商品贸易统计数据库（UN COMTRADE）。

附表 16 世界主要大麦生产国生产者价格（美元/吨）

年份	中国	澳大利亚	加拿大	法国	德国	俄罗斯	西班牙	土耳其	乌克兰	英国	美国
1991	115	108	65	189	162		217	134		198	96
1992	120	110	63	192	187	23	214	141	54	207	94
1993	135	100	56	144	151	38	172	154	85	170	91
1994	124	93	54	154	148	35	163	100	43	161	93
1995	170	158	83	183	157	45	196	141	36	170	133
1996	178	171	98	164	155	98	169	177	68	162	141
1997	153	145	80	136	123	86	151	153	83	133	109
1998	132	100	76	121	113	45	129	147	51	118	91
1999	139	90	70	116	109	44	127	135	42	118	98
2000	109	100	71	99	94	65	105	130	69	100	97
2001	105	103	82	95	88	63	111	100	66	99	102
2002	88	113	96	91	82	48	111	116	57	87	125
2003	129	165	94	120	107	63	138	159	95	114	130
2004	115	125	95	118	136	87	157	207	73	134	114
2005	114	122	75	115	115	91	166	223	96	118	116
2006	152	112	88	139	128	103	158	197	95	136	131
2007	234	205	155	229	232	172	252	266	176	232	165

（续）

年份	中国	澳大利亚	加拿大	法国	德国	俄罗斯	西班牙	土耳其	乌克兰	英国	美国
2008	253	263	198	218	248	195	249	370	159	230	222
2009	290	183	140	125	133	121	173	262	92	144	230
2010	310	158	142	189	165	112	198	265	120	163	177
2011	348	223	195	241	257	170	271	287	169	250	246
2012	365	217	238	287	259	192	286	308	198	265	295
2013	403	267	221	206	231	200	240	310	181	247	278
2014	241	169	364	200	202	144	216	284	144	198	243
2015	210	173	356	167	161	121	193	237	122	160	254
2016	188	165	166	139	139	115	167	225	118	138	227
2017		151	149	149	153	190	116	186	213	137	134
2018		184	164	195	195	208	130	204	178	177	197
2019		238	170	162	176	208	148	196	189	152	228
2020		204	161	170	172	210	135	184	182	162	208
2021		191	216	241	235	240	174	260	213	215	230

数据来源：联合国粮食及农业组织统计数据库（FAOSTAT）。

附表 17　世界主要国家大麦生产者价格指数（以 2014—2016 年为基期）

国家	1991 年	1995 年	2000 年	2005 年	2010 年	2011 年	2012 年	2013 年	2014 年	2015 年	2016 年	2017 年	2018 年	2019 年	2020 年	2021 年	2022 年
中国	31.17	72.06	45.82	69.18	106.80	114.42	116.97	126.88	113.69	112.77	73.53	71.54	76.14	73.74	73.74	42.44	70.25
阿富汗	183.58	189.41	786.77	606.10	111.02	111.90	112.77	108.92	105.42	101.22	93.36	89.57	85.02	77.61	68.82	69.34	73.65
阿尔巴尼亚		67.18	105.31	93.61	74.89	80.04	80.04	119.36	106.48	100.63	92.88	84.63	76.36	78.70	72.88	100.00	75.11
阿尔及利亚	9.20	40.00	40.00	56.00	100.00	100.00	100.00	100.00	100.00	100.00	100.00	100.00	100.00	100.00	100.00	156.01	100.00
阿根廷	5.58	9.01	7.28	21.22	57.44	74.29	78.06	95.87	112.03	87.72	100.25	97.42	102.63	118.54	137.28	111.66	123.48
亚美尼亚			60.60	70.06	102.29	122.03	133.85	139.49	111.72	102.16	86.12	91.23	92.20	109.55	104.16	110.51	96.10
澳大利亚	51.75	79.88	64.50	59.62	64.50	81.00	78.75	103.50	100.13	105.00	94.88	73.87	92.25	128.25	111.32	102.09	113.82
奥地利	191.01	93.93	88.39	73.41	109.67	142.30	165.86	126.89	100.60	106.95	92.45	102.42	124.17	111.48	105.14	100.41	151.30
阿塞拜疆		27.37	36.99	41.10	82.19	103.15	106.85	106.03	110.96	110.96	78.08	95.34	90.41	102.74	98.63	110.47	131.17
孟加拉国	17.82	22.35	24.02	25.55	80.81	85.35	82.66	86.90	95.09	100.00	104.91	109.74	112.65	112.33	111.40	187.07	104.90
白俄罗斯			4.01	8.07	15.77	32.04	82.52	93.31	101.96	98.19	99.85	130.34	142.31	160.81	173.51	141.66	202.34
比利时			77.64	70.59	110.69	130.29	162.29	130.08	104.39	106.89	88.72	99.31	133.33	106.01	116.47	226.85	201.61
不丹	8.65	11.48	21.75	31.07	53.42	58.04	62.67	69.93	76.32	93.20	130.48	164.65	161.41	183.84	205.35	72.21	208.32
玻利维亚	25.61	30.60	37.27	39.39	135.66	138.55	140.34	143.92	123.96	98.55	77.49	77.77	72.26	72.16	72.23	83.43	66.68
波黑			91.72	88.51	78.29	120.35	113.05	142.55	110.42	99.61	89.97	88.66	91.33	90.60	81.49	213.63	46.41
巴西	0.00	21.67	26.94	56.22	58.31	83.53	86.30	85.00	85.32	89.71	124.97	118.26	109.63	125.79	169.71	97.92	211.99
保加利亚			57.73	53.63	67.30	107.06	129.12	114.09	102.48	103.52	94.00	91.62	99.95	98.49	98.20	97.71	124.80
佛得角					96.49	98.65	99.53	97.89	100.00	100.00	100.00	99.12	98.25	98.28	98.00	101.61	98.82

（续）

国家	1991年	1995年	2000年	2005年	2010年	2011年	2012年	2013年	2014年	2015年	2016年	2017年	2018年	2019年	2020年	2021年	2022年
加拿大	35.24	54.29	50.48	43.33	69.53	91.91	107.03	116.39	88.99	106.04	104.97	91.97	101.16	107.22	102.82	94.04	135.81
智利	30.60	35.88	46.53	46.35	58.90	62.41	66.56	74.83	101.15	97.35	101.49	106.06	67.37	77.71	90.93	73.74	109.33
哥伦比亚	8.52	13.30	28.69	37.31	82.46	90.68	96.67	88.75	93.49	110.77	95.74	97.52	106.14	84.37	73.34	62.31	80.12
克罗地亚		65.93	74.95	78.54	83.97	130.55	116.17	109.80	108.41	104.86	86.73	87.86	96.76	95.42	93.55	95.82	118.73
塞浦路斯	81.27	84.87	90.62	59.70	55.96	98.04	102.66	99.30	96.77	78.26	124.96	87.10	79.52	83.86	79.94	76.43	98.69
捷克		51.86	72.34	61.95	69.26	100.30	109.11	114.54	113.48	97.75	88.77	88.85	96.33	104.26	96.75	97.35	107.49
丹麦	108.70	97.21	83.49	69.94	89.63	123.85	141.22	126.43	100.33	107.01	92.66	97.83	114.49	115.12	102.73	118.50	133.53
厄瓜多尔	1.45	4.24	37.64	44.06	76.10	86.78	98.47	104.20	99.47	103.00	97.53	91.15	86.71	107.67	114.32	121.87	111.48
埃及	9.24	13.02	17.36	23.18	62.27	64.34	86.07	89.16	91.91	102.33	105.75	137.26	115.30	129.34	132.79	139.66	149.54
厄立特里亚		5.82	15.22	29.70	59.50	67.44	74.71	82.12	90.49	99.47	110.04	121.71	113.45	128.01	144.44	155.18	140.07
爱沙尼亚		36.71	63.31	65.26	116.73	134.01	152.68	109.51	105.15	103.11	91.74	97.32	114.98	95.50	106.07	119.63	163.06
埃塞俄比亚		18.41	19.71	23.10	54.12	57.42	83.13	89.70	96.57	99.73	103.71	107.55	114.29	102.13	105.98	102.70	141.21
芬兰	203.88	93.58	91.39	76.53	86.48	123.98	143.11	133.16	101.02	104.08	94.90	98.72	130.87	118.62	106.38	117.06	165.18
法国	114.32	97.90	75.85	65.20	108.10	129.50	142.16	118.31	106.29	105.55	88.16	93.30	116.39	101.52	104.58	113.86	166.67
格鲁吉亚		75.38	97.72	65.55	101.94	98.75	111.05	104.49	108.42	100.92	90.67	94.76	95.24	114.72	140.68	166.63	169.20
德国	97.39	81.46	72.41	65.25	88.65	131.21	146.10	129.79	107.80	102.84	89.36	96.45	117.38	111.28	106.58	124.82	174.81
希腊	69.34	82.61	85.55	85.79	99.61	125.03	125.24	119.84	98.69	102.27	99.04	96.83	95.43	99.17	95.42	93.30	117.10
匈牙利	14.72	22.75	68.68	52.40	72.21	122.62	134.89	114.69	106.33	103.19	90.48	89.03	106.41	108.73	109.72	111.36	159.28

（续）

国家	1991年	1995年	2000年	2005年	2010年	2011年	2012年	2013年	2014年	2015年	2016年	2017年	2018年	2019年	2020年	2021年	2022年
冰岛							124.35	117.29	110.22	104.57	85.21	85.07	85.94	85.90	85.87	85.83	85.90
印度	21.00	29.98	31.59	46.24	77.14	84.12	91.28	87.32	94.65	100.36	104.99	110.08	109.77	119.99	123.50	128.13	121.94
伊朗	1.21	2.99	9.78	17.52	28.52	40.70	56.71	75.13	100.46	101.39	98.15	112.82	135.47	215.72	239.87	269.61	786.70
伊拉克			19.59	73.47	215.10	114.61	117.31	118.29	106.29	103.35	90.37	87.43	90.37	87.92	89.63	90.05	96.09
爱尔兰	115.62	112.41	85.65	83.47	132.61	160.20	179.00	139.46	103.38	97.65	98.97	99.47	148.55	158.15	151.52	146.51	161.93
以色列	30.82	32.05	53.24	73.72	67.47	53.24	127.99	133.11	131.06	92.15	76.79	76.79	118.98	102.39	92.15	96.10	105.23
意大利	114.22	129.66	94.98	90.58	98.93	104.08	104.03	103.49	101.26	98.87	99.86	133.24	133.49	117.57	120.17	122.77	112.64
日本	97.29	117.19	112.62	102.38	100.44	95.46	93.13	98.26	100.40	102.44	97.17	96.10	101.22	95.44	96.26	95.77	97.64
约旦	33.04	31.16	36.03	43.90	73.11	73.61	79.81	80.22	100.89	107.21	91.89	115.24	114.97	109.58	118.34	122.79	95.37
哈萨克斯坦		13.19	26.24	38.03	55.68	69.61	76.32	98.76	93.36	99.37	107.28	135.87	142.22	192.64	224.78	250.23	401.62
肯尼亚	16.88	30.25	56.47	51.09	87.66	74.73	72.72	88.17	93.43	100.15	106.43	133.29	131.34	143.70	157.98	171.41	136.83
科威特									111.86	106.78	81.36	81.36	81.36	76.27	81.36	81.36	81.36
吉尔吉斯斯坦			31.08	43.12	51.27	105.79	114.59	127.74	105.63	113.49	80.88	99.58	101.93	104.24	103.85	103.55	365.11
拉脱维亚		47.68	63.20	64.31	103.11	131.94	154.11	125.29	101.30	103.64	95.06	98.96	126.23	109.87	111.19	116.34	162.56
黎巴嫩	20.99	79.63	57.60	65.11	60.10	99.42	109.93	100.92	100.92	81.39	117.70	95.41	82.46	98.60	84.83	75.04	70.56
立陶宛		74.89	80.16	63.49	94.10	130.12	145.78	129.50	102.03	104.52	93.45	100.51	124.26	106.78	103.79	128.77	148.59
卢森堡			73.81	64.24	97.56	125.43	155.96	114.46	101.38	110.64	87.98	97.48	118.19	103.71	110.64	135.48	110.64
马耳他	61.50	57.30	48.60	63.83	75.71	73.15	89.88	96.56	83.09	107.59	109.32	107.13	107.82	103.81	102.02	99.17	106.13
墨西哥	16.67	26.33	38.96	46.81	81.80	94.30	100.40	95.10	91.62	98.10	110.28	110.69	115.64	115.25	118.39	120.62	129.79

（续）

国家	1991年	1995年	2000年	2005年	2010年	2011年	2012年	2013年	2014年	2015年	2016年	2017年	2018年	2019年	2020年	2021年	2022年
蒙古国		7.80	25.99	22.02	84.52	85.89	77.81	89.27	91.46	124.36	84.18	97.80	125.43	149.66	184.52	216.79	348.71
摩洛哥	61.25	82.08	94.58	81.25	71.25	93.75	121.67	95.83	98.75	85.42	115.83	91.25	78.96	83.13	97.92	112.71	118.75
尼泊尔	16.74	21.42	34.67	42.95	78.34	81.06	83.70	87.00	93.96	101.48	104.56	105.80	120.45	117.42	129.70	134.97	88.67
荷兰	104.19	80.05	68.57	69.72	111.45	134.29	145.83	117.33	98.77	103.27	97.95	101.47	120.25	103.65	107.33	115.50	167.45
新西兰	61.91	60.79	59.10	68.67	100.19	92.03	107.50	110.04	122.42	97.94	79.64	84.15	109.19	106.75	98.58	108.17	111.73
北马其顿		67.83	83.56	75.33	78.95	132.40	138.55	115.00	97.27	111.09	91.65	93.67	91.65	72.44	114.55	101.79	83.57
挪威	106.54	76.61	69.58	66.73	79.82	85.61	88.78	95.42	96.81	100.24	102.95	104.76	109.13	111.83	117.20	121.65	124.06
阿曼							90.01	86.18	82.35	89.39	128.26	128.26	128.26	128.26	92.88	116.58	80.22
巴基斯坦	12.12	13.69	23.46	25.65	70.54	83.19	83.09	92.50	97.63	97.75	104.62	110.49	116.94	130.32	145.33	160.33	151.39
巴勒斯坦			26.15	43.37	59.91	69.58	84.65	86.65	91.31	101.70	106.99	105.05	97.92	100.05	116.82	97.28	90.06
秘鲁	14.62	36.56	42.24	42.24	70.67	78.80	87.73	94.23	100.00	99.27	100.73	105.61	105.35	110.35	120.11	123.24	156.93
波兰	11.17	49.62	82.31	61.28	80.83	124.37	135.05	120.92	103.50	100.55	95.95	100.88	111.72	110.73	104.49	120.59	138.09
葡萄牙	86.27	74.11	57.24	63.29	72.30	100.86	111.52	104.33	100.24	101.43	98.33	91.96	99.41	100.45	101.22	102.10	121.67
卡塔尔	82.98	81.90	38.83	62.40	89.13	92.93	96.56	98.89	99.14	101.37	99.49	102.24	81.27	90.30	102.52	114.74	90.30
韩国	67.65	79.79	97.22	99.94	94.22	101.22	102.07	95.97	96.61	98.81	104.58	111.28	97.41	101.16	99.90	98.16	101.57
摩尔多瓦		11.98	51.66	47.78	79.55	98.79	122.45	91.73	91.87	110.53	97.60	98.56	114.75	108.65	124.29	128.02	156.64
罗马尼亚		2.46	33.93	46.88	67.97	106.64	117.19	121.88	105.47	100.78	93.75	90.23	96.09	103.13	104.30	105.47	119.53
俄罗斯		2.97	26.53	37.28	49.44	72.61	85.96	92.85	80.33	106.95	112.73	98.76	118.17	139.10	141.87	144.63	195.82
沙特阿拉伯	46.71	46.79	54.09	57.01	79.52	79.24	79.52	82.09	91.50	104.04	104.46	104.52	104.27	105.78	104.67	104.75	103.27

（续）

国家	1991 年	1995 年	2000 年	2005 年	2010 年	2011 年	2012 年	2013 年	2014 年	2015 年	2016 年	2017 年	2018 年	2019 年	2020 年	2021 年	2022 年
塞尔维亚					73.21	110.91	129.33	118.10	105.11	99.20	95.69	93.99	94.34	101.49	95.94	94.64	110.44
斯洛伐克		64.19	89.65	86.31	93.86	128.62	133.14	123.88	109.69	98.56	91.74	101.48	107.19	109.97	103.43	96.89	119.33
斯洛文尼亚		56.06	81.23	71.58	77.41	129.11	128.26	126.61	109.47	95.55	94.98	91.98	101.69	97.98	89.55	87.46	125.31
南非	17.35	25.67	26.39	38.33	66.18	75.12	82.44	83.10	87.22	102.20	110.58	93.16	112.13	100.29	82.93	68.22	100.71
西班牙	83.25	90.44	70.22	81.71	92.34	119.68	137.19	111.02	100.14	106.90	92.96	101.43	106.04	107.58	99.04	90.50	124.47
瑞典	97.67	91.19	73.13	70.49	112.45	130.51	134.61	113.27	101.78	101.53	96.69	111.22	160.30	112.20	116.06	169.33	184.69
瑞士	222.58	188.06	138.71	118.39	103.87	103.55	101.94	103.55	101.29	97.74	100.97	100.65	99.35	98.39	98.71	98.43	96.82
叙利亚	8.65	9.69	10.38	14.05	21.46	26.31	34.62	51.69	68.77	85.85	145.38	181.38	211.71	223.23	234.75	246.27	333.03
塔吉克斯坦		3.41	21.37	42.49	64.99	97.49	121.86	110.46	126.06	97.62	76.32	73.40	137.93	167.01	185.79	204.57	150.54
泰国	38.68	51.00	57.24	69.02	114.98	107.91	126.32	96.03	100.14	105.89	93.97	85.62	97.40	101.71	106.69	111.66	97.13
突尼斯	39.44	39.44	44.70	47.33	78.89	78.89	78.89	78.89	89.40	105.78	104.81	98.54	108.86	117.54	109.12	115.91	112.18
土耳其	0.09	1.00	12.51	46.25	61.20	73.87	85.52	90.60	95.82	99.48	104.71	119.65	132.32	165.31	197.06	228.40	369.01
土库曼斯坦			45.86	77.87	93.57	105.60	114.34	115.66	116.33	94.44	89.24	87.86	88.92	99.21	109.51	119.80	97.10
乌克兰		2.14	15.21	19.89	38.84	54.86	64.17	58.85	69.46	108.26	122.29	147.78	195.81	159.94	177.02	211.06	280.63
英国	102.75	99.08	60.55	59.63	98.17	146.79	153.21	144.95	110.09	96.33	93.58	95.41	142.65	131.94	148.49	160.08	172.23
美国	39.72	55.03	40.14	48.00	73.24	101.79	122.07	115.03	100.55	105.10	94.34	84.41	87.72	87.31	89.38	91.25	99.02
乌拉圭	1.98	13.46	20.14	49.53	77.59	73.68	78.56	96.36	84.88	109.77	105.35	87.23	89.56	102.79	103.33	103.87	109.53
也门	4.08	7.92	13.14	38.38	88.32	72.37	78.08	85.39	94.16	102.93	102.91	108.05	112.35	204.05	187.42	192.33	478.76

数据来源：联合国粮食及农业组织统计数据库（FAOSTAT）。

附表 18　中国全国及各省份啤酒产量（万千升）

全国/各省份	1996 年	2000 年	2005 年	2009 年	2010 年	2011 年	2012 年	2013 年	2014 年	2015 年	2016 年	2017 年	2018 年	2019 年	2020 年	2021 年
全国	1 568.81	2 231.32	3 126.05	4 490.16	4 834.50	4 778.58	5 061.50	4 936.26	4 715.60	4 506.45	4 401.48	3 812.24	3 765.27	3 411.09	3 562.43	3 568.65
北京	78.88	177.18	152.30	164.64	164.82	166.21	168.30	156.60	138.20	135.27	129.99	108.46	91.43	79.26	90.63	97.40
天津	2.07	8.27	18.24	31.97	33.20	27.10	26.20	27.50	31.30	31.95	34.28	32.83	26.81	16.42	13.53	12.04
河北	107.06	130.60	159.17	134.68	160.34	157.51	156.60	166.02	181.70	165.00	174.89	166.76	180.62	178.20	179.35	182.35
山西	11.64	12.36	21.14	33.92	45.68	41.92	43.70	43.62	39.50	33.96	33.67	17.52	18.10	17.82	17.92	18.88
内蒙古	31.69	40.50	64.55	113.03	116.40	104.30	109.90	109.40	104.10	99.83	70.44	64.62	64.32	58.52	59.07	63.84
辽宁	113.35	149.66	188.30	248.06	262.20	264.10	272.00	272.10	242.30	232.59	219.53	213.30	206.96	171.39	171.30	158.54
吉林	69.90	82.61	90.22	142.17	148.64	135.25	148.60	144.36	138.50	137.08	109.59	92.17	90.56	72.43	73.62	65.77
黑龙江	105.70	143.00	202.52	187.69	223.67	210.95	218.90	204.79	208.10	200.75	185.17	185.01	201.63	128.53	127.74	129.96
上海	23.50	33.07	70.45	65.36	50.90	59.50	49.20	61.10	61.10	60.80	56.43	49.96	44.21	28.88	27.89	22.39
江苏	72.71	76.75	157.65	258.59	235.41	217.61	220.00	203.53	184.20	177.72	179.42	173.11	181.52	173.75	179.69	201.07
浙江	134.04	163.69	242.62	283.41	281.40	268.55	289.40	268.38	251.00	246.58	254.41	237.31	226.81	259.64	246.76	270.33
安徽	56.65	115.29	124.44	154.11	170.60	152.00	163.60	136.48	119.20	105.95	96.05	52.84	79.06	75.99	79.54	84.02
福建	101.10	110.40	158.22	188.78	198.52	198.07	200.00	182.97	170.20	160.94	162.42	150.28	158.12	156.94	166.10	160.74
江西	34.24	45.56	60.63	123.70	130.07	117.15	124.40	133.38	134.00	110.94	130.30	83.62	71.26	69.97	62.43	59.70
山东	200.22	296.48	327.73	537.15	642.75	665.53	685.80	740.95	589.40	600.13	608.82	471.90	484.35	457.96	461.32	489.39
河南	76.47	101.77	197.51	411.04	357.00	369.25	427.90	406.36	390.40	396.92	400.34	256.13	253.15	192.90	184.58	188.46

（续）

全国/各省份	1996 年	2000 年	2005 年	2009 年	2010 年	2011 年	2012 年	2013 年	2014 年	2015 年	2016 年	2017 年	2018 年	2019 年	2020 年	2021 年
湖北	67.90	81.70	131.80	187.06	202.50	226.80	254.70	224.21	277.50	180.52	165.52	171.04	128.24	97.54	105.22	107.40
湖南	25.48	26.42	56.09	104.19	127.12	79.73	78.70	76.80	74.60	71.56	73.13	56.34	62.31	66.64	69.76	70.81
广东	93.86	158.89	269.49	400.16	482.24	474.20	480.80	433.39	424.20	405.92	412.26	387.29	384.89	357.46	408.25	394.11
广西	23.73	31.99	55.96	138.26	150.74	169.45	185.10	190.23	200.10	182.17	158.88	155.60	117.78	111.84	116.50	113.75
海南	0.61	5.40	11.99	16.11	10.10	8.80	7.70	7.10	6.20	5.36	3.82	3.45	2.14	3.38	4.17	2.94
重庆		50.92	53.87	75.19	77.30	77.20	82.70	74.26	76.70	76.09	78.95	70.61	67.17	65.54	80.40	80.75
四川	67.55	74.52	126.22	158.90	192.10	198.00	238.30	228.12	221.00	232.11	240.66	221.36	229.03	217.97	249.94	260.30
贵州	7.15	9.32	16.58	33.36	36.28	41.40	55.00	80.19	96.40	100.37	92.35	95.60	111.14	100.50	109.60	67.89
云南	9.24	15.68	24.61	54.72	76.22	89.09	96.00	100.82	103.70	105.29	98.01	72.82	81.57	69.65	80.67	76.34
西藏	0.12	2.50	4.89	13.33	18.20	17.50	17.30	15.80	15.80	16.55	17.96	13.34	13.24	12.53	12.31	9.80
陕西	18.10	36.55	65.38	94.37	99.00	102.13	102.20	96.00	94.10	92.79	91.73	93.06	70.83	67.08	65.92	71.15
甘肃	13.26	23.85	34.01	65.52	64.90	63.17	68.20	66.00	57.80	59.10	50.42	44.55	41.94	34.90	41.93	40.80
青海	2.05	0.56		12.50	8.90	10.10	11.60	11.90	11.10	10.68	3.02	1.94	2.03	1.30	1.70	1.57
宁夏	4.01	4.67	11.81	14.10	16.20	15.40	25.90	27.70	26.40	25.14	23.44	20.79	21.08	19.96	21.01	17.85
新疆	16.53	21.16	27.66	44.09	51.10	50.61	52.80	46.20	46.80	46.39	45.58	48.63	52.97	46.20	53.58	48.31

数据来源：《中国统计年鉴》（1997—2022）。不包括港澳台地区。

附表 19　世界及主要国家啤酒产量（万吨）

年份	世界	中国	美国	巴西	墨西哥	德国	俄罗斯	越南	英国	波兰	西班牙	南非	哥伦比亚
1961	4 367.16	15.06	1 115.04	63.00	85.41	689.57		8.50	453.33	70.55	41.00	24.28	64.71
1962	4 490.28	13.32	1 136.16	73.60	85.00	733.51		9.00	456.60	65.68	46.00	26.02	65.14
1963	4 662.59	12.78	1 180.74	71.67	85.50	768.43		9.50	463.16	72.54	34.30	31.20	65.29
1964	4 990.09	13.01	1 242.58	66.05	102.80	833.23		10.00	484.42	75.80	67.40	36.68	66.32
1965	5 190.45	14.14	1 269.80	75.76	110.80	865.20		11.29	484.42	77.35	73.40	41.66	68.54
1966	5 435.11	13.44	1 326.36	84.41	116.60	896.83		11.80	494.70	82.97	82.70	46.48	64.40
1967	5 633.84	16.48	1 367.54	78.99	122.54	905.05		13.00	502.10	89.56	98.50	45.69	58.47
1968	5 834.51	17.97	1 436.30	78.13	125.19	941.40		11.94	514.33	94.53	102.20	49.95	56.71
1969	6 186.37	23.11	1 493.91	90.87	136.49	999.59		13.42	538.61	99.92	107.50	56.41	63.90
1970	6 539.31	26.60	1 584.00	91.32	142.38	1 036.92		14.87	551.65	103.72	122.00	55.38	70.58
1971	6 791.04	29.20	1 611.71	104.50	127.20	1 080.86		14.69	568.50	112.21	121.80	56.30	74.00
1972	7 039.73	32.22	1 658.41	97.23	150.00	1 095.02		12.00	577.37	118.09	123.30	71.49	77.20
1973	7 492.57	39.29	1 743.60	112.98	173.10	1 118.74		12.00	605.82	127.88	123.60	80.05	76.49
1974	7 761.36	36.49	1 832.77	121.57	198.18	1 120.92		8.00	631.40	124.42	152.30	89.08	81.94
1975	7 903.75	42.39	1 853.90	125.18	196.84	1 138.20		7.68	647.10	129.01	154.80	91.35	82.50
1976	8 138.74	47.02	1 920.30	139.80	196.51	1 168.77		8.80	656.10	123.00	166.30	93.31	83.20

（续）

年份	世界	中国	美国	巴西	墨西哥	德国	俄罗斯	越南	英国	波兰	西班牙	南非	哥伦比亚
1977	8 401.64	53.00	2 000.56	160.00	216.42	1 160.41		9.05	653.00	121.00	172.70	93.06	84.00
1978	8 621.68	63.58	2 065.10	205.00	225.68	1 139.53		8.93	664.20	113.78	172.60	101.14	84.50
1979	9 012.18	73.14	2 161.19	225.00	254.61	1 146.85		9.42	674.16	112.93	207.85	106.03	85.00
1980	9 148.24	102.93	2 264.60	230.00	268.76	1 159.75		6.06	648.36	111.55	206.09	125.63	85.00
1981	9 296.70	128.50	2 288.00	240.00	286.35	1 178.15		5.90	617.16	105.14	192.96	142.19	86.50
1982	9 455.14	155.72	2 276.30	250.00	280.28	1 202.30		5.58	597.84	106.19	191.22	154.75	90.00
1983	9 635.43	207.07	2 299.80	258.61	247.75	1 202.96		5.27	607.16	103.06	208.23	166.40	96.00
1984	9 530.23	267.21	2 264.60	259.80	255.87	1 170.85		9.15	606.60	98.67	214.64	179.59	94.00
1985	9 766.55	357.38	2 276.30	270.92	271.25	1 175.91		8.66	598.80	111.00	224.75	199.62	100.00
1986	9 915.86	461.40	2 276.30	340.05	273.53	1 184.05		8.72	599.22	113.00	235.10	210.47	100.00
1987	10 342.91	594.31	2 323.20	338.93	314.82	1 169.23		8.40	610.10	117.00	247.88	225.54	107.00
1988	10 693.18	711.45	2 370.20	364.45	332.61	1 169.93		9.76	618.85	122.00	261.41	231.51	113.00
1989	10 908.98	702.55	2 323.20	424.43	373.55	1 179.25		10.50	621.32	121.00	275.46	259.72	108.00
1990	11 136.85	754.09	2 370.20	438.49	387.34	1 201.53		10.00	617.83	113.00	279.40	259.02	125.00
1991	11 382.80	898.32	2 393.60	545.45	410.93	1 180.23		13.20	595.52	136.00	264.82	270.29	95.00
1992	11 365.19	1 064.65	2 370.20	435.09	422.62	1 201.72	279.00	16.90	576.16	141.00	240.82	268.63	60.00

（续）

年份	世界	中国	美国	巴西	墨西哥	德国	俄罗斯	越南	英国	波兰	西班牙	南非	哥伦比亚
1993	11 438.26	1 280.98	2 370.20	453.36	437.80	1 103.58	247.00	23.00	567.46	126.00	242.78	249.33	110.00
1994	11 835.26	1 454.30	2 381.90	525.56	450.56	1 123.84	218.00	28.20	583.33	141.00	250.24	246.81	100.00
1995	12 126.09	1 620.98	2 337.50	672.84	442.05	1 110.14	214.00	31.40	568.00	152.00	253.96	247.63	105.00
1996	12 226.89	1 730.92	2 346.10	635.59	472.11	1 080.26	208.00	36.50	580.72	167.00	245.20	254.42	100.00
1997	12 674.95	1 936.75	2 334.30	665.82	513.15	1 076.92	261.00	39.20	591.39	193.00	247.86	261.21	99.50
1998	12 864.23	2 039.26	2 324.70	664.53	545.69	1 045.74	336.00	67.00	566.52	210.00	224.28	265.57	98.50
1999	13 143.39	2 146.13	2 326.10	624.91	579.05	1 050.67	445.00	46.40	578.54	235.00	260.07	274.16	90.00
2000	13 685.28	2 273.79	2 341.70	878.82	598.51	1 068.77	516.00	51.40	552.79	252.31	263.88	250.43	132.00
2001	14 008.25	2 333.10	2 338.90	913.72	616.32	1 063.72	638.00	49.58	568.02	251.63	277.10	256.64	134.52
2002	14 049.06	2 442.74	2 351.50	798.83	637.00	1 021.36	700.30	56.32	566.72	268.75	286.31	258.02	120.00
2003	14 282.18	2 580.12	2 285.70	769.21	664.20	989.33	755.40	71.17	580.14	286.22	310.28	247.65	150.74
2004	15 131.89	2 990.24	2 324.90	866.33	684.82	976.15	837.87	88.38	574.59	301.00	314.67	252.58	160.00
2005	15 567.72	3 167.20	2 311.50	900.00	725.58	948.06	909.86	92.23	562.55	316.00	311.56	250.94	165.00
2006	16 454.25	3 589.15	2 318.22	936.00	781.62	992.11	1 000.51	73.58	537.63	339.53	336.00	246.87	179.55
2007	17 290.09	3 995.53	2 328.39	960.00	810.00	971.88	1 147.22	81.29	513.41	368.96	343.50	246.89	180.92
2008	17 679.10	4 194.67	2 317.72	1 063.00	823.43	935.74	1 139.69	82.31	494.69	371.08	334.00	262.16	190.00
2009	17 447.20	4 216.78	2 309.37	1 070.00	823.25	901.36	1 091.06	88.07	451.41	362.36	338.00	289.00	190.74

（续）

年份	世界	中国	美国	巴西	墨西哥	德国	俄罗斯	越南	英国	波兰	西班牙	南非	哥伦比亚
2010	17 807.93	4 546.31	2 278.38	1 287.00	807.15	889.85	983.42	98.25	449.97	368.00	333.75	296.00	183.37
2011	18 461.44	4 891.16	2 253.37	1 330.00	855.96	894.47	993.59	106.90	456.94	380.67	335.73	308.70	190.64
2012	18 620.33	4 837.26	2 300.65	1 328.00	872.95	885.03	974.00	114.30	429.62	396.05	330.00	315.00	202.38
2013	18 738.53	5 120.79	2 252.70	1 347.00	852.10	865.04	890.00	120.00	419.56	395.63	327.00	315.00	201.93
2014	18 896.02	4 978.39	2 260.00	1 413.70	858.82	872.31	822.86	130.80	412.04	399.00	335.35	315.00	201.65
2015	18 918.09	4 773.49	2 240.00	1 385.75	969.28	872.13	779.84	135.30	440.54	408.90	347.75	321.30	217.26
2016	19 060.65	4 564.41	2 234.91	1 333.46	1 043.16	867.76	782.74	379.00	437.34	413.69	364.69	320.00	225.48
2017	18 947.12	4 462.68	2 183.36	1 371.47	1 100.55	848.06	756.04	437.50	404.80	403.82	376.21	323.20	218.93
2018	18 697.32	3 870.56	2 144.87	1 531.95	1 216.26	865.68	777.08	430.00	407.30	414.82	381.34	313.50	220.61
2019	18 834.05	3 825.42	2 108.84	1 714.35	1 245.02	804.06	769.24	460.00	392.47	397.40	395.13	325.00	239.44
2020	17 821.72	3 470.04	2 038.13	1 769.14	1 186.83	870.27	792.94	400.00	322.17	390.66	347.38	260.00	212.57
2021	18 527.96	3 657.12	2 042.00	1 694.89	1 346.97	854.43	819.83	420.00	383.82	382.77	381.09	310.00	269.34

数据来源：联合国粮食及农业组织统计数据库（FAOSTAT）。

附表 20　世界及主要国家啤酒进口量（万吨）

年份	世界	美国	法国	英国	中国	意大利	德国	澳大利亚	西班牙	荷兰	俄罗斯	爱尔兰	加拿大
1961	73.78	5.22	2.46	25.55	0.55	1.02	2.43	0.03	0.07	1.41		0.36	0.17
1962	75.27	5.90	3.42	23.54	0.77	1.32	3.22	0.03	0.08	1.69		0.48	0.17
1963	73.36	6.43	4.27	23.14	1.21	1.65	4.19	0.04	0.12	2.02		0.63	0.17
1964	79.84	7.91	5.62	24.53	1.54	1.62	4.91	0.03	0.17	2.02		0.75	0.23
1965	80.65	7.58	6.21	23.18	2.09	1.66	4.78	0.01	0.16	1.89		0.58	0.25
1966	85.51	8.06	7.20	24.01	2.78	2.01	5.47	0.02	0.18	2.16		0.61	0.27
1967	89.34	7.96	8.48	25.06	2.04	2.08	5.50	0.03	0.19	1.55		0.41	0.53
1968	96.46	9.25	9.78	26.46	2.97	2.11	5.00	0.03	0.28	1.54		0.39	0.47
1969	101.38	9.47	11.22	26.30	2.78	2.38	4.81	0.05	0.38	1.80		0.32	0.44
1970	112.67	10.56	11.85	28.19	3.39	2.96	5.27	0.07	0.33	2.04		0.35	0.56
1971	122.34	10.97	13.71	32.92	3.53	3.32	5.71	0.10	0.41	2.19		0.36	0.54
1972	123.82	11.08	14.73	33.65	3.53	3.59	6.24	0.10	0.49	2.79		0.43	0.53
1973	132.78	13.49	17.49	38.01	3.95	4.50	7.15	0.13	0.62	3.58		0.31	0.65
1974	136.57	16.36	19.61	31.44	3.78	5.73	8.61	0.14	0.74	4.04		0.26	0.84
1975	158.37	19.77	20.42	30.95	2.88	6.52	9.03	0.16	0.79	3.06		0.18	1.12
1976	180.18	28.07	24.39	31.61	3.04	5.95	8.52	0.14	0.71	3.39		0.23	1.22

（续）

年份	世界	美国	法国	英国	中国	意大利	德国	澳大利亚	西班牙	荷兰	俄罗斯	爱尔兰	加拿大
1977	187.41	29.97	22.98	26.26	3.64	5.45	8.00	0.12	0.76	3.46		0.31	1.67
1978	189.82	40.78	22.81	26.37	3.57	5.75	8.78	0.10	0.77	3.12		0.41	5.95
1979	208.15	52.26	32.73	28.52	6.18	8.34	8.31	0.14	1.12	3.41		0.22	1.70
1980	207.95	53.71	26.76	26.44	6.87	10.50	9.08	0.11	1.02	3.74		0.39	4.92
1981	217.73	61.44	26.03	26.64	5.42	11.88	9.03	0.16	1.36	3.63		0.41	3.73
1982	232.94	67.80	26.29	27.32	3.58	15.62	7.24	0.19	2.16	3.19		0.59	2.23
1983	239.59	74.38	27.55	30.50	3.21	17.61	7.28	0.26	2.49	3.20		0.87	3.53
1984	251.59	84.90	26.48	33.39	3.43	17.18	7.23	0.29	2.96	4.01		1.57	2.96
1985	273.43	93.24	24.46	36.59	4.09	21.70	8.38	0.44	3.63	4.13		1.80	9.10
1986	291.10	104.04	24.38	38.31	4.51	21.50	9.24	0.58	5.95	4.38		3.30	3.37
1987	313.02	110.23	24.46	40.73	8.47	21.63	11.38	0.70	7.35	5.35		4.15	4.48
1988	312.70	110.28	24.60	43.22	6.90	17.69	11.46	0.89	7.53	6.84		4.93	5.48
1989	326.44	101.62	27.45	45.02	7.47	20.58	13.94	1.35	9.45	5.88		4.23	9.22
1990	359.44	103.07	30.39	50.30	8.38	24.20	16.32	1.34	11.84	7.87		5.12	8.33
1991	386.18	93.05	29.07	52.84	11.25	24.67	28.09	1.09	13.87	11.24		6.51	7.72
1992	408.21	97.66	27.58	54.82	11.09	27.03	29.69	1.06	18.13	13.09	5.60	7.71	7.02

（续）

年份	世界	美国	法国	英国	中国	意大利	德国	澳大利亚	西班牙	荷兰	俄罗斯	爱尔兰	加拿大
1993	424.60	108.51	28.20	45.57	15.71	28.26	26.97	1.18	17.38	10.29	17.30	5.65	5.69
1994	515.01	123.09	35.61	52.02	25.72	31.61	28.27	1.16	20.15	14.37	12.30	7.88	6.83
1995	553.83	132.16	34.80	47.34	41.56	27.72	27.77	1.08	21.04	16.10	19.38	6.03	8.59
1996	568.78	145.80	43.02	54.20	39.42	30.69	30.21	1.50	18.62	14.04	13.41	6.34	9.56
1997	572.33	166.40	30.32	52.66	38.61	35.91	31.66	2.00	17.63	16.27	8.89	7.89	11.10
1998	597.37	191.46	51.98	58.25	35.32	36.81	28.23	2.30	17.08	12.33	7.30	6.97	12.90
1999	615.39	208.75	51.54	56.08	29.29	38.75	30.62	2.61	16.69	20.33	1.53	8.80	15.39
2000	627.17	234.54	37.10	44.39	29.89	41.48	32.30	3.30	24.51	12.45	6.20	6.83	16.06
2001	703.95	253.77	47.74	48.87	27.32	44.14	33.84	5.82	24.00	12.17	11.76	19.58	18.39
2002	762.39	270.72	47.98	64.01	30.50	44.37	33.05	4.53	26.45	13.30	12.62	19.85	20.04
2003	786.30	275.98	50.47	63.65	29.84	46.64	27.48	5.31	32.05	19.44	18.03	14.08	21.96
2004	837.69	279.87	45.23	71.21	26.43	48.82	31.23	8.00	35.31	32.35	21.75	13.79	21.07
2005	902.06	300.00	47.63	75.17	26.20	52.61	38.97	7.66	26.69	33.73	26.72	18.24	25.47
2006	1 027.84	343.76	59.45	79.57	26.70	58.14	56.68	8.96	27.33	36.66	33.79	17.91	26.91
2007	1 116.03	348.45	61.97	83.08	26.71	61.19	56.03	12.36	27.00	40.95	36.05	21.62	30.33
2008	1 111.34	336.78	57.24	87.93	30.60	59.96	60.18	2.74	28.29	30.05	36.50	19.72	31.42
2009	1 048.37	303.71	59.28	77.36	30.90	58.44	56.92	16.59	24.91	25.93	33.29	16.56	34.49

（续）

年份	世界	美国	法国	英国	中国	意大利	德国	澳大利亚	西班牙	荷兰	俄罗斯	爱尔兰	加拿大
2010	1 095.51	318.50	68.25	80.55	31.55	63.06	69.18	3.29	26.93	21.72	30.29	18.44	34.07
2011	1 175.15	320.80	69.02	83.91	35.34	67.16	76.38	18.10	25.23	25.07	31.48	19.40	32.11
2012	1 270.52	325.20	76.49	88.34	40.68	61.59	72.76	22.85	32.48	26.86	37.86	20.03	33.73
2013	1 288.85	323.16	63.92	91.26	49.12	61.69	63.16	35.76	38.30	29.68	32.38	19.08	34.72
2014	1 353.56	345.37	69.68	86.88	66.43	62.01	66.99	38.22	46.26	33.04	25.34	19.87	35.03
2015	1 415.02	367.50	72.87	90.31	88.08	69.80	65.77	41.18	50.72	36.31	15.36	19.35	36.93
2016	1 498.91	391.39	78.14	105.85	100.74	69.30	72.88	39.82	48.97	36.69	16.98	22.75	38.12
2017	1 590.51	403.81	79.68	100.57	109.99	68.67	67.79	31.00	50.46	49.10	25.08	24.43	37.74
2018	1 696.61	418.23	87.69	100.92	119.88	69.65	72.00	60.23	49.41	50.48	35.04	26.73	36.72
2019	1 704.39	425.63	95.92	97.78	111.49	70.73	73.07	26.84	48.75	59.87	41.50	29.36	37.11
2020	1 620.15	426.88	102.36	106.36	95.83	61.19	68.33	21.51	52.31	55.88	50.16	36.30	32.21
2021	1 711.97	463.31	87.74	109.70	90.96	68.75	65.08	37.16	54.06	59.35	57.30	26.61	23.07
2022	1 714.21	476.76	93.64	88.80	88.28	73.70	65.35	57.29	52.82	48.53	31.98	27.71	26.21

数据来源：联合国粮食及农业组织统计数据库（FAOSTAT）。

附表 21　世界及主要国家啤酒出口量（万吨）

年份	世界	墨西哥	荷兰	比利时	德国	捷克	中国	英国	爱尔兰	法国	美国	波兰	意大利
1961	70.01	0.11	7.93		10.10		0.55	8.38	20.24	7.19	0.24	0.20	0.15
1962	76.75	0.16	7.86		9.99		0.55	8.27	18.80	6.16	0.24	0.69	0.16
1963	75.17	0.15	7.91		10.00		0.65	8.64	17.87	3.74	0.27	0.61	0.16
1964	80.04	0.22	8.51		10.89		0.60	9.01	17.94	4.04	0.35	1.50	0.17
1965	82.08	0.19	9.29		12.15		0.65	8.26	17.78	3.72	0.32	2.04	0.25
1966	87.25	0.21	9.58		12.65		0.76	6.68	17.09	3.44	0.37	1.83	0.30
1967	92.82	0.23	10.46		13.29		1.02	6.01	17.36	3.59	0.38	1.42	0.31
1968	100.18	0.28	11.32		14.99		1.55	7.11	17.79	3.10	0.41	1.72	0.26
1969	106.34	0.33	12.88		15.89		1.68	7.80	17.08	3.04	0.42	1.45	0.32
1970	117.53	0.34	13.59		16.49		2.20	6.69	17.27	3.97	0.45	1.14	0.40
1971	127.40	0.42	13.54		18.54		2.21	7.29	18.24	3.67	0.44	1.87	0.48
1972	130.81	0.57	12.59		18.43		2.28	7.05	17.14	3.63	0.76	1.71	0.53
1973	138.89	0.69	14.21		20.47		2.44	7.38	18.87	3.99	0.96	1.53	0.45
1974	143.16	1.06	17.60		21.71		2.05	7.84	16.51	4.72	1.36	2.29	0.59
1975	168.42	1.15	18.64		26.86		1.90	10.13	19.91	5.69	2.22	3.13	0.50
1976	189.76	2.22	25.31		33.94		1.82	9.78	19.91	5.94	2.37	3.55	0.47

（续）

年份	世界	墨西哥	荷兰	比利时	德国	捷克	中国	英国	爱尔兰	法国	美国	波兰	意大利
1977	198.32	2.10	25.22		37.55		2.32	9.44	18.60	5.83	4.31	3.84	0.56
1978	201.10	2.10	30.17		30.93		2.05	8.59	19.25	6.05	9.82	3.57	0.34
1979	214.42	3.32	36.69		31.82		2.31	8.37	19.54	6.59	7.46	4.28	0.86
1980	222.77	4.06	37.26		33.26		2.73	7.68	18.65	6.16	13.34	3.53	0.76
1981	231.59	4.14	40.88		38.86		3.22	7.22	18.71	6.05	7.82	2.47	0.79
1982	242.83	3.90	47.28		44.94		3.31	6.85	16.96	6.26	6.44	2.93	0.95
1983	251.62	3.43	48.34		47.61		3.60	7.49	17.63	5.95	6.80	2.78	0.84
1984	262.03	5.96	52.99		50.06		4.04	8.57	17.48	6.49	4.36	2.48	0.81
1985	280.48	11.60	54.12		54.03		4.56	9.84	18.89	6.61	8.32	2.84	0.89
1986	301.72	17.91	59.71		57.16		4.18	10.11	20.14	6.95	6.76	3.19	0.69
1987	325.42	32.01	57.49		58.66		5.26	11.40	20.62	6.84	9.24	3.27	0.73
1988	330.32	27.80	57.15		58.00		6.58	12.31	21.65	7.17	12.05	2.91	0.62
1989	336.86	21.75	60.79		58.15		7.19	13.33	23.66	8.40	18.35	1.16	0.95
1990	377.02	21.61	70.04		63.00		7.14	16.23	24.95	10.91	23.46	0.15	2.01
1991	412.37	19.64	70.70		61.63		8.95	18.42	26.15	10.18	28.17	0.06	1.65
1992	440.45	23.33	78.24		66.82		9.63	20.79	28.51	10.28	30.93	0.50	1.46

（续）

年份	世界	墨西哥	荷兰	比利时	德国	捷克	中国	英国	爱尔兰	法国	美国	波兰	意大利
1993	481.78	23.83	83.17		72.43	20.61	14.70	21.40	25.02	10.27	33.57	0.54	2.17
1994	579.34	28.21	97.21		77.83	14.18	22.35	27.95	26.44	12.92	53.79	0.83	2.45
1995	637.50	38.46	106.17		76.34	16.47	29.02	18.62	30.60	14.33	67.85	1.81	4.12
1996	669.46	49.16	119.75		83.79	21.21	19.00	23.46	32.52	18.66	59.87	1.87	4.28
1997	630.96	62.46	81.00		92.27	21.50	19.41	27.77	33.26	21.36	49.37	1.15	2.61
1998	646.15	87.37	68.80		83.63	19.13	14.73	36.47	28.88	23.51	38.87	1.12	3.73
1999	665.99	92.37	127.16		82.35	15.14	8.50	35.50	29.72	22.14	31.63	1.22	3.79
2000	624.37	105.26	79.99	43.16	79.26	16.87	10.42	34.55	29.94	23.89	26.50	1.53	4.34
2001	754.58	120.84	127.44	61.62	97.34	19.33	10.00	30.47	27.70	23.36	29.25	1.44	5.02
2002	819.37	130.50	137.37	75.41	101.12	20.84	14.63	38.35	32.24	22.99	24.21	1.59	6.89
2003	835.15	138.57	129.75	68.12	112.11	22.29	16.59	27.64	31.54	20.22	24.46	1.83	8.84
2004	899.80	144.86	138.74	86.99	135.45	24.21	15.66	37.57	33.25	19.72	23.74	3.02	8.60
2005	985.39	162.37	147.68	87.24	142.04	24.63	16.64	34.04	40.27	19.09	28.39	3.12	7.19
2006	1 113.22	192.39	173.33	101.12	145.11	36.23	20.14	45.87	46.35	17.20	27.62	4.00	7.81
2007	1 176.17	193.74	179.22	105.90	154.42	36.90	21.30	43.04	45.82	18.26	31.59	9.87	10.68
2008	1 214.25	202.69	183.52	101.30	152.10	37.18	24.56	46.05	42.01	23.64	36.23	14.24	9.97
2009	1 102.89	164.61	171.02	102.22	135.12	34.53	22.74	47.48	37.72	15.24	41.57	16.26	10.83

（续）

年份	世界	墨西哥	荷兰	比利时	德国	捷克	中国	英国	爱尔兰	法国	美国	波兰	意大利
2010	1 165.46	179.49	163.58	105.90	151.43	32.33	22.06	45.85	39.56	35.57	34.40	19.12	19.11
2011	1 261.81	214.83	167.41	112.06	159.59	32.18	25.14	45.20	40.01	43.75	36.29	19.95	20.96
2012	1 400.97	240.36	174.76	135.96	157.28	34.56	25.15	58.53	39.06	54.76	44.68	22.66	20.01
2013	1 393.19	234.41	176.43	128.05	150.95	36.78	28.02	67.08	29.70	54.78	49.73	25.69	18.82
2014	1 443.74	274.71	179.22	120.70	154.79	39.15	29.26	54.32	35.87	64.10	53.21	27.55	21.35
2015	1 507.98	284.86	178.46	134.05	158.96	43.05	29.87	56.43	42.32	64.55	62.51	33.28	25.00
2016	1 593.66	322.28	186.94	143.92	165.28	44.80	32.65	59.68	43.25	65.09	62.17	33.59	25.70
2017	1 643.09	331.25	187.44	158.40	157.79	46.50	40.28	55.96	44.59	64.95	68.85	34.31	28.51
2018	1 723.94	395.20	186.96	161.81	158.53	52.14	42.65	52.23	48.91	60.00	69.84	37.62	30.50
2019	1 701.33	365.47	183.22	181.44	159.31	53.35	46.04	52.54	50.97	49.79	54.44	38.32	34.49
2020	1 573.66	322.54	187.96	178.76	151.30	50.71	42.56	46.21	45.69	52.64	38.67	40.67	33.15
2021	1 657.93	363.50	188.61	175.46	158.00	52.95	46.51	44.13	39.61	50.81	42.70	41.76	38.58
2022	1 654.87	392.52	182.29	163.48	149.84	55.91	52.45	49.72	46.84	46.49	41.64	39.55	37.62

数据来源：联合国粮食及农业组织统计数据库（FAOSTAT）。

附表 22　世界及主要国家麦芽进口量（万吨）

年份	世界	巴西	越南	日本	比利时	墨西哥	美国	荷兰	波兰	意大利	泰国	柬埔寨	德国
1961	65.54	4.89	0.55	4.99		0.20	6.21	1.29		2.99	0.09		11.61
1962	67.25	6.10	0.57	3.83		0.25	6.74	1.56		3.91	0.13		11.80
1963	68.58	5.00	0.67	2.75		0.22	4.53	1.15		4.80	0.14		12.76
1964	75.42	4.93	1.09	6.73		0.29	4.26	1.64		3.56	0.15		13.66
1965	75.29	4.54	1.26	3.63		0.22	2.23	2.29		4.00	0.23		13.51
1966	86.22	6.31	1.40	5.13		0.22	1.90	2.32		4.49	0.40		13.92
1967	89.68	5.99	0.80	5.50		0.19	2.20	3.00		4.86	0.47		12.90
1968	96.63	4.76	1.08	9.92		0.22	2.24	3.53		4.91	0.56		12.08
1969	112.00	7.14	1.38	10.74		0.16	1.91	4.33		4.29	0.58		11.57
1970	126.04	8.69	0.89	16.72		0.20	2.40	5.66		3.83	0.53		12.53
1971	146.37	10.58	1.04	28.49		0.19	1.20	5.28		3.23	0.39		14.93
1972	156.24	11.02	0.94	29.70		0.18	1.24	4.70		3.74	0.40		16.41
1973	175.00	12.61	1.33	40.16		0.10	1.34	5.11		5.24	0.68		14.17
1974	204.68	15.99	1.00	44.69		0.05	2.17	5.77		5.68	0.73		13.01
1975	200.23	18.84	0.80	38.82		0.16	5.29	5.73		4.79	0.99		9.37
1976	217.76	23.43	0.40	41.03		0.17	3.11	5.12		3.97	1.48		16.56

（续）

年份	世界	巴西	越南	日本	比利时	墨西哥	美国	荷兰	波兰	意大利	泰国	柬埔寨	德国
1977	206.33	21.12	0.20	40.38			4.49	9.69		4.01	1.54		21.64
1978	238.97	27.29	0.18	47.88			4.72	9.38		5.45	1.72		17.49
1979	257.40	25.04	0.15	53.59			6.61	11.70		6.63	2.86		16.47
1980	261.52	19.01	0.10	51.59			7.26	17.33		7.25	2.36		16.79
1981	283.01	23.01	0.05	54.45			5.05	11.85		6.17	1.70		20.03
1982	282.99	16.23	0.38	56.20		1.29	4.07	16.65		6.31	2.06		24.63
1983	285.58	16.13	0.35	55.87		0.05	3.00	14.79		8.05	3.01		24.42
1984	268.95	14.69	0.20	53.96			3.15	14.21		7.31	3.14		25.78
1985	274.25	15.89	0.70	43.25		0.02	4.25	14.78		8.57	2.15		27.80
1986	273.08	23.92	0.85	47.86		0.01	3.91	14.63		8.61	1.17		29.41
1987	309.12	28.57	0.70	53.98			3.92	14.87		7.56	1.35		32.74
1988	319.77	31.05	0.50	62.98		0.00	2.05	15.28		7.54	1.53		30.58
1989	350.27	36.71	0.61	66.73		5.99	1.51	17.65		6.70	2.49		30.97
1990	374.34	44.96	0.13	72.72		2.27	2.25	18.77		6.64	4.03		38.49
1991	389.73	50.60	0.84	75.59		5.35	1.78	19.21		6.71	4.68		50.54
1992	384.52	42.24	0.69	80.73		6.17	0.99	20.87	4.30	9.09	4.54	0.03	52.44

（续）

年份	世界	巴西	越南	日本	比利时	墨西哥	美国	荷兰	波兰	意大利	泰国	柬埔寨	德国
1993	364.80	39.11	2.96	72.60		7.91	3.14	20.82	4.15	9.13	6.47	0.07	42.64
1994	404.44	47.80	3.33	72.00		11.71	4.50	27.03	4.22	10.16	8.52	0.18	45.44
1995	445.45	68.82	8.37	76.36		9.08	4.94	22.59	9.58	9.82	10.03	0.13	42.94
1996	440.16	69.79	5.47	76.56		10.37	5.12	22.47	10.83	10.34	12.96	0.07	40.96
1997	455.55	64.36	8.55	76.23		7.91	5.33	17.57	12.01	10.38	13.36	0.26	36.23
1998	480.16	64.04	12.20	77.00		11.82	4.21	3.94	13.17	10.70	14.11	0.27	36.98
1999	507.27	61.56	10.80	76.33		12.27	7.45	15.95	18.50	10.59	14.30	0.28	30.80
2000	519.05	63.56	11.68	74.13	10.15	11.83	13.51	11.11	20.63	10.49	12.88	0.55	30.53
2001	522.02	70.88	13.90	64.71	18.79	16.61	13.31	11.24	18.16	10.08	16.67	0.51	34.84
2002	524.66	63.49	14.59	61.75	21.74	12.61	18.79	7.26	16.15	11.94	16.72	0.52	31.94
2003	518.56	57.02	15.20	54.73	23.00	12.85	19.27	9.66	17.66	11.71	19.86	0.79	24.73
2004	574.60	63.59	16.35	54.98	38.00	15.57	18.50	9.28	18.97	11.72	21.53	0.96	22.80
2005	570.95	65.03	16.33	51.48	47.94	17.96	17.14	7.69	18.02	12.46	21.22	1.01	23.87
2006	597.97	75.11	17.36	52.66	48.33	24.61	21.41	6.29	19.86	11.29	23.07	1.20	28.22
2007	682.27	75.75	21.43	53.20	55.29	25.87	33.59	3.61	24.26	10.36	24.19	1.39	36.72
2008	693.97	82.59	20.60	52.25	71.63	36.82	37.68	4.51	25.20	9.98	24.64	2.03	31.57
2009	662.59	83.22	22.28	51.27	56.11	34.83	33.15	19.28	21.44	9.72	18.56	1.75	28.88

（续）

年份	世界	巴西	越南	日本	比利时	墨西哥	美国	荷兰	波兰	意大利	泰国	柬埔寨	德国
2010	658.33	84.52	31.17	50.03	52.22	27.79	33.06	20.54	21.93	10.81	17.16	2.29	27.13
2011	690.78	80.59	25.57	50.07	51.57	25.30	33.79	28.75	20.74	12.13	20.97	3.80	31.37
2012	729.93	81.12	31.23	51.17	55.88	29.65	34.20	29.96	21.16	11.98	23.59	5.11	27.83
2013	703.63	81.73	34.04	50.25	49.32	28.25	32.58	26.24	12.28	11.71	24.97	5.99	23.12
2014	731.76	95.43	33.81	50.97	45.11	36.13	41.66	28.55	11.49	11.49	23.32	9.19	24.85
2015	711.69	72.61	36.99	50.71	52.14	33.55	41.23	26.25	18.68	11.69	24.68	7.26	22.36
2016	765.74	87.06	40.58	51.73	46.46	41.52	41.27	30.43	21.90	11.68	25.88	9.28	24.49
2017	757.12	80.92	37.49	36.10	48.94	54.53	44.48	33.59	13.31	14.06	27.32	10.56	19.30
2018	761.70	80.07	34.22	41.36	45.48	61.29	44.56	33.59	16.21	14.78	22.80	12.24	27.68
2019	803.92	109.16	37.71	49.64	44.58	57.29	43.88	29.32	20.10	14.88	21.42	15.82	23.16
2020	723.81	114.39	34.00	43.33	31.77	44.41	37.87	26.81	22.55	16.13	22.79	13.48	20.23
2021	832.55	142.74	27.94	38.49	52.00	57.62	42.88	31.63	26.76	18.37	23.30	14.44	18.68
2022	829.11	128.24	46.63	45.95	45.74	42.49	37.21	30.69	23.62	21.86	21.56	20.03	18.88

数据来源：联合国粮食及农业组织统计数据库（FAOSTAT）。

注：麦芽包括未焙制麦芽和已焙制麦芽。

附表 23　世界及主要国家麦芽出口量（万吨）

年份	世界	法国	比利时	澳大利亚	德国	阿根廷	加拿大	中国	乌拉圭	荷兰	美国	斯洛伐克	捷克
1961	67.12	7.64		5.00	3.56	1.36	9.63		0.90	0.66	3.82		
1962	66.89	7.37		5.21	4.19	1.70	9.40		0.20	0.68	3.86		
1963	72.28	8.38		5.41	4.51	0.89	7.92	0.01	0.18	0.28	4.48		
1964	76.33	11.05		7.40	3.80	1.59	8.54		0.01	0.45	4.08		
1965	75.38	11.53		7.36	3.36	1.13	6.98		0.28	0.32	3.23		
1966	82.96	11.57		8.49	4.48	1.22	7.04	0.00	0.95	0.43	4.09		
1967	89.11	13.80		9.50	5.11	1.54	8.91		0.11	0.64	2.85		
1968	95.09	16.65		8.47	4.14	1.19	8.26	0.00	0.18	0.47	2.99		
1969	107.63	22.20		7.20	7.92	1.05	8.43		0.54	1.06	2.71		
1970	121.10	28.17		9.26	6.86	1.42	10.18		1.01	1.35	2.88		
1971	140.97	28.40		14.91	8.73	1.25	11.94	0.00	1.76	1.03	3.56		
1972	154.25	34.88		17.03	8.49	1.90	12.06	0.01	1.01	0.82	4.96		
1973	177.13	40.35		15.46	11.14	3.81	13.81	0.01	0.92	2.17	5.43		
1974	197.07	48.59		14.94	17.17	4.24	13.44	0.01	0.95	4.95	3.92		
1975	202.53	48.31		21.36	18.08	3.84	15.71		1.53	4.16	2.38		
1976	216.55	57.08		17.07	19.94	4.52	11.27	0.00	1.28	4.38	2.18		

（续）

年份	世界	法国	比利时	澳大利亚	德国	阿根廷	加拿大	中国	乌拉圭	荷兰	美国	斯洛伐克	捷克
1977	204.17	57.02		18.00	11.27	5.15	15.56	0.00	1.84	2.79	2.21		
1978	238.19	63.36		20.63	18.25	4.75	20.70	0.00	3.06	2.78	2.36		
1979	258.90	71.35		23.81	18.81	7.26	23.77		3.55	0.91	2.09		
1980	259.03	76.44		35.53	18.07	3.16	23.61	0.00	4.23	1.55	2.68		
1981	281.44	80.07		38.24	20.30	0.45	23.49	0.00	3.96	2.26	1.58		
1982	280.46	75.58		35.51	18.12	0.38	23.21	0.22	3.98	6.00	5.01		
1983	296.53	85.48		34.24	20.80	1.68	25.70	0.10	4.43	4.39	2.70		
1984	268.29	79.39		27.67	17.71	1.32	17.94		4.53	3.65	7.65		
1985	270.23	86.68		22.24	19.62	1.12	16.21		4.51	6.39	4.16		
1986	271.32	87.72		25.80	22.60	0.59	14.04		4.69	7.58	3.88		
1987	306.45	87.75		35.64	26.44	0.02	16.46		4.79	8.39	6.44		
1988	325.15	91.38		35.23	26.35	0.31	17.73	0.01	6.24	8.64	6.55		
1989	342.32	91.20		36.84	28.36	2.00	20.44	0.03	6.01	11.20	11.21		
1990	382.76	106.90		40.40	28.06	8.08	21.77	0.15	6.66	12.66	9.88		
1991	391.96	103.67		35.98	27.36	9.97	24.86	0.45	10.27	13.35	12.35		
1992	383.99	104.55		34.12	29.23	6.34	25.85	0.25	7.97	11.22	12.72		
1993	379.41	102.47		30.14	29.40	5.94	27.54	0.33	10.16	10.74	18.41	6.46	14.39

（续）

年份	世界	法国	比利时	澳大利亚	德国	阿根廷	加拿大	中国	乌拉圭	荷兰	美国	斯洛伐克	捷克
1994	404.26	103.26		30.54	40.20	9.71	32.71	0.53	12.04	10.57	11.95	5.56	18.16
1995	456.94	100.14		32.37	44.14	8.01	35.71	0.93	15.01	11.03	16.38	14.96	20.51
1996	444.74	94.62		36.85	41.37	8.82	41.73	0.82	15.45	11.69	12.67	8.04	14.04
1997	481.49	107.21		38.95	50.37	14.94	46.20	0.63	16.11	9.49	15.55	6.62	14.06
1998	497.49	100.59		41.34	49.77	16.35	46.42	0.37	18.88	6.82	14.57	8.75	16.68
1999	513.54	109.33		42.35	55.37	19.77	46.61	0.19	14.88	12.80	13.25	13.37	16.84
2000	535.05	112.29	60.05	46.48	55.37	29.48	49.62	0.78	15.67	13.23	12.37	13.15	21.67
2001	554.69	112.36	76.33	49.00	58.63	23.45	53.97	0.60	17.72	12.14	13.27	11.93	14.44
2002	555.60	113.07	69.57	50.64	60.62	26.01	49.32	0.57	17.60	11.19	10.59	15.32	18.44
2003	576.05	115.76	91.00	51.00	49.87	23.33	44.67	0.73	18.09	13.13	9.03	20.03	22.00
2004	610.42	117.43	101.51	51.23	46.55	23.24	53.21	1.41	22.47	14.90	18.15	15.36	28.07
2005	620.93	119.34	112.81	48.74	42.29	24.85	54.76	3.20	22.37	15.99	21.34	19.01	21.75
2006	708.38	183.40	124.13	57.73	41.31	28.21	54.62	2.90	24.48	18.28	25.15	19.71	26.29
2007	697.41	105.17	124.76	59.09	36.94	45.88	71.72	18.79	23.35	18.94	39.48	17.99	23.32
2008	735.03	100.97	128.00	55.30	46.77	45.14	69.50	31.43	26.02	20.02	67.53	18.39	24.32
2009	638.28	95.43	96.75	54.53	36.72	47.52	63.36	26.72	28.00	16.50	43.13	15.94	24.39
2010	656.14	113.97	101.41	58.27	37.94	54.53	58.02	25.51	27.48	13.40	37.39	17.57	24.10

（续）

年份	世界	法国	比利时	澳大利亚	德国	阿根廷	加拿大	中国	乌拉圭	荷兰	美国	斯洛伐克	捷克
2011	660.99	124.38	102.26	54.67	39.53	50.36	60.69	18.55	28.38	13.81	31.22	16.75	27.75
2012	720.74	117.06	101.92	63.88	47.91	64.75	60.07	29.78	29.00	14.87	37.74	19.41	25.82
2013	704.12	124.19	94.30	66.08	49.58	56.39	55.22	28.94	30.61	15.84	35.37	18.15	24.75
2014	738.53	121.48	101.82	64.61	55.27	61.00	62.98	33.10	29.34	16.44	40.41	17.24	26.90
2015	737.80	119.23	99.66	58.47	57.17	58.62	57.87	30.33	21.12	20.96	36.65	19.93	24.47
2016	750.98	116.59	97.27	48.14	63.84	50.03	61.69	36.57	29.70	21.08	38.48	21.77	26.77
2017	768.23	106.70	90.37	58.80	60.81	52.25	64.10	38.96	35.55	24.69	47.45	21.38	23.70
2018	774.28	109.44	89.14	64.56	64.68	38.14	57.16	46.75	37.73	26.34	43.61	22.60	24.84
2019	806.89	113.96	89.30	72.67	69.05	54.29	58.96	48.94	40.44	29.96	40.70	21.71	22.35
2020	740.57	107.64	80.81	63.41	63.19	48.60	51.68	37.31	37.18	33.82	33.92	21.67	18.46
2021	878.71	110.42	98.36	118.92	66.26	55.09	54.53	36.13	38.98	40.01	41.25	23.80	23.57
2022	839.68	112.48	106.28	85.59	69.45	61.97	52.03	47.87	41.58	39.49	28.35	25.66	21.76

数据来源：联合国粮食及农业组织统计数据库（FAOSTAT）。

注：麦芽包括未焙制麦芽和已焙制麦芽。

附表 24　世界及主要国家大麦种子进口量（万吨）

年份	世界	比利时	新西兰	西班牙	波兰	意大利	德国	马耳他	哈萨克斯坦	荷兰	葡萄牙	英国	法国
2012	32.47	1.44	1.06	0.46	2.71	0.32	2.32	0.97	0.11	0.35	0.18	0.70	0.14
2013	22.20	4.83	0.51	0.49	1.16	1.98	0.70	1.28	0.06	0.17	0.31	1.47	0.20
2014	25.63	3.64	3.47	0.60	2.92	2.10	0.34	1.22	0.06	0.35	0.21	1.11	0.18
2015	20.29	2.61	1.45	1.20	1.12	3.25	0.78	1.33	0.08	0.24	0.16	1.71	0.13
2016	29.70	3.43	0.83	0.82	1.57	0.66	0.73	0.30	0.60	3.05	0.09	2.26	0.13
2017	28.07	6.59	2.89	3.80	3.12	0.54	0.69	0.75	0.16	0.20	0.06	2.40	0.22
2018	30.55	4.57	1.49	1.17	2.06	0.76	2.12	0.65	0.57	1.01	0.05	0.67	0.67
2019	40.90	2.79	0.55	0.60	1.41	0.60	0.77	0.55	0.61	0.30	0.12	1.26	0.20
2020	24.56	3.57	1.04	0.18	1.94	0.50	0.76	0.94	0.31	0.14	0.04	0.59	0.25
2021	22.03	5.42	1.77	1.29	2.05	0.57	0.61	0.92	0.54	0.91	0.05	0.52	0.44
2022	20.38	5.36	1.77	1.76	1.50	0.95	0.90	0.89	0.53	0.50	0.49	0.45	0.37

数据来源：联合国商品贸易统计数据库（UN COMTRADE）。

附表 25　世界及主要国家大麦种子出口量（万吨）

年份	世界	法国	澳大利亚	波兰	斯洛伐克	德国	捷克	奥地利	匈牙利	加拿大	丹麦	哈萨克斯坦	西班牙
2012	19.70	5.78	2.21	2.59	0.30	0.74	1.15	0.84	0.27	1.14	1.51		0.33
2013	15.15	1.88	1.02	1.06	0.30	1.48	0.61	0.35	0.15	0.85	1.87	0.10	0.66
2014	19.31	1.81	1.76	1.75	0.58	1.33	0.52	0.33	0.18	1.18	0.27	0.01	1.47
2015	16.88	1.91	0.29	1.01	0.65	0.84	0.96	0.37	0.10	0.89	0.30	0.00	0.33
2016	12.37	1.58	0.02	0.90	0.91	0.81	1.56	0.31	0.19	0.90	0.68		1.29
2017	15.08	1.79	3.01	0.41	0.67	0.75	0.83	0.37	0.66	0.52	0.96	0.64	1.40
2018	21.41	3.68	1.71	1.50	0.40	0.88	1.21	0.44	0.27	0.55	0.94	0.53	0.52
2019	18.76	2.30	0.02	1.18	0.22	0.99	0.94	0.52	0.23	0.55	0.75	1.03	1.02
2020	14.98	2.17	0.06	4.12	0.48	0.88	0.59	0.47	0.31	1.07	0.41	0.20	1.29
2021	41.56	5.97	18.59	7.60	0.46	0.77	1.05	0.48	0.31	0.71	0.47	0.04	1.82
2022	38.18	11.92	9.95	7.26	1.28	1.09	0.81	0.57	0.38	0.32	0.30	0.28	0.28

数据来源：联合国商品贸易统计数据库（UN COMTRADE）。

后　记

国家大麦青稞产业技术体系产业经济岗位课题组在体系首席科学家郭刚刚研究员的指导下，在各岗位科学家和综合试验站站长及其团队的大力支持和帮助下，全体成员通力合作，认真开展了岗位任务研究工作。近几年，产业经济岗位课题组努力克服新冠疫情带来的不利影响，持续深入大麦青稞生产第一线，始终紧密围绕我国大麦青稞产业发展面临的重点、难点和趋势性问题以及农业农村部、商务部等政府主管部门安排的相关应急性任务开展深入研究，旨在为我国大麦青稞产业政策制定及大麦青稞产业可持续发展提供决策参考和依据。产业经济岗位课题组在 2012 年、2016 年和 2019 年先后出版了《中国大麦经济研究》《中国大麦产业经济 2015》和《中国大麦青稞生产和贸易问题研究》，对前期相关阶段性研究工作进行了系统的梳理和归纳。为了总结近几年的工作，进一步推动和支撑“十四五”期间产业经济岗位各项工作继续稳步开展和顺利完成，产业经济岗位课题组决定启动编撰新的专题性著作。

本书是国家大麦青稞产业技术体系产业经济岗位课题组全体成员通力合作的成果，李先德、孙致陆为书稿的整理、汇编、统稿和校审付出了大量劳动。本书各章的撰写人员如下：第一章，孙致陆、李先德、张京；第二章，孙致陆、李先德；第三章，曹芳芳、李先德；第四章，卢跃、刘吉龙、李先德；第五章，刘婧怡、李先德；第六章，贾小玲、孙致陆、李先德；第七章，钱宸、李先德；第八章，曹芳芳、李先德；第九章，刘吉龙、李先德；第十章，贾小玲、李先德；第十一章，孙致陆、李先德、张京；第十二章，孙致陆、李先德、张京；第十三章，孙致陆、李先德、张京；第十四章，孙致陆、李先德；第十五章，孙致陆、李先德；第十六章，孙致陆、李先德；第十七章，孙致陆、李先德；第十八章，孙致陆、李先德；第十九章，付腾、李希、张子佩、孙致陆；第二十章，曹芳芳、钱宸、卢跃、李先德；第二十一章，孙致陆、李先德；附录，李希、

附表 25　世界及主要国家大麦种子出口量（万吨）

年份	世界	法国	澳大利亚	波兰	斯洛伐克	德国	捷克	奥地利	匈牙利	加拿大	丹麦	哈萨克斯坦	西班牙
2012	19.70	5.78	2.21	2.59	0.30	0.74	1.15	0.84	0.27	1.14	1.51		0.33
2013	15.15	1.88	1.02	1.06	0.30	1.48	0.61	0.35	0.15	0.85	1.87	0.10	0.66
2014	19.31	1.81	1.76	1.75	0.58	1.33	0.52	0.33	0.18	1.18	0.27	0.01	1.47
2015	16.88	1.91	0.29	1.01	0.65	0.84	0.96	0.37	0.10	0.89	0.30	0.00	0.33
2016	12.37	1.58	0.02	0.90	0.91	0.81	1.56	0.31	0.19	0.90	0.68		1.29
2017	15.08	1.79	3.01	0.41	0.67	0.75	0.83	0.37	0.66	0.52	0.96	0.64	1.40
2018	21.41	3.68	1.71	1.50	0.40	0.88	1.21	0.44	0.27	0.55	0.94	0.53	0.52
2019	18.76	2.30	0.02	1.18	0.22	0.99	0.94	0.52	0.23	0.55	0.75	1.03	1.02
2020	14.98	2.17	0.06	4.12	0.48	0.88	0.59	0.47	0.31	1.07	0.41	0.20	1.29
2021	41.56	5.97	18.59	7.60	0.46	0.77	1.05	0.48	0.31	0.71	0.47	0.04	1.82
2022	38.18	11.92	9.95	7.26	1.28	1.09	0.81	0.57	0.38	0.32	0.30	0.28	0.28

数据来源：联合国商品贸易统计数据库（UN COMTRADE）。

后　　记

国家大麦青稞产业技术体系产业经济岗位课题组在体系首席科学家郭刚刚研究员的指导下，在各岗位科学家和综合试验站站长及其团队的大力支持和帮助下，全体成员通力合作，认真开展了岗位任务研究工作。近几年，产业经济岗位课题组努力克服新冠疫情带来的不利影响，持续深入大麦青稞生产第一线，始终紧密围绕我国大麦青稞产业发展面临的重点、难点和趋势性问题以及农业农村部、商务部等政府主管部门安排的相关应急性任务开展深入研究，旨在为我国大麦青稞产业政策制定及大麦青稞产业可持续发展提供决策参考和依据。产业经济岗位课题组在 2012 年、2016 年和 2019 年先后出版了《中国大麦经济研究》《中国大麦产业经济 2015》和《中国大麦青稞生产和贸易问题研究》，对前期相关阶段性研究工作进行了系统的梳理和归纳。为了总结近几年的工作，进一步推动和支撑“十四五”期间产业经济岗位各项工作继续稳步开展和顺利完成，产业经济岗位课题组决定启动编撰新的专题性著作。

本书是国家大麦青稞产业技术体系产业经济岗位课题组全体成员通力合作的成果，李先德、孙致陆为书稿的整理、汇编、统稿和校审付出了大量劳动。本书各章的撰写人员如下：第一章，孙致陆、李先德、张京；第二章，孙致陆、李先德；第三章，曹芳芳、李先德；第四章，卢跃、刘吉龙、李先德；第五章，刘婧怡、李先德；第六章，贾小玲、孙致陆、李先德；第七章，钱宸、李先德；第八章，曹芳芳、李先德；第九章，刘吉龙、李先德；第十章，贾小玲、李先德；第十一章，孙致陆、李先德、张京；第十二章，孙致陆、李先德、张京；第十三章，孙致陆、李先德、张京；第十四章，孙致陆、李先德；第十五章，孙致陆、李先德；第十六章，孙致陆、李先德；第十七章，孙致陆、李先德；第十八章，孙致陆、李先德；第十九章，付腾、李希、张子佩、孙致陆；第二十章，曹芳芳、钱宸、卢跃、李先德；第二十一章，孙致陆、李先德；附录，李希、付腾、张子佩收集整理，李先德、孙致陆审核。

本书是在国家大麦青稞产业技术体系产业经济岗位课题组近几年完成的部分阶段性研究成果的基础上整理的，部分内容已于期刊发表并在书中进行了标注。由于大麦青稞产业经济的研究内容十分宽广，本书设计了几个研究专题，选取部分阶段性研究成果分别收录其中。本书主要内容包括大麦青稞产业的生产、流通、贸易、发展形势与展望、产业政策、基础数据等，可为政府相关部门、大麦青稞流通与加工企业、大麦青稞种植主体等提供有价值的参考。限于作者水平，错误和疏漏在所难免，恳请各位读者不吝指正。

李先德

2024 年 2 月 2 日于北京